中国现代作家研究在韩国

魏韶华　韩相德　著

青岛大学『东亚文学与文化研究丛书』第一辑

本书为青岛大学东亚文学与文化研究中心规划资助项目

中国社会科学出版社

图书在版编目(CIP)数据

中国现代作家研究在韩国/魏韶华,[韩]韩相德著.—北京:中国社会科学出版社,2016.4

(东亚文学与文化研究丛书)

ISBN 978-7-5161-6798-4

Ⅰ.①中… Ⅱ.①魏…②韩… Ⅲ.①作家-人物研究-中国-现代 Ⅳ.①K825.6

中国版本图书馆CIP数据核字(2015)第192162号

出 版 人 赵剑英
责任编辑 宫京蕾
特约编辑 孙少华
责任校对 季 静
责任印制 何 艳

出 版 中国社会科学出版社
社 址 北京鼓楼西大街甲158号
邮 编 100720
网 址 http://www.csspw.cn
发 行 部 010-84083685
门 市 部 010-84029450
经 销 新华书店及其他书店

印刷装订 北京市兴怀印刷厂
版 次 2016年4月第1版
印 次 2016年4月第1次印刷

开 本 710×1000 1/16
印 张 13.25
插 页 2
字 数 218千字
定 价 52.00元

序

孙 郁

中、韩两国的现代命运颇为接近，在屈辱里挣扎的历史所留下的思想痕迹，也有逻辑的相通性。许多年前看到韩国朋友主编的一本杂志，其内容就有对殖民地文化的透视和对专制文化的批判。他们所用的资源我们也颇熟悉，马克思主义与非马克思主义的因素都有，看得出其思想的活跃。就精神的锐利而言，比中国现代史的文化风潮毫不逊色。

韩国学界对于中国现代文学的研究已经形成可观的格局。多年前我与朴宰雨先生主编过一本《韩国鲁迅研究论文集》，透露出那个国度思想的活跃。关于鲁迅研究，他们没有象牙塔化，有许多是和国家命运与东亚命运的思考联系在一起的。而且，就其规模而言，近些年韩国学界的论文数量已经超出了日本，出现了许多活跃的学者，这给中国的同行带来诸多的惊喜。

看到魏韶华、韩相德两位教授合作的韩国的中国现代文学研究专著，强化了我对于韩国知识界的认识。本书对于各类研究做了系统化的梳理，就研究史的研究而言，有了立体的感觉。他们瞭望中国的文学，却并无欧美人的隔膜，每每还有切肤的体味。在打量文学文本的时候，往往看到背后的存在。中国经验与记忆，对于韩国知识界而言，何尝不熟悉呢？记得有一年参加一位韩国青年的博士论文答辩，论文描述无政府主义与文学的关系，这在气象与深度上，都让我难忘。那也是有过同样经验的民族的一种精神整理吧。七十多年前韩国人民反抗殖民统治的风潮，就有不同思想者的加入，而中国知识界对他们的呼应，至今还被人所深记。还有一次，读过一部关于钱锺书的博士论文，作者也是在北京留学的韩国博士生，对古文把握之精准，诗学认知之细微，毫不亚于一般的中国青年。这时候我感到了一种精神的亲近。那些我们陌生的背景下的中国文学研究，其实也带来了我们的语境所没有的隐含。

本书展示了韩国的中国现代文学研究的风景，学术的价值毋庸置疑。资料的丰富，视角的特别，都给我们留下深深的印象。对于茅盾、巴金、丁玲、林语堂、田汉、萧红、钱锺书、张爱玲、周作人、艾青研究历史与现状，进行了多角度的勾勒，看得出韩国知识界的总体兴趣。他们面对域外作家时，有时能够与本国的文学相互印证，就多了一种维度。比如研究茅盾的写实小说，有作者就与韩国的类似的作品相互比较，内在的呼应显示了东亚资源的共同性。研究巴金的学者，特别注意到其文本对韩国无政府主义思想的认同，那梳理里的观念，让我们看到两国在现代的共同遭遇与相近的选择。在这些文献里我们发现，韩国学界对于左翼文学颇为敏感，他们在丁玲、田汉、萧红、艾青的作品中，都发现了珍贵的遗存，而对人物命运的思考，也别有意味。但我也注意到，许多学者对于现代作家的理解有我们中国人不同的一面，比如面对周作人，有学者并不从民族主义和气节的角度来看，而从学者的生活中考察其选择的孤独。这个角度使我们对邻邦知识阶层的看法有了一种变化。他们常常超出历史的既定框架考虑人生与艺术的复杂关系，倒是给人以新奇的角度。就学术生态而言，韩国拥有了自己的丰富性。

国与国之间的交流，文学是一座桥梁。在不同语境里寻找相似的话题，且进入心灵的对谈里，那彼此就有了精神的共鸣之处。韩国人的认真、执着、富有创造性，我们从各个方面都有所领略。而文学研究中的闪光点，尤其颇有魅力。东亚人的文化，是在对话中进步的。我在本书中聆听到了不凡的足音。

2014 年 11 月 14 日　写于中国人民大学文学院

目　　录

第一章　茅盾 …………………………………………………………… (1)
引言 ………………………………………………………………… (1)
（一）博士学位论文 ……………………………………………… (2)
（二）硕士学位论文 ……………………………………………… (2)
（三）学术论文 …………………………………………………… (3)
（四）单行本 ……………………………………………………… (4)
一　文学思想研究 ………………………………………………… (5)
（一）"为人生"的文学观…………………………………………… (6)
（二）革命现实主义文学理论 …………………………………… (8)
二　作品研究……………………………………………………… (11)
（一）"农村三部曲" …………………………………………… (11)
（二）《子夜》 …………………………………………………… (15)
（三）《蚀》三部曲 ……………………………………………… (19)
（四）其他 ………………………………………………………… (20)
三　比较研究……………………………………………………… (22)
结语………………………………………………………………… (26)

第二章　巴金……………………………………………………… (28)
引言………………………………………………………………… (28)
（一）《激流三部曲》研究 ……………………………………… (29)
（二）《火》研究 ………………………………………………… (29)
（三）《寒夜》研究 ……………………………………………… (29)
（四）《随想录》研究 …………………………………………… (29)
（五）其他作品研究 ……………………………………………… (29)
（六）与其他作品的比较研究 …………………………………… (30)

（七）无政府主义思想研究 …………………………………（30）
（八）其他方面的研究 ………………………………………（30）
一　作品研究…………………………………………………（31）
（一）《激流三部曲》 ………………………………………（31）
（二）《火》 …………………………………………………（34）
（三）《寒夜》 ………………………………………………（36）
（四）《随想录》 ……………………………………………（38）
二　比较研究…………………………………………………（41）
三　与无政府主义关系研究 …………………………………（44）
结语……………………………………………………………（46）

第三章　丁玲………………………………………………（48）
引言……………………………………………………………（48）
一　创作意识变化研究 ………………………………………（48）
（一）基于浪漫主义的前期 …………………………………（49）
（二）从个人到社会的认识转型期…………………………（52）
（三）进入延安之后 …………………………………………（56）
二　《莎菲女士的日记》研究 ………………………………（59）
三　《太阳照在桑干河上》研究 ……………………………（63）
参考文献………………………………………………………（67）

第四章　林语堂……………………………………………（70）
引言……………………………………………………………（70）
一　哲学与文化研究 …………………………………………（72）
（一）宗教信念研究 …………………………………………（72）
（二）东西文化观研究 ………………………………………（75）
二　作品研究…………………………………………………（78）
（一）小说研究 ………………………………………………（80）
（二）小品文研究 ……………………………………………（85）
三　语言学研究………………………………………………（91）
四　翻译研究…………………………………………………（93）
参考文献………………………………………………………（95）

第五章　田汉 ……………………………………………………………… (98)
引言 ………………………………………………………………………… (98)
一　文艺思想研究 ……………………………………………………… (100)
（一）浪漫主义和“新浪漫主义” ……………………………………… (101)
（二）唯美主义 ………………………………………………………… (102)
（三）写实主义 ………………………………………………………… (104)
二　作品研究 …………………………………………………………… (106)
（一）《关汉卿》 ………………………………………………………… (107)
（二）《关汉卿》和《名优之死》的比较研究 ………………………… (110)
（三）“新女性” ………………………………………………………… (113)
（四）“三夜” …………………………………………………………… (117)
结语 ……………………………………………………………………… (122)

第六章　萧红 …………………………………………………………… (124)
引言 ……………………………………………………………………… (124)
一　小说文体特征研究 ………………………………………………… (127)
二　与抗战文学关系研究 ……………………………………………… (130)
三　比较研究 …………………………………………………………… (134)
结语 ……………………………………………………………………… (138)

第七章　钱锺书 ………………………………………………………… (140)
引言 ……………………………………………………………………… (140)
一　《围城》研究 ………………………………………………………… (141)
（一）“城”的意义 ……………………………………………………… (142)
（二）讽刺性 …………………………………………………………… (146)
（三）艺术性 …………………………………………………………… (149)
（四）多视角分析 ……………………………………………………… (150)
二　《写在人生边上》研究 ……………………………………………… (154)
三　《宋诗选注》研究 …………………………………………………… (155)
结语 ……………………………………………………………………… (157)

第八章　张爱玲 ………………………………………………………… (158)
引言 ……………………………………………………………………… (158)
一　小说研究 …………………………………………………………… (159)

（一）人物分析 ……………………………………………………（159）
（二）表现手法研究 …………………………………………………（162）
（三）女性主义研究 …………………………………………………（164）
（四）主题意识研究 …………………………………………………（167）
二　比较研究 …………………………………………………………（168）
（一）张爱玲与王安忆 ………………………………………………（169）
（二）张爱玲与韩国女作家 …………………………………………（169）
（三）其他比较研究 …………………………………………………（170）
三　影视改编研究 ……………………………………………………（173）
结语 ……………………………………………………………………（176）
参考文献 ………………………………………………………………（178）

第九章　艾青 ……………………………………………………（183）
引言 ……………………………………………………………………（183）
一　创作分期研究 ……………………………………………………（185）
二　基督教题材作品研究 ……………………………………………（191）
三　比较研究 …………………………………………………………（193）
四　其他研究 …………………………………………………………（195）
结语 ……………………………………………………………………（200）

后记 …………………………………………………………………（203）

第一章

茅　盾

引　言

茅盾是中国现代文学史上的一位重要作家，他从1916年在商务印书馆翻译外国作品起就开始从事文学活动，同时涉足文学理论和文学批评，他参加文学研究会之后创作了许多文学作品，为中国现代文学的发展做出了突出的贡献。茅盾花费了毕生的精力，在文学的各个领域进行了广泛的探索，其中包括10余部中、长篇小说，7部短篇小说集，还有大量的散文和学术著作。对于在中国现代文学史上为新文化运动做出很大努力的茅盾，韩国从80年代开始就有了关于他的生平与作品的研究，时至今日，翻译、研究茅盾文学的人仍然有很多。1997年，朴宰雨收集整理了1980—1997年的关于茅盾的研究资料，详细地介绍了韩国关于茅盾研究的历史和现状。

朴宰雨在《茅盾研究简史与最近动向》中，把韩国研究茅盾的成果，分三个时期进行了整理：开拓期（1980—1985）、高潮期（1986—1989）、稳定发展期（1990—1997）。“开拓期的研究只集中于茅盾初期的几篇小说与文学观，可以说与‘开拓期’之名相符。”① 进入高潮期后，比起开拓期的研究，有以下几个突出特点：“第一，茅盾小说研究的范围从初期小说《蚀》三部曲、《虹》与代表作《子夜》扩大到《农村三部曲》、《腐蚀》等。第二，对代表作《子夜》的研究，专门论文出现了4篇，研究范围也较为广泛，对结构、社会意识、人物、环境等也加以研究，研究

① 朴宰雨：《茅盾研究与茅盾作品译介在韩国》，韩国外国语大学论文集，1997年，第198页。

水平也渐渐提高。第三，研究文学理论或文学主张的风气扩散，论文达到6篇，为了摸索出当时韩国文学运动理论的一条新出路，进一步探讨了茅盾的文学理论与文学主张。第四，茅盾的古典文学理论研究著作《夜读偶记》不但被翻译成韩语出版，而且还有人写论文加以探讨，这对韩国的中国古典文学研究有一定的影响。"[①] 发展期的研究倾向与高潮期相比，有三个特点："第一，在小说研究领域中，在典型问题的探讨和从革命现实主义的角度上研究《子夜》的比例有所提高。第二，作品领域中有《农村三部曲》与《蚀》三部曲，从专题的角度看就是'时代性'、'时代意识'与'象征性'的体现两个部分。尤其是沈惠英的博士论文在韩国首次对茅盾初期小说的'象征性'问题做了深入研究，在这方面体现了突破性。第三，虽然专著《茅盾的文学思想》出版，但一般来讲，对文学思想的关心逐渐减少，同时开始研究'生平'等问题。"[②]

如果考虑到朴宰雨对韩国茅盾研究的介绍已经到了1997年这一点，那么本稿应该介绍的是1997年之后的研究资料才对，但为了读者的全面理解，本书也将把1997年之前的资料作为参考，介绍2012年之前的有关茅盾的研究状况。

（一）博士学位论文

金荣哲，《茅盾长篇小说的"时代意识"研究》
朴云锡，《茅盾文学思想研究》
沈惠英，《茅盾初期小说的象征性研究》
金京善，《韩·中写实主义小说的比较研究》

（二）硕士学位论文

高点福，《茅盾的〈农村三部曲〉研究》
金欧廷，《茅盾的〈农村三部曲〉研究》
金荣哲，《茅盾的初期小说研究》
金廷延，《〈子夜〉的典型性研究》

---

① 朴宰雨：《茅盾研究与茅盾作品译介在韩国》，韩国外国语大学论文集，1997年，第200页。

② 同上书，第201页。

金志禧，《茅盾的〈农村三部曲〉研究》
权福顺，《茅盾的〈农村三部曲〉研究》
朴明珠，《茅盾的〈子夜〉研究》
朴云锡，《茅盾研究》
徐旼贞，《茅盾的〈子夜〉研究》
徐维辰，《〈子夜〉的本体性发展的相互重叠性研究》
孙爱敬，《茅盾的〈农村三部曲〉研究》
申振浩，《茅盾〈农村三部曲〉研究》
심태식，《茅盾初期文学论形成研究》
吴成铎，《〈子夜〉的构造分析和出现在作品里的社会意识研究》
俞知延，《茅盾的〈子夜〉研究》
李健实，《茅盾〈子夜〉研究》
李尚喜，《茅盾的〈子夜〉研究》
李寿莲，《对〈子夜〉的创作世界的研究》
이지현，《茅盾的文学和茅盾的农民小说比较研究》
李元道，《茅盾的〈蚀〉的知识人理论实践性研究》
任惠仁，《茅盾的〈农村三部曲〉研究》
全苏雨，《茅盾的〈蚀〉三部曲研究》
조보람，《以都市小说读〈子夜〉》
Zhao Lili，《李萁永的〈故乡〉和茅盾的〈农村三部曲〉比较研究》
陈戍敏，《〈走出玩偶之家〉和茅盾〈虹〉的比较研究》
崔恩慈，《茅盾的〈子夜〉研究》
许真美，《茅盾的〈子夜〉的人物研究》
함신형，《茅盾短篇小说〈林家铺子〉研究》

（三）学术论文

姜鲸求，《茅盾的〈农村三部曲〉探索》
金水珍，《老舍的〈老字号〉与茅盾〈林家铺子〉的商业文化考察》
金荣哲，《茅盾小说的构造和现实的接受》
荣哲，《茅盾作品的“时代性”小考》
金荣哲，《茅盾的人物描写及其实际》
金荣哲，《茅盾生平研究》

金荣哲,《茅盾的〈腐蚀〉研究》
金荣哲,《茅盾的〈子夜〉研究》
金荣哲,《茅盾的现代性认识和文学的选择》
金荣哲,《茅盾小说和“时代性”》
金荣哲,《茅盾的〈蚀〉研究》
朴云锡,《茅盾的“农村三部曲”和现实主义》
朴云锡,《茅盾的现实主义文学论》
朴云锡,《茅盾的写实主义和自然主义》
朴云锡,《茅盾的生涯和文学活动》
朴宰范,《茅盾的农村三部曲》
朴宰范,《茅盾的〈子夜〉小考》
白永吉,《“暴露与讽刺”论争中的郭沫若和茅盾》
申振浩,《茅盾的历史小说研究》
申振浩,《茅盾的“农村三部曲”研究》
申洪哲,《茅盾的文学思想》
沈惠英,《茅盾的〈动摇〉分析试论》
沈惠英,《关于茅盾的〈幻灭〉小论》
任日镐,《茅盾研究》
林春城,《关于茅盾的初期文学观转变过程的批判检讨》
林孝燮,《茅盾的〈夜读偶记〉研究》
全炯俊,《茅盾研究》
周翠兰,《茅盾的文学观》
朴宰雨,《茅盾研究与茅盾作品译介在韩国》
韩武熙,《茅盾的作品和文学观》

(四)单行本

朴云锡,《茅盾的文学思想》

如上面的整理①,韩国有关茅盾的研究资料,从 1980 年开始到现在共

① 资料出自 RISS(韩国学术研究情报服务)和国会图书馆,以及收录在金惠俊的《韩字版中国现代文学作品目录(2010, 2)》、《在韩国的中国现代文学学位论文以及理论书目录(2010, 1)》包括朴宰雨的《茅盾研究与茅盾作品译介在韩国》中有关茅盾的学位论文和期刊论文。

有4篇博士学位论文，硕士学位论文将近30篇，发表在各种期刊上的论文30篇，单行本1部。有关茅盾作品的翻译也很多，本书不加以讨论。本章从三个方面进行考察：第一，茅盾的文学思想，文学为劳苦大众服务的同时，还应该表现人类共同的感情，以此为理论基础形成了茅盾“为人生”的文学观，本章考察了茅盾这一文学观的发展过程；在吸收欧洲各种文艺思潮的过程中，茅盾对革命运动产生了深切的关心，同时把文学和政治联系到一起，开创了革命现实主义文学理论；第二，考察以小说为中心的作品研究，虽然茅盾的作品很多，但韩国的研究多集中在《农村三部曲》、《子夜》、《蚀》这三部作品上；第三，通过作品比较，考察作品中出现的茅盾的文学思想。

一　文学思想研究

茅盾所生活的20世纪初，政治与经济还有文化方面都没有稳定下来，是非常混乱的时代，也是西方文明大肆涌入中国的大变革时期，西方的思想与文化传播到落后、又不安定的中国，在艺术界与文化界引起了很大的反响。中国作家在很多方面接受了新思想，出现了以写实主义、浪漫主义等为主要表现手法的新流派。五四运动以后，富强中国、使人民脱离痛苦成了全国人民的共同愿望，社会各界掀起了追求科学、追求社会变革的浪潮，受到欧洲思潮影响的知识分子也立足于新的文学观点，开始了文学创作。此时的新文化先驱者在进化论的影响下接受了现实主义，并且认为现实主义是中国新文学发展过程中必须要经历的一个阶段，他们虽然知道现实主义在西欧已是流行过的文学思潮，但仍极力主张现实主义，在赞同现代主义的同时，理论上还是主张向现实主义靠拢。他们是想参照西欧文化思潮的发展过程与阶段来确定中国文学处在哪一阶段、哪一位置。先驱者们全心全力促进新文化运动，在新文学方面，反对文言文、提倡白话文，同时着眼于文学形式的变革，可以说这时“所提倡的现实主义只不过是一个口号、一个形式而已，并没有对现实主义的具体内容和理论进行说明，所以在文坛上并没有引起特别的注意”①。

① 金京善：《韩·中写实主义小说的比较研究：李萁永和茅盾》，釜山大学文学院博士学位论文，1995年，第12—13页。

新文学伊始，为人生的现实主义影响力非常之大。该理论由1918年周作人的《人的文学》首先提出，随后茅盾积极主张“为人生而艺术”的文学理论，并且也反映在他自己的作品里。①

茅盾在文学主流时期创作了许多文学作品，并且反映出自己的文学观念。茅盾树立了“为人生”的文学观，并且不断地表现出现实主义的文学观念。“为人生”的文学观在形成过程中受到了西欧的影响，同时，面对20世纪初中国的现实状况，茅盾已感到文学家表现的不该是一个家庭、一个人的人生，而是一个社会、一个民族的人生。

（一）“为人生”的文学观

“茅盾的作品与中国的社会发展同步，他的笔触永远向时代看齐，并且从始至终都可以保持积极立场，这些都是因为茅盾有着正确的人生观以及坚定的文学观。”② 当时西欧文学已从浪漫主义、写实主义、象征主义进入到现代主义，“茅盾认为还停留在写实主义之前的中国，应以西欧高水准的进化为标准，在中国新文学的头五年，将中国文学的水准提高到如西欧一般，以这种思想为基础，茅盾开始接触西欧的文学思潮。”③ 茅盾思考着如何才能把立足于进化论的西欧文学应用到中国来的问题，得出的结论是把中国文学加入到世界文学中去。茅盾在上海商务印书馆做编辑的时候就开始接触包括左拉、莫泊桑、尼采等在内的西欧文学与哲学，他的文学观开始有所变化。在《尼采的学说》中，茅盾对尼采的思想进行了全面的介绍。朴云锡对茅盾文学观的形成背景是这样描述的：

> 茅盾汲取了尼采的艺术人生观，作为形成自己人生观的一个理论根据。茅盾的文学观形成和发展不单是受了尼采学说的影响，而且还有着很复杂的因素。例如，俄罗斯文学的影响、中国社会思想的影响，还有五四时期拥护新文学同时批判旧文学思想的影响等。④

① 周翠：《茅盾的文学观》，《外大语文论丛》1987年，第95—96页。

② 韩武熙：《茅盾的作品和文学观》，中国，1981年，第55页。

③ 金荣哲：《茅盾的现代性认识和文学的选择》，《中国语文论丛》1999年，第85—86页。

④ 朴云锡：《茅盾的文学思想》，1991年，第66—67页。

在俄罗斯文学的影响中，托尔斯泰、契诃夫的作品成了主流，茅盾以及很多作家翻译了俄罗斯的文学作品，提出了“为人生”的文学思想。但是他们所理解的“为人生”的概念似乎是异样的，周作人强调的不是“为”，而是“人生”，把重点放到了“人生的艺术观”、“艺术家对人生的感情和思想”的表现上。“鲁迅和茅盾以及一些作家不但有‘为人生’的观念，而且还有‘改良人生’的意识，并且持有‘直面惨淡的人生’、反对‘瞒和骗的文艺’的现实主义精神。”① 担任《小说月报》的主编，使得茅盾“为人生”的文学观得到了进一步的发展，他对人生也开始进一步的论述。茅盾要反映人生的文学观，集中反映百姓的生活，表现人民的喜怒哀乐，他提倡的“为人生”文学必须暴露旧社会的黑暗、表现受迫害人民的生活与斗争。茅盾虽然用如此坚定的文学观进行创作，但林春城仍认为他的政治观点和文艺观点是相互矛盾的：

在这里要说明的，就是当时茅盾的政治观点和文艺观点处在矛盾状态。当时是建党初期，革命家参加斗争时的一些理论根据就是由外国介绍来的马克思主义，这使得反帝反封建的政治热情虽然高昂，但政治观点还处于未成熟的状态。几乎没有具体介绍马克思文学的观点，只介绍了大量的无产阶级文学思想。……文学思想的探讨大部分受到了进步的无产阶级思想的影响，也是可想而知的，茅盾也不例外。②

从此，茅盾的“为人生”文学观显现了写实主义的性格，开始与革命文学同轨。茅盾的“为人生”文学观从原来的意义向具体、现实发展了一步。对此，韩武熙这样认为：

当时茅盾认为像中国这样受迫害，而且因战乱百姓陷于水火之中的国家需要彻底地改善。所以从 1924 年开始，他以实际行动接近群众，并且也认识到了文学不仅是为人生、为社会，更重要的是为了未

① 金荣哲：《茅盾的现代性认识和文学的选择》，《中国语文论丛》1999 年，第 87 页。

② 林春城：《关于茅盾初期文学观转变过程的批判检讨》，《中国研究》1990 年，第 171—172 页。

来，以及为了人类的合理、平等、光明的新生活和理想的实现而努力奋斗。①

茅盾的“为人生”已不是广泛而笼统的概念，他已开始把重点放到了“反映人生的痛苦和现实”上，就是说他所主张的“为人生”文学必须暴露帝国主义、封建社会的黑暗，反映受压迫人民群众的生活和斗争。但在当时的文学界却出现了许多称颂“自然美”的作品，它们不关注百姓的生活，茅盾对这种无视无产阶级社会问题的作品感到失望，他强调“描写无产阶级贫困的小说”绝不能成为“讽刺、嘲弄无产阶级的作品”。从此，茅盾的“为人生”文学观出现了阶级论的观点，他提出的“描写无产阶级的贫困”思想和“同情第四阶级、爱护受害者与受辱者”的思想，可以说是一脉相承的，他的阶级观点渐渐明确，就因为如此，他才能够提出“文学要反映阶级人生，不可能反映出全部人生”的主张。由此可以看出，茅盾克服了早先提倡的“为人生”文学观里笼统的、超阶级的认识，开始对文学持有阶级观点。虽说是为了人生的文学，但反映不出现实的人生，只赞颂虚无缥缈的美丽的话，就只能是空想而已。在《文学者的新使命》中，茅盾主张“在如实地表现现实人生以外，还要提示美好而正确的未来”，由此可以看出，他的文学观有步入社会主义现实主义的可能性。

从茅盾的文学观可以看出，他的文学主张是反映人生的黑暗与痛苦，提示美好而正确的未来，也就是反映现实、提示未来。②

（二）革命现实主义文学理论

1920 年，当时的自然主义者们所注重的创作是要有个性，要观察现实、描写态度。五四时期，与提倡俄罗斯现实主义的一些文人相反，茅盾以自己对西欧现代主义的理解提倡新浪漫主义。这里所说的新浪漫主义的概念不是颓废的、绝望的，而是以对理想主义者罗曼·罗兰为代表的抒情理想主义的重新发现而开始的。从另一个侧面来看，这也是可以弥补揭露现实弊病的现实主义的一个侧面。茅盾把新浪漫主义看作是有新的理想和

① 韩武熙：《茅盾的作品和文学观》，1981 年，第 56 页。

② 朴云锡：《茅盾的文学思想》，1991 年，第 80—87 页。

勇气的革命思潮，但是罗曼·罗兰的初期作品并不都是新浪漫主义的，它们是各种思潮的复合体，而且新浪漫主义的出发点是为个人，对于从社会的角度鼓励群众参加革命为最终目标的茅盾来说，他不得不否定新浪漫主义，并且开始批判新浪漫主义。“这种批判表现了茅盾对文学的‘社会性’比对文学自身的现代化有着更大的关心的视角。”① 这之后，茅盾提倡自然主义，而且有时与现实主义掺杂使用，对此，朴云锡提出了如下的见解：

> 茅盾在介绍现实主义和自然主义的过程中出现的这种现象，我认为茅盾在使用现实主义和自然主义这两个术语时，没有充分的研究、也不严格，其实他在区分现实主义和自然主义的文学真实性的本质问题上，不够彻底、有些模糊。②

有关现实主义和自然主义的概念意识，朴明珠说：“茅盾和其他新文学家一样，将自然主义当成写实主义的深化概念，把西欧的自然主义拿过来，像对症下药一样，按照中国的现实和文坛的需要而分析和选择。”③ 如此看来，茅盾的文学思想立足于“事实性”，似乎一起接受了自然主义和现实主义，但在1923年以后他再没有使用“自然主义”这一术语，是因为茅盾认识到自然主义文艺无法反映社会的缺陷。自1925年以后，按照社会现实的革命需要，他提倡具有写实性、社会性、革命性等特点的现实主义。对此，金荣哲认为：

> 在引进西欧与俄罗斯的文艺思潮，将中国文学推向现代化的过程中，他就像开方治病的医生一样，选用了在西欧的文学思潮中有利于中国社会与文学的一部分。茅盾的这一个例子证明了中国现代文学将西欧和俄罗斯思潮根据中国的现实选用、推广的假设，当然，在这一过程中他们已变成了中国式。这一种变形是在一定的社会背景下形成

① 金荣哲：《茅盾的现代性认识和文学的选择》，《中国语文论丛》1999年，第88页。

② 朴云锡：《茅盾的文学思想》，1991年，第122页。

③ 朴明珠：《茅盾的〈子夜〉研究》，蔚山大学文学院硕士学位论文，2004年，第16页。

的思潮移到完全不同的另一个社会时往往会出现的现象。①

如上面所指出的，虽然文学思潮在不同社会背景下形成后应用到别处时会出现许多问题，但是茅盾不断地对此持有怀疑的态度，在社会上确立了自己的文学思想。全炯俊有关茅盾的革命文学思想是这样说的："倾向于写实主义、自然主义的同时，接触了西欧各种文艺思潮的茅盾提出了以当代的中国社会、历史为基础的独创的见解，这是从1923至1925年他逐渐关心于革命运动开始的。他的这种见解是将文学与政治结合起来而提出来的。"② 在探索新浪漫主义、自然主义、现实主义的过程中，不能忽视马克思列宁主义文学理论的影响。茅盾视马克思列宁主义世界观为真理，结合理论与实践形成了现实主义文学理论。对此，金荣哲得出了这样的结论：

> 茅盾将马克思主义世界观视为真理，从而分析出的现实提前了必然的历史发展阶段，可以说，茅盾接受了新浪漫主义和自然主义，将它们作为批判标准的社会性，同时在社会性上添加了革命性。③

茅盾在五四时期受到外国文学思想的影响，通过对中国传统文学的不断摸索，提倡在当时比较进步的"为人生的文学"。茅盾的"为人生的文学"观渐渐渗透出阶级性，他开始积极探索革命文学。茅盾的"为人生的文学"表现了民众志向，暴露了旧社会的黑暗，反映了受压迫人民的生活和斗争。茅盾当时参加了工人运动，并且致力于文化教育，在这样的过程中，他"开始关心文学与政治社会的关系，将自己的文学理论与中国革命放到同一轨道的同时，又转变到了现实主义文学理论上"。④ 茅盾认为，在阶级社会形成的艺术只能带有阶级性，他以"为人生的文学"理论为中心创作了许多现实主义文学作品。通过对新浪漫主义和自然主义等文学

---

① 金荣哲：《茅盾的现代性认识和文学的选择》，《中国语文论丛》1999年，第99—100页。

② 全炯俊：《茅盾研究：以革命文学和现实主义问题为中心》，《人文学志》，忠北大学人文学研究所，1987年，第82—83页。

③ 金荣哲：《茅盾的现代性认识和文学的选择》，《中国语文论丛》1999年，第90页。

④ 林春城：《关于茅盾的初期文学关转变过程的批判检讨》，《中国研究》1990年，第169—172页。

思想的吸收，他创作了大量的优秀文学作品，周翠兰认为：

> 茅盾的选择无论是为人生的艺术还是文学创作的自然主义方法，他的心理都存在着矛盾。他虽然很偏爱新浪漫主义的美丽，但是因为人生、理想主义以及当时的政治社会现象，他接受了为人生的文学和自然主义。就如他强调艺术一样，他的作品也是人生与艺术的结合，这使他成为了优秀的小说家。[①]

综上所述，茅盾注重“为人生的文学”，即表现受苦难的人民群众的生活与未来。茅盾亲自参加政治活动的同时不断地探索文学理论，在此基础上，以文学创作的方式实践了文学理论。

二　作品研究

（一）“农村三部曲”

茅盾以文学批评家、文艺理论家的身份登上中国文坛，是提倡现实主义新文学的现代文学作家。他的文学活动开始于1916年在上海商务印书馆时的翻译活动，到1981年逝世之前的65年的创作期间里，茅盾表现出旺盛的生命力。1930年年初，以江南农村为背景的“农村三部曲”，生动地揭露了农村现实生活的真相，在茅盾的作品之中是最能反映现实问题的一部作品。这部作品将当时因帝国主义的侵略而处在没落状态的中国农村的现状，以及思考方式与价值观相异的旧时代与新时代的矛盾表现出来。

茅盾将自己体验到的各种社会问题作为题材来创作，并且一直为反映现实、创作现实主义文学而苦恼。对茅盾来说，作品创作是通过文学来认清社会现实，以此来设计未来的中国社会，通过文学唤醒民众，为了民众，尽自己的努力，承担相应的历史、社会责任。[②] 上述文艺理论通过“农村三部曲”的创作表现出来。“农村三部曲”的创作，可以说实践了

---

① 周翠兰：《茅盾的文学观》，《外大语文论丛》1987年，第108页。

② 任惠仁：《茅盾的“农村三部曲”研究》，明知大学教育文学院硕士学位论文，2004年，第20页。

面对客观的现实世界、并且在这个世界里寻找未来的可能性作为最终目标的主张。茅盾就是以这样的思想为指导创作了长篇小说“农村三部曲”的。对此，朴宰范认为：

这部小说和以往的农村、农民小说不同的是表现了“丰收成灾”，即“虽是丰收，却成为灾难的现实”这样一种比较独特而又奇异的题材，一面暴露了一再衰败没落下去的农村现实和农民的痛苦，一面又为克服这种农村悲剧提示了对应方案。①

当时受帝国主义侵略和封建官僚剥削的农民，努力得到的丰收换来的却是饥饿与负债，如何周密的计划也免不了农民的破产。“这就是‘农村三部曲’有关农村破产为主题的新发现，也是作家对生活的细腻观察，他对想要描写的题材有着独特的思考。茅盾在选用主题上根据现实主义原则，以自己熟知的题材为基础细心地推敲。”② 1932 年，茅盾回到故乡，目睹了农村经济的衰败，遇到了作品中的真实人物，亲耳听到了佃户们被剥削的事实。如果没有农村生活的亲身体验，是不可能与农民共患难的。茅盾在作品中，将中国农村的现实情况，即旧时代与新时代的矛盾构造进行了描写。1930 年茅盾展开的文艺理论的核心，是对社会现象正确而又有目的的反映。茅盾分三个部分描写了主题：因农村经济衰败引起的农民贫困，老通宝的儿子以及新一代农民的觉醒和为了美好未来而斗争的情景。金欧廷认为这三个主题之间有着必然的联系：

之前的两部作品《春蚕》和《秋收》的丰收成灾主题以后，中国农民要走的道路，农民阶级斗争的主题是在《残冬》完成的，这样的主题形成可以与题材的发掘联系在一起，并且作者在概括题材所表现的生活本质和规则的过程中，渐渐深化了主题。这与作品的主要思想和次要的主题思想关系中渐渐形成了基本主题，这基本主题又贯

① 朴宰范：《茅盾的“农村三部曲”》，《中国小说论丛》2007 年，第 336 页。

② 朴云锡：《茅盾的“农村三部曲”和现实主义》，《人文研究》1986 年，第 102 页。

通着全文，并且与复杂的事件相联系，主导着全篇故事。[①]

如上所述，如果分三个部分表现主题的话，那么《春蚕》、《秋收》描写了贫困与痛苦，还有在各种矛盾中的觉醒，在末篇里则描写了觉醒后积极参加斗争的新一代。有关作品里出现的主题意识，孙爱敬这样认为：

茅盾的创作旨意所主张的是农民在痛苦的生活中应该有前进的方向，为了自身的利益能够顽强地做斗争。在这样的关系中，论者将提示未来作为基本主题，并且深化了通过崛起的新一代的面貌所表现出他们展开的反抗斗争的时代性，紧随革命发展趋势的主题。[②]

这样的主题意识与茅盾的文学理论是一脉相承的。有关“农村三部曲”中出现的主题意识，姜鲸求是这样描述的：

……以克服的对象出现的老通宝持有的各种态度可以解释成中国传统形象化的继承，可以察觉到多多头也在此无法自由。……《秋收》与《蚕冬》若没有《春蚕》，几乎很难找到作品的价值，这些都是作品有意图的连续，能把这样通俗而又僵硬的政治主题形象描绘到这个程度，可以说都是作家细腻笔触的功劳。[③]

《农村三部曲》将茅盾自己的文学理论运用于作品中，用细致的笔调形象地描写了作品中的主人公，突出了作品主题。茅盾用同情心描写了老通宝的苦难，赞美了他勤奋、坚定的精神。朴云锡这样评价“农村三部曲”：

茅盾这样的描写确实把全身心都投入到了作品当中，他的笔力与精神和登场人物同甘共苦，使读者能通过作品提示的悲喜交加的场面

① 金攺廷：《茅盾的“农村三部曲”研究》，圆光大学教育文学院硕士学位论文，2005 年，第 39 页。

② 孙爱敬：《茅盾的“农村三部曲”研究》，淑明女子大学文学院硕士学位论文，1991 年，第 55 页。

③ 姜鲸求：《茅盾的“农村三部曲”探索》，《中语中文学》1998 年，第 208 页。

> 来了解作家的感情。我觉得在鲁迅以后的30年代作家当中，还没有像茅盾一样深知农民的痛苦，反映他们的坚强意志和品格的作家。①

创作农村小说的大部分作家讲述了农民的痛苦，根据自己的生活经验，用独立的思考着重表现人物的斗争，但这些人物一旦受到了痛苦，就演变成了否定自己以往的生活习惯。但茅盾在“农村三部曲”中没有单纯地反映农民的苦难，而且表现了农民的意识不易改变，在任何苦难之中都一如既往。他看到了农民的痛苦，也看到了农民在痛苦之中开始觉醒的一面；不仅看到了农民的勤劳与坚强的意志，而且也看到了农民保守、消极和无知的另一面。可以说，这一切都为茅盾使用现实主义特征创作“农村三部曲”打下了基础。茅盾在作品中否定了老通宝保守的生活态度、消极而又落后的意识状态，这隐藏着现实主义精神。茅盾“投入到农民的生活中表现了农民的痛苦和悲惨的命运，并且暴露了他们的无知和懦弱的精神构造，同时也希望他们能够觉醒，摸索出一条新的道路。”② 这是茅盾在创作上的现实主义特色，有关“农村三部曲”的特色，朴宰范指出：

> 外国产的物品和农民，还有地主和佃户、农民间的对抗与抵抗、斗争，这都是要摸索出立身的道路的，寻找他们所盼望的社会的前景，这就是“农村三部曲”所具有的文学特色，也可以说是作家的执笔目的。③

如上所述，茅盾用乐观的态度探索着农民的命运与出路，引导农民自觉地投入革命。这不仅是“农村三部曲”作品自身的文学特色，而且也是现实主义文学发展的主要因素。朴云锡对“农村三部曲”的社会意义和文学意义两个部分进行了研究。他说：““农村三部曲”站在时代的前方，启发了农民小说和左翼小说的发展，在这一点上体现了文学价值和意义。”④ 申振浩对“农村三部曲”的创作意义做了这样的评价：

---

① 朴云锡：《茅盾的“农村三部曲”和现实主义》，《人文研究》1986年，第106页。

② 同上书，第107—110页。

③ 朴宰范：《茅盾的“农村三部曲”》，《中国小说论丛》2007年，第338页。

④ 同上书，第350页。

> 并且对于和革命史有着密不可分关系的现代文学史，在提示了历史发展方向的这一点上，有很大意义。当然这种试图在作品中没能完全得以成功，这就像评论者的评论一样，在中国革命的进行不够明朗的历史制约下，作品受到了主张革命文学论的新一代批判作家的思想限制。但对于文艺家的任务，他的意志是坚定的。

《农村三部曲》以经济衰败的农村为背景，形象地描写了农民在贫困中历经苦难及至觉醒、积极参加斗争，并且为黑暗的现实世界摸索出一个出路。在这一点上，“农村三部曲”的创作意义是相当突出的。

（二）《子夜》

茅盾的长篇小说代表作《子夜》，引导了30年代的长篇小说写作方向，体现了30年代长篇小说的文学特征，得到了“在反映社会现实上做出了正确而客观地描写”的评价，一直到2000年，韩国有关《子夜》发表的各种论文的动态，[①] 徐维辰做了如下介绍：

> 通过在国内发表的有关《子夜》的各种论文，我们可以看出，《子夜》将登场的人物和事件以两个中心轴为重点。首先，认为政治和经济背景给了《子夜》的创作决定性的影响，作者的主题意识和目的放到了一个轴上。另一个，《子夜》的文学艺术性在弥补因目的性和意图性而出现的美学缺陷上，也表现出了有过之而无不及的高水准。为了考察这两大轴，很多论文分析了《子夜》的创作背景和作家的生平与思想，以及人物与事件按阶级典型分类的状况。[②]

吴成铎在论文《〈子夜〉的构造分析和社会意识研究》中，[③] 将《子夜》的时代状况及历史事件紧密联系在一起进行了分析，提取出内在的社会意识，并且确认了其特征和价值，同时考察了作品中的文学意义，阐明

① 高玉钧：《茅盾〈子夜〉研究》，淑明女子大学文学院硕士学位论文，1988年。

② 徐维辰：《〈子夜〉的停滞和发展的相互重叠性研究》，延世大学文学院硕士学位论文，2004年，第61页。

③ 吴成铎：《〈子夜〉的构造分析和社会意识研究》，启明大学文学院，1989年。

了任何小说研究中的社会意识和作品构造都是无法分离的。《子夜》以20世纪30年代初的上海为背景，描绘了民族资本家吴荪甫在与买办金融资本家赵伯韬的对峙中，因生意失败而破产、没落的故事。作品把资本家和工人阶级设定为人物形象的中心，细致地描写了各阶层人民的生活状态，将从都市到农村、从工厂到股市的中国社会的宽阔画面提供给了读者。李健实认为：

> 茅盾通过《子夜》暴露了半封建半殖民地的30年代初的整个中国社会的现实，《子夜》借助于上海这个空间，对同时代社会现实的观察比同一时期的任何作品都要细心、卓越。就因作家的广泛而又客观地观察，使得《子夜》的结构具有很强的逻辑性。①

《子夜》广泛地描写了当时中国社会的各方面，在描写手法上，通过社会环境描写和自然描写，将人物的心理表现得更加透彻。对此，朴明珠指出：

> 他通过社会环境描写，将各阶层的生活面貌和人物性格叙述得使读者一目了然。通过自然环境将社会状况和人物心理状况用隐喻法表现出来，就是一样的自然环境，不同人看起来，结果也会不同。茅盾利用了这一点，成功地描写了登场人物的心理。②

《子夜》描写了上海与主人公的住宅等环境，使读者进一步接近了作者要表现的主题。在作品的构成上，金荣哲分成以下几个部分："第一，政治状况；第二，经济界状况；第三，农村状况；第四，民族资本界状况；第五，劳动界状况；第六，家庭状况。"③ 就这样，《子夜》承载着20世纪30年代初中国的政治、经济、产业、军事、农村、家庭等时代状况的全体构造。在《子夜》的构成方面，朴宰范也有着相似的见解，并

---

① 李健实：《茅盾的〈子夜〉研究：以现代小说为中心》，庆熙大学文学院硕士学位论文，2011年，第67页。

② 朴明珠：《茅盾的〈子夜〉研究》，蔚山大学教育文学院硕士学位论文，2004年，第61页。

③ 金荣哲：《茅盾小说的构造和现实的接受》，《中国语文论丛》1993年，第408页。

且把这部作品划为世态小说：

> 《子夜》是一部将30年代中国社会经济现实存在的各种问题用现实主义小说美学形象化的作品；也是表现了当时中国农村的经济状况、中小城市居民的意识形态、革命力量的兴起与发展的一部作品；是将贫穷落后的农村与帝国主义列强、资产阶级势力强大的都市相对比，反映了中国革命的全体形象的作品。从这几点来看，这部小说的文学意义在于，对30年代初以上海为中心展开的社会现实有着缩图作用。《子夜》写的不仅是民族企业家的兴亡和帝国主义买办资本家的问题，也没有单纯地解剖、分析社会。茅盾是通过剖析社会再现了同时代的社会现实，展现了生活在同一个社会中的人群的人际关系和生活面貌，这样看来，这部作品显现出了世态小说的性格。①

《子夜》剖析了社会现实，然后通过对社会现实的剖析，以对社会现实的文学再现为基础，将各阶层的人际关系和生活表现出来，由此，把这部作品看成“世态小说”也无妨。朴宰范在叙事构造上，同意金荣哲提出的“横向多角构造”，他说：

> 金荣哲曾定义过《子夜》的叙事构造是横向构造，他说此构造对各种情况下的事件发生和进展不需要“因果关系”的说明，只要有“情况的提示”就可以使读者没有反感的接受的长处，并且与现实构造本身相似。现实主义小说要具有的因果性通过横向的多角构造描述了整个社会的状况，他所指出的横向多角的构造为独立的几个事件的并列、等价有很大帮助。②

如上所述，小说《子夜》在与现实构造相似的同时，采用了横向多角构造，包括对社会的全面情况进行描述。这部作品浸透着作家的政治意识，但却被“客观”地评价，是因为这个构造将发生在现实中的事件按照现实的运动规则展开的同时，在整个框架中将自己的政治意识融进去，

① 朴宰范：《茅盾的〈子夜〉小考》，《中国小说论丛》1996年，第342页。

② 同上书，第354页。

并且使读者同意要在本质上改变整个社会的作者主张，并且要转化到行动上去。这就是《子夜》得以成功的重要因素之一。[①][②] 韩武熙对作品中采用的艺术方式进行了恰当的总结：

作者将处于时代的重大问题用艺术做了说明，同时发挥了高度的艺术性做了生动而具体的表现。所以说这部小说将当时的时代状况反映得更贴切，也是很有说服力的。[③]

反映了当时的时代状况、响应了革命斗争要求的这部作品，给革命运动的发展带来了很大的影响。从政治层面看，《子夜》也有相当大的意义。但是，"这部作品的不足点可以说是吴荪甫的性格急剧的变化，这是因为主人公性格的阶级特征和个性相差太大而产生的。"[④][⑤] 高玉钧这样分析《子夜》的缺点：

在全体构成和人物描写方面很轻易地呈现出作家的意识，换句话说，作品的构成和登场人物以及很多的场面描写可以说都是为了突出主题与露骨的"暗示主题"相联系的。当然，在这种暗示的作用作为伏线和象征完全溶解到作品里的情况下，这种主题暗示性决不会减弱文学成果。仅限于这一方面来看，作家的意图经常出现反而会缩小读者受感动的领域。[⑥]

综上所述，《子夜》在文学的技巧方面虽然有这些不足之处，但就主题与文学性整体来看，它被评价为一部成功的反映了当时社会现实的作

---

① 金荣哲：《茅盾小说的构造和现实的接受》，《中国语文论丛》1993 年，第 411—412 页。

② 高玉钧：《茅盾〈子夜〉研究》，淑明女子大学文学院硕士学位论文，1988 年，第 99 页。

③ 韩武熙：《茅盾的作品和文学观》，1981 年，第 50—51 页。

④ 这部作品的缺点，就是吴荪甫的性格急剧的变化，主人公的阶级特征和个性相差很大，使作品的一贯性出现缺陷，并且既聪明又没有一点漏洞的吴荪甫在不景气的经济状况下，收购了一些不赢利的企业，两个月内导致破产。作者通过这样的 20 世纪 30 年代民族资本家的破产成为半殖民地的中国突出了主题意识，这种设计未免有些牵强。

⑤ 金荣哲：《茅盾小说的构造和现实的接受》，《中国语文论丛》1993 年，第 410 页。

⑥ 高玉钧：《茅盾〈子夜〉研究》，淑明女子大学文学院硕士学位论文，1988 年，第 99 页。

品，一点也不为过。

（三）《蚀》三部曲

茅盾的《蚀》是中篇小说《幻灭》、《动摇》、《追求》等3篇的合称，这些作品创作于1927年，以《蚀》为题初刊于1930年的开明书店。这三部作品的登场人物和故事情节各不相同，但都有以作家亲身体验的北伐革命为背景的共同点。茅盾在作品里暴露了共产党内部的问题，并且批判了参加革命的文人们所存在的问题意识。有关其思想背景和作品中出现的“时代性”，茅盾曾在《鲁迅论》里明确地指出过。“茅盾在作品中表现的‘时代’不像鲁迅的作品那样无情地暴露，这是出于对中国当时时代状况和革命现实的挫折感而形成的。”[①] 就这样，茅盾由革命的挫折、悲观的态度出发反映时代，为文学寻出了一个突破口。“沈惠英举例说明了作品里出现的各种有象征性的代码，以此类推出与西欧象征主义有区别的象征主义的特征。”[②] 有关《蚀》的各种批评，茅盾总是在作品再版时以序文的形式谈及，他的自评随着各个时期政治局势的变化显现出微妙的差异。新中国成立之后，茅盾出任首届文化部部长，在1952年的《自选序》中，他反省没能判断好当时的革命局势，过于悲观，使得作品里没有肯定的人物，这是他接受了共产党系列批评家的批评态度的表现。1957年，茅盾既继承了前一部选集中的自我反省，又说明了这部作品包含着革命和反革命、革命阵营内的矛盾、自己生活和思想矛盾，保持了中立的态度。但是他在晚年的回忆录中，又做了别样的评价。当时他在《蚀》中思索着革命的道路，是为了给黑暗中不知所措的人们一丝亮光，在此表明了创作动机，他批判了作品中没能提示革命方向的批评不过是“左”倾论者的说法。[③] 对于回忆录中茅盾的自评，金荣哲是这样叙述的：

> 这好像是把拖了数十年的自己想说的话，全部说出来的感觉，而且这也许是在他痛感到文化大革命中教条主义给国家和党怎样的损害

① 金荣哲：《茅盾小说和“时代性”》，《中国语文学》1994年，第190—191页。

② 李元道：《茅盾的〈蚀〉三部曲的知识人群形象研究》，延世大学文学院硕士学位论文，2004年，第3页。

③ 金荣哲：《茅盾的〈蚀〉研究》，《中国语文学》2002年，第355—356页。

之后，回顾北伐革命时期的教条主义而写的评价。①

作品在知识分子前添加了小资产阶级这个用语，成了“小资产阶级知识分子”，并且在文中经常出现。有关这个小资产阶级知识分子也有很多的研究，提出了很多问题。茅盾所指的知识分子不是少数的精英，而是广义上的青年学生、没落的书生、国民党干部等。他们在人民群众，或是分布在革命队伍的指导阶层中，可以说是社会上的复合势力，但进入现代社会之后可以给知识分子一个新的定义。李元道说：“把社会分成无产阶级和资产阶级的两分法的界限渐渐模糊。在现代资本主义社会里，知识就是生产和效率的增加，知识分子阶层的社会、政治作用也越加重要起来。在这个意义上，可以给茅盾的《蚀》三部曲中各人物赋予超出历史、时代限制的‘新知识人’的意义”。②

无论是新中国成立以前还是以后，对这部作品一直都存在着批评。茅盾发表了很多对应的主张，随着政治局势的变化，自评也发表了很多篇，其中的《蚀》反映了革命的真实景象，反映了生活的真实，这一点是无法否定的。这部作品通过新女性的敏感而又复杂的心理，捕捉到革命的真相，就如用一片落叶勾勒出高大的秋山一样，通过微观表现了宏观，换句话说就是用以小见大的手法。比起当时叙述理念的其他左翼文学，作品保持着艺术性，这种特点显现了将政治问题不是在社会科学方面而是在文学语言方面表现的努力，同时成了茅盾作品的原型之一，并且这也是他作品生命力维持至今的因素之一。③

《蚀》发表后虽然受到了很多知识分子的指责，但确实是一部有艺术性的，并且客观地反映了社会现实的作品。

（四）其他

除了上面所介绍的以外，还有以下 4 篇论文，分别是沈惠英的《关于茅盾〈幻灭〉的小论》、《茅盾的〈动摇〉分析试论》、임효섭 的《茅盾

① 金荣哲：《茅盾的〈蚀〉研究》，《中国语文学》2002 年，第 356 页。

② 李元道：《茅盾的〈蚀〉三部曲的知识人群形象研究》，延世大学文学院硕士学位论文，2004 年，第 90 页。

③ 金荣哲：《茅盾的〈蚀〉研究》，《中国语文学》2002 年，第 373—374 页。

的〈夜读偶记〉研究》及金荣哲的《茅盾的〈腐蚀〉研究》。在《关于茅盾的〈幻灭〉的小论》中，沈惠英找出“幻灭”的定义，分析了作品的主题“幻灭”中所包含的复合内容和立体构造，并且通过探索故事情节与人物的心理构造具体展现出来。很多茅盾研究者将作品的中心主题“幻灭”与1927年的革命失败看成一体。虽然有些论者试图分析出相异的内容，但对作家的思想背景都保持着一致的态度。对此，沈惠英有不同的见解：

> 作品中的人物意识和作品所体现出的社会与精神上的空间性格，并不局限在1927年前的一两年内的短时间里，并且幻灭所指的也不仅是革命的失败，它包含着更为广阔复合性的内容。①

沈惠英说明了“幻灭”所包含的复合性的问题的同时，给“幻灭”也做了一个定义，“《幻灭》里所描写的幻灭不只是出于革命的挫折，而且还有五四运动过后对不安定的政治局势的不安，是受到了创伤的表现。”② 沈惠英指出，“幻灭”虽然包含了革命的挫折与幻灭，但这只是一部分而已，作品中对革命的追求与“幻灭”跟对恋爱的追求和“幻灭”形成了对照，两者之间出现的相似的构造是有很重要意义的。在沈惠英的《茅盾的〈动摇〉分析试论》中，将《动摇》的世界以胡国光和方罗兰两个人为中心，综合考察了其叙事方式。茅盾对中国革命的道路与方向所持的理论与信心，因1927年革命的失败开始动摇。“这在笔者看来，有关他的创作，1927年革命的失败在他精神上留下了痕迹，他目睹革命的成果瞬间被毁灭的现实，从而体验到了自己所探索的对中国的现在与未来的解释被连根拔起，虽然对未来的明快的解释依然存在，但这再也不能为眼前发生的悲剧做任何的说明。”③他寻求新的理论的同时进行创作，完成了《动摇》，题目表现出了表面与内在两个意义。尽管如此，如果说还有不足点，“那应该说《动摇》不是在单调都市的围城里表现固定的现实，而

---

① 沈惠英：《关于茅盾〈幻灭〉的小论》，《中语中文学》1994年，第293页。

② 同上书，第295—296页。

③ 沈惠英：《茅盾的〈动摇〉分析试论》，《中国文学》1995年，第249页。

是包含了各种意义的暗线，是面向大众敞开着的文本的反正”。[①] 沈惠英对作品内在的意义的探索，考察了作品中出现的矛盾和人物。在임효섭的《茅盾的〈夜读偶记〉研究》中将《夜读偶记》中出现的整个局面分成折中性格，文学史认识的单纯循环论的性格和反形象认识的性格，这说明了其倾向和局限。《夜读偶记》呈现出将百家争鸣、百花齐放的现实愿望和党的方针立场相结合的局面，林孝燮说《夜读偶记》在整体局面中出现折中、单纯循环、反形象认识的倾向和局限也是因为如此。

《茅盾的〈腐蚀〉研究》对作品主人公赵惠明的心理世界的构造和作品的艺术技巧为中心做了论述。《腐蚀》的主人公赵惠明是一个以暴露当时的中国政治状况、传达作家对政势的看法为目标而设定出的人物，而且人物内心有着多重的矛盾。金荣哲对赵惠明的这种矛盾的心理构造通过主人公的亲身体验和政治立场以及与周围人的关系等进行了考察。茅盾用日记的形式创作了作品，在主人公的日记中将自己的意图隐藏起来，把这个角色交给了主人公。金荣哲对作品有如下的见解：

> 这部作品在作家的作品世界里之所以占据独特的位置，不是因为作品提示了政治观点，而是因为这部作品所拥有的艺术成果。如：主人公赵惠明的立体式的矛盾心理世界和紧迫的故事展开，有着很强个性的人物内心和以此相对应的社会描写。[②]

金荣哲以独特的视角分析了作者观察事物的独特言辞、故事展开的间续性等艺术技巧。

三　比较研究

1930 年是日本帝国主义强化了殖民政策的时期，这时的韩国完全沦为殖民地，中国则处在半殖民地状态，因日本帝国主义的经济侵略和地主剥削的双重压力，两国农民的生活日渐贫穷。李萁永的《故乡》和茅盾的“农村三部曲”就是客观地反映了这个时期韩国与中国的时代状况的

① 沈惠英:《茅盾的〈动摇〉分析试论》,《中国文学》1995 年，第 252 页。

② 金荣哲:《茅盾的〈腐蚀〉研究》,《中国语文论丛》2000 年，第 491 页。

具有代表性的农民小说，这两部作品在反映农村社会以及农民痛苦这一点上很相似。这是因为李萁永和茅盾都是写实主义作家，存在着比较两位作家的可行性。对此，金京善是这样论述的：

> 李萁永与茅盾被评为克服了社会主义文学的理想化与观念化，在"理论引导"的前提下，形象地描写了当时的社会现实的作家。就这一点上可以看出，他们是韩、中文学史上占最显眼位置的社会主义作家，可以成为比较研究的对象。①

李萁永考虑当时社会的特殊性，主张运用韩国式的社会主义文学。茅盾主张除了现实人生的写实以外，还要提示未来，并且强调社会主义、写实主义的重要因素，就是提示未来。在这一点上，李萁永与茅盾的文学观有着相似之处，都描写了受日本侵略战争迫害的农民形象。"李萁永与茅盾都写了社会主义思想的影响，赞同了30年代革命文学运动的同时，将他们的文学活动与之紧密联系在一起。即运用写实主义的创作方法，克服了观念超过艺术性的社会主义文学的弱点，使观念与文学得到了统一，并且将30年代社会现实总体性表现在自己的作品当中。"② 但是在出现在作品中的阶级矛盾、反帝国主义思想和农民的觉醒过程等具体问题上，两部作品有不同之处。对此，Zhao Lili是这样讲述的：

> 《故乡》里出现的阶级矛盾主要是以地主安胜鹤和知识分子金熙俊为中心与村里的佃户之间的阶级矛盾，在"农村三部曲"中资本家与地主等统治阶级未曾直接出现，而是表现在同一个无产阶级思想内的对立。并且在农民的价值观与思想变化上，《故乡》中的仁东和安甲淑主要受了外在的影响，即通过夜校和工厂生活进行变化，进步人物阿多则通过自己的亲身体验，积极引发了武装起义。在他们的作品里出现的这种不同性，是由两位作者所处的两国社会的历史现实的

① 金京善：《韩·中写实主义小说的比较研究》，釜山大学文学院博士学位论文，1995年，第3页。

② Zhao Lili：《李萁永的〈故乡〉和茅盾的"农村三部曲"的比较研究》，亚洲大学文学院硕士学位论文，2011年，第54页。

特殊性与作家本身的生活体验的相异而形成的。①

成长背景和生活体验的不同会出现这种创作的相异。李萁永身为贫穷的佃户，对农村有亲身体验，以此为基础创作了《故乡》。相反，茅盾以小时候的印象和几次的回乡而得到的对农村现实的认识创作了“农村三部曲”。이운옥 也对此有着相似的解释：

> 李萁永与茅盾两位作者通过作品对帝国主义持有否定的态度。《故乡》与“农村三部曲”生动地描写了日本帝国主义的侵略和因此没落的农村经济。在《故乡》中，随着殖民地近代化的进行后的农村变化，暴露了地主对佃户的剥削与农村经济的衰败。相反，“农村三部曲”描写了因帝国主义的剩余商品流入农村而受到了农民的厌恶，以及帝国主义经济侵略下没落的农村景象，这就是他们的不同之处。②

就如上面所述，两者在作品内容上有着不同之处。但两位作家将自己生活的时代进行客观现实的描写，从这一共同点上来看，在文学史上也有很大的意义。李萁永和茅盾都有“真正的文学只有代表真实的人间生活的文学上才可以看到”这种以现实主义为基础的文学思想，在重视创作个性和文学艺术上有着共同点。并且站在客观的立场，面对社会现实、重视文学的思想性和艺术性的同时进行创作，这一点上也有着相似之处。이운옥 在《民村和茅盾的农民小说比较研究》论文中将《故乡》与“农村三部曲”里共同出现的主题意识划分为反帝意识、反封建意识、女性问题意识和新一代农民形象的意识等四个部分进行了说明。这些大部分是与当代人的生活有着紧密关系的主题，并且两部作品都对当代现实问题进行了客观的描写。《故乡》与“农村三部曲”描写了韩、中两国的农村生活，并且真实地反映了20世纪30年代的社会现实。如果说《故乡》与

① Zhao Lili：《李萁永的〈故乡〉和茅盾的〈农村三部曲〉的比较研究》，亚洲大学文学院硕士学位论文，2011年，第55页。

② 이운옥：《李萁永和茅盾的农民小说比较研究》，建国大学文学院硕士学位论文，1996年，第51—52页。

“农村三部曲”是站在农民小说的侧面做的比较研究的话，那么在茅盾的另一部作品《子夜》和李箕永的《故乡》的比较研究中，在作家的思想、地主和农民、资本家和劳动者间的矛盾关系、团体意识等侧面都表现出了共同点，不同的是设定的小说在空间上互不相同。李箕永以农村为叙事空间，茅盾以表现华丽的西洋文明的上海为叙事空间，随着设定空间的差异，李箕永将正面人物作为主人公，而茅盾则以反面人物作为主人公。此外，在阶级对立方面也有不同之处：在《故乡》中看不出尖锐的阶级矛盾，而《子夜》却描写了劳动者与农民协会一起主动引发暴动的尖锐的阶级对立。①除了茅盾与李箕永的作品比较外，在韩国研究的其他比较作品还有金水珍的《老舍的〈老字号〉和茅盾的〈林家铺子〉的商业文化考察》，这两部作品的背景年代虽然不同，但是由于两部作品的创作时期差不多，所以分析比较了作品中出现的传统的商业文化。

《老字号》中的商人重视自己商店的字号、招牌的字迹与制作，认为打折、降价是伤自尊心的引客行为。虽然与《老字号》有些不同，但在茅盾的《林家铺子》中也表现出主人公林老板的“以信誉为主，坚守传统商业文化美德”的商道，这一切都表现了传统的商业文化。虽然两部作品表现了商业文化，但在导入资本主义经营方式的过程中，他们的想法与苦恼却各不相同。关于这个差异，金水珍是这样论述的：

> 两部作品在近代的利润追求上的思考方式是不同的。两部作品的背景分别是民国时期和30年代的传统商店与杂货店，除此之外，把背景设在受北京和上海的影响的地点，这说明了在社会、文化的过渡时期，地区、地域的特征，对新起的商业文化的冲击、接受、对应方式、展望商业文化的角度，以及在竞争中的生存方式都会有相异的表现。②

西洋的商业文化冲击着北京与上海两个不同的城市。首先是与传统商

① 金京善：《韩·中写实主义小说的比较研究》，釜山大学文学院博士学位论文，1995年，第147—148页。

② 金水珍：《老舍的〈老字号〉与茅盾〈林家铺子〉的商业文化考察》，《中国语文论丛》2009年，第387—388页。

业文化的矛盾，接着是接受，在这样的过程中分明出现了差异，这差异是为了在商业竞争中生存而出现的。除了上述的作品比较以外还有《蔡万植的〈走出玩偶之家〉和茅盾的〈虹〉的比较研究》。蔡万植的《走出玩偶之家》是他的第一篇长篇小说，是根据挪威剧作家易卜生的《玩偶之家》而改编的。茅盾的《虹》也是借用了易卜生的《玩偶之家》中女主人公的离家出走为中心内容的长篇小说。陈戍敏将蔡万植的《走出玩偶之家》和茅盾的《虹》做了比较，指出了韩、中作家对《玩偶之家》的接受情况与再创作的关系，同时比较了出现在作品中的作家意识。虽然两部作品都以女性的觉醒为基础进行了创作，但有关女性解放的作品意识却有着差异。蔡万植认为封建主义社会制度是女性解放的障碍物，而茅盾则强调早一天实现女性解放一定需要集体的努力。两部作品都描写了为了独立而离家出走的女性，可以说这是女性的初次觉醒，也是两部作品的共同点。离家出走后，她们在社会上遇到了很多苦难。《走出玩偶之家》中的娜拉通过《妇人论》，《虹》的女主人公梅女士通过与《马克思主义和达尔文主义》的接触认识了社会，这可以说是第二次觉醒，也是觉醒方式上的不同点。①

结　　语

20 世纪 80 年代前后，中国实行了改革开放，韩国开始对中国现代作家与作品进行研究。最初将茅盾介绍到韩国的是首尔大学的李炳汉教授，他在 1960 年 6 月发表了《转换期的中国现代小说——以茅盾为中心》。把茅盾介绍到韩国至今已有很多年的历史了。韩国多年研究的有关茅盾的资料，在本章内通过三个主题进行了介绍：第一，在文学思想上，以茅盾的“为人生”文学观和革命的现实主义文学理论为中心，介绍了茅盾文学思想整体上的转变过程；第二，在作品研究中，以“农村三部曲”、《子夜》、《蚀》三部曲为中心进行了介绍；第三，在与其他作品的比较研究中介绍了与老舍、李萁永、蔡万植的作品比较。

综上所述，从韩国茅盾研究的资料上看，对“农村三部曲”和《子

① 陈戍敏：《蔡万植的〈走出玩偶之家〉和茅盾的〈虹〉的比较研究》，首尔大学文学院硕士学位论文，2010 年，第 98 页。

夜》这两部作品的比较研究较多，而且在比较研究中，与茅盾的“农村三部曲”作比较的研究占了多数。按时期区分，20 世纪 80 年代仅有几篇小说和文学观研究，90 年代关于“农村三部曲”、《蚀》三部曲等小说的研究活跃了起来，范围也日渐扩大，对构造、人物、环境等进行研究的同时也开始研究作品的文学思想理论。自 2000 年以后，对“农村三部曲”和《子夜》的研究依然占主导地位，但与20 世纪90 年代相比，文学思想和文学理论的研究没有太大的发展，比较研究也陷入了低谷。由此看来，比较研究是研究者们继续要挑战的一个领域，可以用韩国人的视角找到新的突破口，从而开展独创的研究工作。

第二章

巴　金

引　言

在中国现代文学史上涌现出的一批著名作家中，鲁迅可以算得上是巨擘。在排到鲁迅之后的作家中，巴金就是其中杰出的一位。巴金是矛盾于现实与文学间的无政府主义者。1904 年他出生于四川省成都市，2005 年 10 月 17 日逝世。巴金是一位重视言行一致的作家，他始终用纯真的热情，正直、真实的话语来表现着时代精神。巴金在 20 世纪 20 年代留学巴黎时期创作发表了他的处女作——《灭亡》，从此像一颗彗星闪亮于中国文坛，一生留下了很多作品。

韩国学者对于巴金的研究，起始于“日侵”时期留学中国的一些带有无政府主义倾向的人士的介绍，直到中国“文化大革命”结束后的 1978 年才开始被重新提起。1984 年，韩国开始了正式的巴金研究，对巴金的介绍以及对其作品的翻译渐渐火热起来。1987 年之后，特别是 1992 年朴兰英的博士论文发表后，巴金研究成果更是连绵不断地呈现出来，现已达到一定的水准。1997 年朴宰雨发表了《韩国巴金研究的历史与动向》，将韩国学者对巴金研究的历史和现状按历史时期进行了分析。在韩国，对于巴金的研究到现在仍然是一个热门话题，但是对“研究之研究”则重视不够。为能对巴金研究尽一份绵薄之力，本章将对 21 世纪前十年韩国的巴金研究进行介绍。朴宰雨考察的是巴金研究历史，所以用按时期进行分析的方式，而在本章中论述的不是其历史，而是 21 世纪前十年的研究动向，所以采用将研究内容按主题进行分类的方式。下面是按主题分类的研究目录。[①]

---

① 此目录是通过收录于 RISS（韩国学术研究情报服务站）和国会图书馆的关于巴金的学位论文和学术期刊论文以及单行本综合整理出来的。其中涉及巴金的内容只有一小部分或者单行本中只收录翻译作品的，在此未录入本目录。

（一）《激流三部曲》研究

朴志彗，《巴金〈家〉的人物形象研究》，2001 年。

姜京实，《巴金〈家〉中出现的人物形象研究》，2003 年。

李贤贞，《巴金的〈家〉研究》，2004 年。

姜瑛娥，《巴金的〈家〉研究：以觉新的人物形象为中心》，2005 年。

金金美，《〈家〉的女性人物形象的男女平等主义考察》，2006 年。

李银贞，《巴金小说〈家〉的人物形象和主题思想研究》，2006 年。

崔燕洙，《巴金〈家〉的主要人物形象研究》，2006 年。

曹之瑛，《巴金〈家〉的人物形象研究》，2010 年。

（二）《火》研究

朴兰英，《巴金的抗战三部曲〈火〉和韩国人》，2003 年。

金惠英，《巴金的抗战三部曲〈火〉的主题思想研究》，2005 年。

（三）《寒夜》研究

李镕顺，《巴金的〈寒夜〉研究》，2001 年。

朴宰范，《巴金的〈寒夜〉研究——以与〈家〉的对比为中心》，2004 年。

柳承罗，《关于巴金的〈寒夜〉》，2004 年。

全贞银，《〈寒夜〉里的女性形象研究》，2005 年。

边仁子，《巴金的〈寒夜〉研究》，2009 年。

（四）《随想录》研究

朴灿镐，《巴金的〈随想录〉研究》，2001 年。

韩侑廷，《巴金的〈随想录〉研究》，2005 年。

金俞真，《巴金的〈随想录〉研究》，2008 年。

黄明郎，《巴金的〈随想录〉研究》，2008 年。

林淑映，《巴金的〈随想录〉研究》，2010 年。

（五）其他作品研究

赵洪善，《重观〈灭亡〉：寻找巴金》，2003 年。

郑振，《“人”，“窗下”》，2004 年。

赵洪善，《寻找中年的巴金：〈憩园〉的叙事构造分析》，2008 年。

（六）与其他作品的比较研究

金成玉，《廉想涉〈三代〉和巴金〈家〉的比较研究》，2001 年。

金成玉，《作为社会缩略图的封建大家庭和新时代的生活对应状况：廉想涉〈三代〉和巴金〈家〉的比较研究》，2003 年。

鲜于金，《巴金〈激流三部曲〉和廉想涉〈三代〉的比较研究：以女性的婚姻和教育问题为中心》，2003 年。

崔桂花，《30 年代韩、中家族小说的比较研究》，2003 年。

李正爱，《廉想涉〈三代〉和巴金〈家〉现实主义的比较研究：以人物行迹为中心》，2004 年。

Kim eun-gyeong，《朴景利〈土地〉和巴金〈激流三部曲〉的比较考察》，2009 年。

尹雪，《巴金〈家〉和廉想涉〈三代〉主题思想的比较研究》，2009 年。

（七）无政府主义思想研究

朴兰英，《20 年代巴金的无政府主义研究》，2000 年。

朴兰英，《论 20 年代巴金和申采浩的无政府主义，》2001 年。

朴兰英，《30 年代巴金的无政府主义研究》，2002 年。

朴兰英，《抗日战争时期巴金的无政府主义研究》，2002 年。

朴兰英，《巴金和韩国无政府主义者》，2003 年。

申正浩，《巴金思想和文学的再考察》，2004 年。

朴兰英，《新中国成立后巴金意识的变化过程研究》，2005 年。

朴兰英，《申采浩和巴金的无政府主义和反转思想》，2006 年。

朴兰英，《站在革命和文学界线上的无政府主义者巴金》，2006 年。

曹世铉，《30 年代韩、中无政府主义者的反法西斯斗争和国际：以巴金和柳子明为中心》，2008 年。

（八）其他方面的研究

赵洪善，《巴金的两种创作倾向》，2000 年。

赵洪善，《巴金的小说和死亡》，2000 年。

金仁哲，《巴金的反封建思想研究：以〈激流三部曲〉和〈随想录〉为中心》，2001 年。

赵洪善，《论巴金的主题经验与其凡人悲剧小说的人格模式》，2001 年。

姜鲸求，《出现在中国现代小说中的家族解体与合并》，2002 年。

金柳京，《出现在巴金作品里的韩国人》，2004 年。

沈庆利，《“安那其”视野下的“大同”世界：论巴金的异域小说创作》，2005 年。

金河林，《出现在中国现代小说中的近代空间和人物问题》，2006 年。

金善河，《巴金的前期散文论考：20 年代——30 年代》，2009 年。

虽然把时间定位于 21 世纪前十年，但从数量上看，巴金是韩国学者研究的热点之一。在本章大致分成作品、与其他作品的比较、作家思想三个部分。关于作品研究，分成《激流三部曲》，抗战三部曲《火》、《寒夜》、《随想录》四个部分来论述。

一　作品研究

（一）《激流三部曲》

《激流三部曲》以 1919 年到 1924 年中国社会变革为背景，是中国现代文学史上反映五四运动的重要作品。[①] 特别是《激流三部曲》中的《家》是巴金的创作生涯中成就最高的一部作品，同时也是社会影响力最大、在中国新文学史上收获最丰的一部作品。[②]

在关于《激流三部曲》的 20 多篇研究论文中，只有 5 篇是研究《家》、《春》、《秋》全部内容的，剩下的都是关于《家》的论文。[③] 所以严格地说，《激流三部曲》中只有对《家》的研究是最为广泛的。将《激

① 曹之瑛：《巴金〈家〉的人物形象研究》，庆熙大学校教育大学院硕士学位论文，2010 年，第 1—2 页。

② 崔燕洙：《巴金〈家〉的主要人物形象研究》，庆熙大学校教育大学院硕士学位论文，2006 年，第 1 页。

③ 《激流三部曲》和其他文学作品的比较研究资料将在“与其他作品的比较”中进行介绍。

流三部曲》的《家》、《春》、《秋》一起研究的5篇论文都是在2000年以前发表的，进入2000年以后只有对《家》的研究。李银贞在《巴金小说〈家〉的人物形象和主题思想研究》中认为：

> 如果把其他作品一起作为研究对象，那当然能成为一个深入总体的研究，但只把《家》作为研究对象的原由是因为在他的创作中将他的思想集中概括出来的就是《激流三部曲》，在其中巴金的现实主义的问题意识最强、最成功的作品就是《激流三部曲》中的《家》。①

查看2000年以前的关于《家》的研究，都是分析作品本身或是分析主题思想的。但从2000年以后的研究来看，大部分是通过主要人物分析主题思想。那么为什么焦点从作品本身的分析转变到了人物形象研究呢？对此，李银贞和崔燕洙说：

> 作者通过不同性格的人物相异的结论的对比，很自然的突出了主题。作家在作品中提示了对于不合理的制度，只顺从不抵抗那么只有灭亡，这一点也是与主题一致的。在这一观点上看，笔者认为对作品《家》的研究，应该把重点放到人物性格和主题思想的分析上。②

把人物阶层的分析作为重点分析对象，从作品内部看，是最能说明其艺术技法和特征的手段，在作品外部看是最能表现其时代和社会背景的。③ 金金美在《〈家〉中女性人物形象的男女平等主义考察》一文中，考察了使《家》能够形成男女平等主义性格的时代背景和有中国特色的女性解放运动的过程，通过考察男权主义本质和存在于男权主义中的女性的存在形式、位置以及性角色，探索了男性对女性的支配以及这种支配是怎样投影在家庭形式中的。关于巴金的女性认识，她是这样说的："巴金虽属于有权、有势的男性支配层，但没有把他作为工具，甚至为自己的身

① 李银贞：《巴金小说〈家〉的人物形象和主题思想研究》，蔚山大学校教育大学院硕士学位论文，2006年，第5页。

② 同上书，第2页。

③ 崔燕洙：《巴金〈家〉的主要人物形象研究》，庆熙大学校教育大学院硕士学位论文，2006年，第3页。

份而羞耻，是一个有良知的作家。他以批判视角暴露了家庭的残暴，以怜悯和同情为受苦难的年轻女子辩护。但与当时展开女性解放运动的大部分男性先驱者一样，作者也没能摆脱封建制度下对女性的传统意识。”①

姜瑛娥将《巴金的〈家〉研究：以觉新的人物形象为中心》分成《家》的创作背景、觉新的人物形象分析和文学成就三部分进行考察。特别是从文学成就方面来看，《家》出现于长篇小说创作很稀少的时期，《家》的出现预示中国文学已进入了新的时期，渐渐成型、成长，从这一侧面上看具有重大意义。并且在典型环境中形象化的各种典型人物也是《家》的成就之一，但他最大的成就则是通过大家庭的兴旺盛衰，谴责了封建制度的罪恶。她对《家》虽然有否定的态度，但明确的是《家》描写了压抑自由和个性的中国数千年传下来的封建家族制度的迫害，肯定了当时青年能够鼓足勇气抵抗封建制度的压迫，并且《家》也是巴金所有作品中取得现实主义成就最高的。②

崔燕洙通过对作品中出现的人物阶层的分析，观察了各人物不同的性格、思想、环境等方面，并且通过这些主要人物阶层的矛盾构造，考察了在一个时代、一个社会环境里的阶层构造中人是怎样生活、怎样克服困难的。她对《家》的总体价值和意义是这样表述的：

> 通过立足于现实主义的各人物的群像的个性创造出的典型的人物，给当时小说界的人物形象树立了一个新的典范，100 多年前的人物形象依然存在现社会成员的各个方面，并且被分类成古老阶层的各种制度和现象也适用于生活在现如今的我们身上的事实。③

从《激流三部曲》的研究动向表明，研究主题从《激流三部曲》到《激流三部曲》的《家》，又从《家》的整体分析到《家》的人物形象研究，其研究幅度缩小，也更为具体。关于《激流三部曲》的《春》与

① 金金美：《〈家〉中女性人物形象的男女平等主义考察》，京畿大学校教育大学院硕士学位论文，2006 年，第 1—2 页。

② 姜瑛娥：《巴金的〈家〉研究：以觉新的人物形象为中心》，成均馆大学校教育大学院硕士学位论文，2005 年，第 83 页。

③ 崔燕洙：《巴金〈家〉的主要人物形象研究》，庆熙大学校教育大学院硕士学位论文，2006 年，第 92 页。

《秋》的研究还不是很多，在这一方面还希望进行一些有深度的研究。

（二）《火》

巴金创作“抗战三部曲”时，中国人民正为抵抗日本帝国主义侵略进行积极的抗争。与当时诸多作家一样，巴金也前往战地，将抗战宣传和文学创作结合起来，从而创作出了“抗战三部曲”。所以“抗战三部曲”是在国家危机存亡的时刻，反映出具有历史使命感的作家的爱国心理的作品。①

1993 年朴兰英最早在韩国发表了关于《火》的论文，就是《巴金的抗战三部曲〈火〉的主题思想研究》。金惠英是这样解释这一现象的：

> 巴金在抗战三部曲每部的后记与创作回忆录中都做了“失败之作”的评价。作者的自评也是如此消极，因为缺少思想性和艺术上的不成熟的因素，对抗战三部曲的研究评价大体上也是消极的。因此研究论文的数量极少，其研究也缺乏深度。②

在 21 世纪前 10 年的两篇研究论文中，朴兰英首先考察了《火》中的韩国无政府主义者们。通过巴金对韩国人的谈论和韩国人对巴金的讨论调查，考察了作家的理想是怎样反映在他的人生与作品当中的。

> 这也可以联系到当时韩国所处的时代状况来分析。因日本帝国主义的强暴入侵，失去了自己国家的韩民族认为在地理、文化、政治方面都与自己国家有密切相关的中国，开展抗日斗争对韩民族有利的。这其中能够直接打击日本帝国主义的主要斗争方法就是恐怖活动，这不仅是民族主义势力，就连共产主义方面也接受了的斗争手段。其中无政府主义的恐怖活动可以根据无政府主义理论确保其正当性，特别是组织于 1930 年，斗争于关内的南华韩人青年联盟的活动，在韩国

---

① 金惠英：《巴金的抗战三部曲〈火〉的主题思想研究》，水原大学校教育大学院硕士学位论文，2005 年，第 3 页。

② 同上书，第 4 页。

独立运动史上占据着重要的位置。①

并且她是这样论述的："无政府主义是追求世界主义的社会主义思潮中的一个。于是无政府主义运动有着超越民族和国境的国际团结的特色。但在中国的20世纪20—40年代里，韩国无政府主义者的斗争是把民族解放的课题放到了阶级斗争之上，这是因为处在了亡国的边缘。巴金通过与他们的交流，了解了他们的处境，创作散文与小说积极参加抗日，希望他们能够找到自由的生活。如上所述，虽然立场不同，但他们要实现超越国境的世界所有人民都是兄弟的理想，东亚无政府主义者们的这种团结过程，也许就是他们自然的生活面貌吧。"②

朴兰英以韩国无政府主义者为中心进行了研究。相反，金惠英将作品《火》进行了全面的研究。她将研究内容分成作家的思想背景、作品的主题思想以及艺术特色三个部分。从韩国人的视角上看，先前介绍过的朴兰英的研究论文里也可以看出，研究者一直关注作品《火》中的朝鲜人。金惠英分析了作品的中心思想，并且谈及了这个部分：

> 在第一部里描写了朝鲜的抗日活动家，巴金通过对抗战的热情和牺牲精神鼓吹了中国人民的抗战精神。在第二部里描写了由朝鲜抗日活动家组成的朝鲜义勇队为原形的战时工作队为抗战作出的组织活动，强调了牺牲精神的重要性。③

金惠英对作品的艺术特色是这样讲的：

> 以这部作品为出发点，巴金以后的作品大部分都呈现出现实主义创作风格。从这个意义上看，可以说这部作品成了作家创作风格转折点。这部作品同时具有巴金初期作品的浪漫主义色彩和后期作品的现

① 朴兰英：《巴金的抗战三部作〈火〉和韩国人》，《中国语文学志》2003年第14辑，第379—380页。

② 同上书，第380页。

③ 金惠英：《巴金抗战三部曲〈火〉的主题思想研究》，水原大学校教育大学院硕士学位论文，2005年，第121页。

实主义色彩，从这一点上看，这部作品在文学方面是具有独特价值的。[①]

金惠英在最后得出了如下的结论：

从全面的分析结果来看，这部作品反映了作家的宣传与文学接轨的意图，在抗日战争时期，很真实地反映了时代的历史要求和状况，从这一点上看，是一部具有历史意义的作品，并且作家的创作风格从浪漫主义到现实主义的转变，是一部有着转折意义的作品，其文学意义也是相当大的。虽然作者自称是“失败之作”，并且受到了很多消极的评价，但从抗日战争这个时代状况和作家的文学生涯中的地位来看，这是有着无法否定的价值和意义的作品，应该在这个意义上重新审视这部作品。[②]

在中国对《火》的研究还不是很多，其中大部分是消极或批判性的。这是因为巴金在作品中反映了无政府主义思想。虽然在中国受到了批判、没有受到任何的注目，但《火》是一部反映了当时巴金与韩国的无政府主义者们的活动和战争生活的作品，在韩国有充分的重新研究的价值。

（三）《寒夜》

《寒夜》是巴金20世纪40年代的代表作，抗日战争时期通过来重庆避难的汪文宣及一些平凡的小市民和知识分子的生活，描写了黑暗社会的一角。巴金通过一些琐碎的“平凡小事”揭露了压迫人民的国民党统治的腐败和社会的无情。

在韩国有关《寒夜》的研究，从1987年郑守国的《巴金的〈寒夜〉研究》开始一直持续到现在，但进行得不是很深入。在21世纪初的前十年里有关《寒夜》的研究有李镕顺的《巴金的〈寒夜〉研究》。在这篇论文里她论述了《寒夜》的现实主义特征和艺术特色。她把《寒夜》的现

① 金惠英：《巴金抗战三部曲〈火〉的主题思想研究》，水原大学校教育大学院硕士学位论文，2005年，第121—122页。

② 同上书，第122—123页。

实主义特征分成两个部分分析，第一，作家没有直接阐明自己的观点，而是运用了通过描写人物的生活使读者在作品中得出结论的现实主义创作方法；第二，将个人矛盾与社会矛盾有机结合起来，并且在艺术特色上通过登场人物、事件和心理描写展开故事情节，可以称得上是巴金的后期现实主义代表作品。①

边仁子在《巴金的〈寒夜〉研究》中以人物形象和内容分析为中心考察了作家的意图。他以汪文宣为中心考察了不能面对现实、无力倒下去的知识分子的面貌。偶尔一看，作家好像在指责知识分子的懦弱，其实作家已认识到是社会原因导致他们的挫折与失意，通过他们的生活刻画出当时社会的黑暗，这是其特点之一。在内容方面也分析了几个特点。边仁子认为，作家并没有给为了维持生命而奋斗的男女主人公发出积极的、可以展望未来的指示，只现实地描写了处于现状的人们的生活。并且将汪文宣家庭作为抗战时期腐败社会的缩小版，通过家庭成员们在家中得不到慰藉，把家视为监狱一样的心理，作家提出汪文宣一家的没落并不是家族内部单纯的矛盾，而是由当时社会环境而引起的。她指出抗战胜利以后作家一直描写着受差别和冷淡的百姓们的生活，刻画出当时非人性世态的严重性，这也是一个特征。②

全贞银在《出现在小说〈寒夜〉中的女性形象研究》中，对作品中出现的人物以女性主义的观点做了分析。她将汪文宣的母亲和儿媳曾树生间的矛盾分为四种做了分析。第一，婆婆是注重"男主外，女主内"这一宗法制度的，是封建意识非常强的女性，她认为女人照顾男人，奉养老人，养儿育女是女人的本分。但儿媳曾树生的想法则与之相反，并且在银行工作。根据封建意识，在经济方面婆婆应该依靠儿子，但事实上却依赖着儿媳。所以婆婆认为自己的地位下降，就更加迫使儿媳接受自己的封建意识。第二，婆婆一向强调着男女有别，重视女性贞操。所以看不得儿媳在外工作和一些男人共处。第三，根据中国的封建宗法制度，女人嫁人之后就应顺从公公、婆婆，尽儿媳与妻子的义务。封建意识很强的婆婆看到

① 李镕顺：《巴金的〈寒夜〉研究》，水原大学校教育大学院硕士学位论文，2001年，第96—98。

② 边仁子：《巴金的〈寒夜〉研究》，成均馆大学校教育大学院硕士学位论文，2009年，第92—93页。

儿媳有主张、有个性，当然是看不过眼。第四，在封建社会中，婚姻并不是个人与个人的结合，而是家族与家族的结合，通过媒人、传统程序才能被认定是正式结婚。但儿子与曾树生并没有经过这个程序，他们是自由恋爱后住到一起来的，所以她只能将曾树生当作生了自己孙子的儿子的情妇，而不能当作儿媳。[①] 柳承罗在《关于巴金的〈寒夜〉》中分析了在中国发表的有关《寒夜》的论文，对《寒夜》的人物形象和主题意识、思想、艺术性做了论述，这与以往的《寒夜》研究是不同的。她说“《寒夜》虽以40年代为背景，但小说中通过曾树生与婆婆的关系，使《寒夜》成为一部可以重新审查现如今婆媳关系的作品。”[②] 并且评价说作品里没能提出解决婆媳间矛盾的方法，始终是让人遗憾的。

（四）《随想录》

有关《随想录》，巴金自称是无关紧要的5本书，但这是用心中热血所完成的、代表新时期的大作，记载了“文化大革命”结束后，对逝去的10年时间的洞察和自我反省。最初的《随想录》是1978—1986年连载在《大公报》的150篇随笔，分成《随想录》、《探索集》、《真话集》、《病中集》、《无题集》5部散文集出版。1987年以《随想录》为题将五篇合为一个合订本出版。[③] 作品共有150篇，每册里各收录了30篇。“而且文字都很简短，大部分是一、二千字到两、三千字，但每册、每篇文章都表现出了作家对历史和时代、国家和民族的真实情感和责任感。”[④]

关于巴金《随想录》的研究，以1981年李炳汉的《巴金的〈随想录〉》为起始一直进行着。2000年以前的研究只分析了《随想录》的部分内容，或是对《随想录》中表现的“文化大革命”、反封建思想等进行了主题研究。相反，2000年以后的研究则显现出对《随想录》进行了全面分析的倾向。特别是韩侑延的《巴金的〈随想录〉研究》，收集了现有

① 全贞银：《〈寒夜〉中的女性形象研究》，京畿大学校教育大学院硕士学位论文，2005年，参照第64—66页。

② 同上书，第68页。

③ 黄明郎：《巴金的〈随想录〉研究》，忠南大学校大学院硕士学位论文，2008年，第6页。

④ 金英姬：《巴金的〈随想录〉选译》，蔚山大学校教育大学院硕士学位论文，2011年，第7页。

的研究成果对《随想录》进行了综合的研究，这一点是很有意义的。她是这样评价《随想录》和巴金的：

> 《随想录》对所有人充满了真挚的爱，结合了个人的反省和民族的反省、个人批判和社会的批判，是一部展望未来的作品。文革之后很多作家认为自己是受害者，而巴金却把自己归入到了文革的加害者的一面，进行了彻底地自我解剖，这可以看出他是一个很少见的文学家。①

黄明郎在《巴金的〈随想录〉研究》中，将《随想录》的创作动机的背景分为社会背景和当时文坛的现实、作家的生涯进行了考察，并且说明了“文化大革命”这个历史事件与作家的生活和思想变化有着密切的联系。在现有的研究中将重点放到了作家的思想上，重点分析了《随想录》的内容。她对《随想录》做出了一个很高的评价：“如果《随想录》只是一部单纯地顺应了时代流逝的作品，那么不会有那么多的读者，也不能引起社会的反响。《随想录》描述了在恐惧和矛盾中不放弃寻找自己、对现实政治的反应和作家思想和表现的变化。”②

在金俞贞的《巴金的〈随想录〉研究》中，“文化大革命”成为《随想录》的创作背景，考察了巴金的经验和他的思想背景以及意识的变化过程，同时考察了《随想录》中出现的巴金的精神世界和文学世界。他将整个内容分成四个主题做了分析。第一，对“文化大革命”的评价和批判，对封建思想的批判，通过习惯于保身哲学的中国民族意识的反省，警告了不能再次发生像“文化大革命”一样的灾难。第二，对主张创作和生活相一致，提倡真实描写的巴金文学论做了叙述。第三，表现了巴金对家人的爱护，对一起度过“文化大革命”的妻子的爱，以及和妻子离别的痛苦。第四，关于自我意识的内容，经过“文化大革命”后许多作家认为自己是被害者，但巴金却认为自己是加害者，他从自己的忏悔出发，

---

① 韩侑延：《巴金的〈随想录〉研究》，水原大学校教育大学院硕士学位论文，2005年，第80页。

② 黄明郎：《巴金的〈随想录〉研究》，忠南大学校大学院硕士学位论文，2008年，第103页。

为中国和人类的未来提示了希望，为中国未来的作家做了真心的忠告。[①] 金俞真评价说，《随想录》是巴金晚年的思想和艺术结晶，为新时期中国散文的思想和艺术方向做了很大贡献，并且出现在《随想录》中的追求真话的文学，诚实的自我反省和忏悔的文学，尊重人价值的态度和对历史的反省等，能充分地成为新时期文学的里程碑。[②] 林淑映的《巴金的〈随想录〉研究》中，将《随想录》按相似的题材分类成"文化大革命"时期的苦难、关于文化见解的表明、家族爱和同志爱、日常生活和社会、对下一代的期望，并且观察了成为巴金文学作品创作背景的半封建思想和无政府主义，以及《随想录》的内容。"通过灵魂的告白书《随想录》，经历了'文化大革命'的巴金告发了'文化大革命'，通过自由和人权恢复强调了要独立思考，对中国历史和未来表现出不断的关心。"[③] 崔允微与金英姬选译了《随想录》中在韩国国内还未曾翻译的一些作品。其中，金英姬对《随想录》的意义做了如下阐释：

> 通过巴金《随想录》的选译，可以了解经历了"文化大革命"的巴金对所有的人，都充满了真诚的爱。在其中我们可以看出这是作家主张的对封建专制制度的批判思想、外国亲友的友情、做为作家的使命感、人间爱、教育改革、给后代提示了未来的一部作品。

巴金晚年写的《随想录》为21世纪的中国成为世界强国做了很大的贡献。他一向关心着人类与社会，关心着中国的未来，关注个人的命运，并且祈祷着人类世界的和平与中国现、当代文学的发展。他号召我们不能忘记"反右派"运动、"文化大革命"等历史教训，不能让中国的后代们再重蹈历史覆辙。[④]

巴金将"文化大革命"的10年期间在精神上受到的创作的制约、在

① 黄明郎：《巴金的〈随想录〉研究》，忠南大学校大学院硕士学位论文，2008年，第81页。

② 同上书，第81—82页。

③ 林淑映：《巴金的〈随想录〉研究》，顺天乡大学校教育大学院硕士学位论文，2010年，第46页。

④ 金英姬：《巴金的〈随想录〉选译》，蔚山大学校教育大学院硕士学位论文，2011年，第73页。

肉体上因劳动而受苦的那个时期的故事，非常真实地表现出来的作品就是《随想录》，在启蒙了中国人的同时，将自己真实地描绘在作品里。在这个意义上，韩国还没有《随想录》的全译本，实在是让人惋惜，所以在研究作品之前，希望能够出现更多的译文，通过这些译文鉴赏作品，找到与作者共同交流的一个空间。

二 比较研究

“与其他作品的比较”是应该包括在“作品研究”的内容中的，但在这里另做一部分来研究，是因为这方面的研究在整个的巴金研究中占很大比重，并且笔者认为这与研究一部作品是有区别的。

比较研究进行得比较晚。以1999年姜鲸求的《家族、钱、权利和性的三重奏》开始，进入21世纪之后得以正式开展研究。在研究结果上看，将巴金自己的作品进行互相比较的较少，大部分是巴金作品和韩国作家作品的相互比较，这就是在韩国进行巴金作品比较研究的特点。成为主要比较对象的作品有巴金的《激流三部曲》或是《家》与廉想涉的《三代》。其理由是这两部作品有着相似的主题，并均以连载小说的形式发表于报纸上。鲜于金在《巴金的〈激流三部曲〉和廉想涉的〈三代〉的比较研究》中，将《激流三部曲》中描写的女性问题从教育和婚姻的侧面进行了考察。他认为这两部作品中所描写的女性的婚姻问题和教育问题与作家的创作动机相衔接，出现了不同的样态。《家》中针对反封建主义提出女性问题、教育问题和婚姻问题，而《三代》中的女性问题则是从民族精神出发，将民族性的确立和民族发展根据廉想涉的意图进行描写的。并且巴金与廉想涉的女性问题都与自己所处的历史背景相吻合，表现了用不同的方式提出问题、解决问题的过程。崔桂花在《30年代韩、中家族史小说比较研究》中，将巴金的《激流三部曲》和廉想涉的《三代》、蔡万植的《太平天下》进行了比较，有深度地分析了各自的文学特征和不同点，崔桂花对比较这三部作品的理由，做了如下阐述：

> 本稿将中国作家巴金的《激流三部曲》和韩国作家廉想涉的《三代》、蔡万植的《太平天下》做为研究对象。巴金和廉想涉、蔡万植的上述小说发表于30年代，这是他们的共同点。其中巴金和廉

想涉的小说是两国现代文学上的第一部家族小说。30年代是中国现代文学的黄金期，又是展现了韩国文学原形的一个时期，在这一点上有着相近性。①

金成玉、尹雪、李正爱也将《家》和《三代》进行了比较分析。金成玉在《作为社会缩略图的封建大家庭和新时代的生活对应状况》中，重点考察了新一代在封建大家庭里的对应状况，对《家》和《三代》两部作品中出现的典型化技法做了对比研究。他指出，廉想涉的《三代》和巴金的《家》在封建大家庭这个特殊空间背景和人物形象中出现着相似点和不同点。两个封建家庭虽都以“孝”为基本思想，以封建伦理道德观念为支柱，但在家族的特性上，有着垂直构造和三角构造两个不同的构造，在社会及时代背景方面也有不同的部分。随之，新一代都具有共同的现代价值观，但对生活的对应却都有不同的性格特点。两位作家之间没有影响关系，却还出现了共同点；虽描写了关于封建大家庭三代的故事，却也出现着不同点是由韩国和中国的社会文化环境与时代背景的相似性及差异性而引起的。同时也是由两位作家的文学创作中运用的典型化手法而形成的。她指出“《三代》和《家》从文体到构成、表现手法，都体现着两位作家的文学精神，这两部作品被评价为体现出了‘无技巧的技巧’，虽然廉想涉注重客观描写，巴金注重情绪叙述，但他们在文学上的最终目标都是现实地描写当代社会。”② 尹雪将《家》和《三代》的封建社会的伦理价值观批判、封建社会的女性问题批判两个同样的主题在不同的空间领域中进行了并列研究，通过封建大家庭内的各种矛盾和近代化过程的经历，对追求着家族和社会面貌中的普遍理论做了比较研究。她指出，两部作品都描写了三代同堂的封建大家庭的矛盾，刻画了前现代的第一代，堕落的第二代，现代的第三代等人物和女性人物，描写了大家族的没落。并且人物、情节和主题意识的相似性可以说是因韩、中两国社会环境的相似性而引起的。创作于同一时期的两部小说既有相似性，也有差异性。尹雪

① 崔桂花：《30年代韩、中家族小说的比较研究》，全南大学校大学院博士学位论文，2003年，第4页。

② 金成玉：《廉想涉的〈三代〉和巴金的〈家〉比较研究》，高丽大学校大学院硕士学位论文，2001年，第189页。

分析了两部小说中出现的微妙的差异，如两部小说虽然都对封建制度持有批判态度，但《家》中高老太爷的大男子主义显现出了坚守封建制度的意志，而新一代要摆脱封建制度，接受新的制度；《三代》的赵议官因为买了族谱，为了权力全力以赴，新一代赵德基虽然对封建制度持批判态度，但他理解传统的保守性，认为有融合的可能性。[①] 李正爱在《廉想涉的〈三代〉和巴金的〈家〉的现实主义比较研究》中，通过对两部作品的主要人物的行迹比较考察了现实主义，她是这样评价两部作品的：

> 《家》和《三代》中，隔了三代设定了作品中的人物，叙述了他们的意识构造和现实对应态度，表现出了三代间的现实意识差异和价值观，是一部接受了生活与当时的民族成员们的思想、态度、价值观的一部作品。并且基于反封建与现代化的历史、社会意识，继承了20年代小说的社会意义和潮流，将一个家庭作为描写和叙述的对象，在韩国、中国的历史、社会的侧面进行了说明，可以说既是为家族小说同时又为30年代现实主义小说，提供了一个新的模型。[②]

朴宰范把巴金的第一部长篇小说《家》与最后一部长篇小说《寒夜》的文学特征和构成原理进行了比较观察，对作家意识和意识转变也进行了考察。他指出，如果《家》中家族的生活是社会现实的缩略图，那么《寒夜》中的家族生活是社会现实扩散的存在。如果说作家通过《家》欲表现没落的社会，《寒夜》则表现出作家试图在社会中寻找家庭。朴宰范评价两部作品说："如果说《家》是以家族史以及家族的命运为主题的社会小说的始发点，那么《寒夜》则是以他的成熟与坚固到达终点的一部作品。"[③] Kim eun-greong 在《朴景利的〈土地〉和巴金的〈激流三部曲〉比较考察》中，将《激流三部曲》和朴景利的《土地》进行了比较研究。之前对于巴金作品的比较对象一直停留在廉想涉的《三代》，从 Kim eun-

---

① 尹雪：《巴金的〈家〉和廉想涉的〈三代〉主题思想比较研究》，暻园大学校教育大学院硕士学位论文，2009 年，第 43 页。

② 李正爱：《廉想涉的〈三代〉和巴金〈家〉的现实主义比较研究：以人物行迹为中心》，2004 年，第 113 页。

③ 朴宰范：《巴金的〈寒夜〉研究——以与初期作〈家〉的对比为中心》，《中国语文论丛》2004 年，第 667 页。

greong 提示出与《土地》这个新的作品来分析之后，扩展了巴金的作品和韩国作家作品的比较研究领域。他在家族史小说的观点上对两部作品进行了比较，并且说明了相对的特质：

> 如果说巴金的《激流三部曲》是一部与封建性对峙的作品，那么朴景利的《土地》则是一部确立近代秩序的作品。显现着与传统的尖锐“对峙”的《激流三部曲》表现出“对激进进步的热切盼望”；描述“克服”传统遗习过程的《土地》则表现出了“对渐进的进步的信任”。两部作品的这种特点也通过小说叙事构造体现出来。《激流三部曲》有着“官僚地主家族的兴盛——没落”的叙事构造。相反，《土地》的核心叙事构造则是“崔参判家的没落——崔富翁家的复原”①

这个比较研究领域是一个新的出发点，笔者认为，比较研究领域的完善只有通过更完整的理解、分析作品才能进行。在韩国关于中国现代作家的研究中，巴金的研究成果数目偏多，在比较研究方面也比其他作家的研究论文多一些。这说明在韩国对巴金的研究进行得很活跃，也很有深度。只可惜成为比较对象的作品很有限，笔者认为，今后要用更多的新的作品来尝试进行比较研究。

三　与无政府主义关系研究

“从巴金 15 岁接受了无政府主义之后，一直到 1949 年之前，他创作、翻译了许多有关无政府主义的理论著述。”② 他曾对自己的文学家生涯吐露出不满，并且对自己没能投入社会革命表示出了遗憾。他通过创作强烈地认识到了理想与现实的背离，批判了现实的非条理，将追求建设新社会的人物反映到了作品中。对巴金的无政府主义思想研究，从 1992 年朴兰英的《巴金的三部曲研究》开始一直进行到现在。其论文篇数有 15 篇、

① Kim eun-gyeong：《朴景利的〈土地〉和巴金的〈激流三部曲〉比较考察》，《韩国现代文学研究》2009 年，第 503—504 页。

② 朴兰英：《站在革命与文学界限的无政府主义者巴金》，《한울》2006 年，第 327 页。

单行本1部。[①] 在这些研究成果中可以发现一个特点，那就是大部分是由朴兰英一个人完成的。那么她为什么如此注重巴金的无政府主义呢？对此，她是这样讲述的：

> 怎样评价巴金的无政府主义的问题不仅关联到对他初期作品的理解，而且是与全部作品、创作风格的理解和评价都有关连的重要问题。[②]

特别是朴兰英写的《站在革命与文学界限上的无政府主义者巴金》，是韩国唯一的有关巴金研究的单行本。里面综合了朴兰英一直到现在研究的有关巴金无政府主义的论文和以外的研究成果。分成四部分对巴金的无政府主义进行了研究：第一，对巴金的文学生涯和无政府主义理论及他的文艺观进行了考察。第二，将巴金的无政府主义分成20世纪20年代、30年代、抗日战争时期做了论述。第三，以作品主人公为中心考察了三部曲的主题思想，并且考察了无政府主义对作品的影响。她对无政府主义和作品的相互关系是这样认识的："在中国无政府主义运动和思想研究一直不被重视，在中国对巴金的研究大部分都是从对他的无政府主义的批判方面进行的。但人类的历史绝非只是胜者的历史，虽然败于革命的主流，但无政府主义向往自由和平的正义精神，对现代人类依然有存在价值。这一章着眼于这一点，分析了巴金的无政府主义给予作品的影响。在结果上看，巴金的作品可以说是形象化了作家的理想挫折于现实中的痛苦，随着痛苦的加剧，作品是更有号召力的。"[③] 第四，对巴金和韩国无政府主义者进行了论述。比较了巴金与申采浩的无政府主义，对抗战三部曲《火》里登场的朝鲜人进行了分析，并且论述了柳林、沈茹秋、柳子明、郑华岩等韩国无政府主义者们给他的影响。

朴兰英的研究虽然缺乏对作品艺术性的深层分析和对1940年以后作品的微观检讨，但还是用比较系统的方法对巴金进行了深入的研究。

---

① 其中在21世纪前10年里研究的论文有9篇，单行本也出版于这个时期。

② 朴兰英：《站在革命与文学界限的无政府主义者巴金》，《한울》2006年，第64页。

③ 同上书，第333页。

结 语

本章考察了在韩国21世纪前10年对巴金的研究。

第一，在“关于作品研究”中分成《激流三部曲》、抗战三部曲《火》、《寒夜》、《随想录》等四个部分，考察了作品的研究动向。《激流三部曲》研究是在巴金的作品中研究最为活跃的一部作品，在21世纪的前10年里，呈现出只以《家》的人物形象为研究对象的倾向。关于抗战三部曲的《火》与《寒夜》的研究比起其他作品研究不是很多，期待着后学者们的关心和有深度的研究。关于《随想录》的研究，在2000年以前只分析了部分内容，对“文化大革命”、反封建思想也进行着短篇的主题研究，进入21世纪以后，出现了对《随想录》整体分析的倾向。

除此之外的作品研究虽然还有《灭亡》和《憩园》，但因为各有一篇，在本章内没加以说明，对《寒夜》的研究，曾发表于1996年김영문的《月夜与绝望：通过月夜看到的巴金的文学世界》，再没有一篇论文发表过。虽然有关作品的研究比起其他领域的研究似乎进行得很活跃，但有些作品还没有引起重视，甚至还有相当的作品未曾进行研究。

第二，在“与其他作品比较研究”中，考察了巴金作品与其他作品比较分析的研究动向。比较研究的领域是进入21世纪以后才重点形成的，在比较分析的作品中，大部分是有着相似主题的巴金的《激流三部曲》或《家》和廉想涉的《三代》。比较中国作家的作品和韩国作家的作品是跨越了两国文学界限的一个新颖的、有价值的研究，但作为比较对象的作品却是很有局限的，在这一点上希望今后能有一些新的研究。

第三，“关于无政府主义研究”主要查看了巴金的无政府主义思想的研究动向。关于无政府主义的研究，从21世纪之前到现在一直都在进行着，大部分研究都出自朴兰英一人之手。她把自己的研究成果综合起来，刊出了韩国唯一的有关巴金无政府主义的单行本《站在革命和文学界线上的无政府主义者巴金》，进一步推动了韩国学者对巴金的研究。此外，还有一些关于巴金的创作倾向或者反封建思想的研究，但不太符合本章的主题，未能编入加以说明。

韩国学者积极、踊跃地进行着对巴金的研究，以研究主题分类查看研究动向结果，可以看出其研究偏重于几个主题。希望今后能够着眼于未曾入手的领域进行研究，将韩国的巴金研究推向更高的一个阶段，期待着能够突破韩国文学和中国文学的国别文学界限。

第三章

丁　玲

引　言

1920年是中国正走向现代化急于进行文学改革运动的时期。当时的有识之士都感到很苦恼，其中也包括丁玲。丁玲是中国现代文学史上非常有代表性的女作家。她的作品区别于同时代满腔热情的其他女作家的作品。她那不平凡的人生经历不仅直接反映在她的创作倾向里，而且对丁玲自身的主题意识倾向和文学艺术的形象化起到了重要作用。

研究丁玲及其作品的论文，在主题与特点上呈现出多种多样的风格。我们可将其分为两大类：其一，将丁玲的创作活动分为几个阶段，然后以作家创作意识的变化为主题进行分析；其二，分析每一部作品里的人物形象，主要以小说的女主人公为研究对象分析丁玲的创作意图。

本章首先将丁玲的代表作品——《太阳照在桑干河上》的创作意义分为三个篇章，进而仔细考察韩国有关丁玲的研究概况及其研究内容。

一　创作意识变化研究

韩国首次介绍丁玲文学作品的论文是丁来东（1933）的《中国的女作家》。丁来东曾经在中国北京留过学。因为对中国新文学感兴趣，回国后主要从事介绍翻译中国现代文学作品。他的介绍篇幅短小，但在国内算是对丁玲作品的首次介绍，仅凭此点就具有一定的意义价值。此后，丁来东主要关注丁玲的创作活动，学术论文连续发表，为大家理解丁玲的文学艺术奠定了基础。本章试图主要从着眼于她的生涯与沿着创作时期意识变化的多数论文进行考察，进而初步评述韩国有关丁玲文学研究的意义。

（一）基于浪漫主义的前期

丁玲的作品题材丰富，由于学者们研究角度呈多样化，其分类也有所差别。本章对丁玲作品的时期划分跟任季宰（1997）、金慧善（2004）等人的观点一样，将书写知识女性烦恼的1927—1929年作为丁玲创作活动的前期。

“五四”运动以后，反封建思想的知识分子数量增加，他们的思想意识反映在他们的文学作品中。此时，丁玲发表了第一篇小说《梦珂》，接着又发表了《莎菲女士的日记》、《暑假中》、《阿毛姑娘》等作品。在这些作品中，主人公一直在寻找自由与自我价值，因为丁玲在当时受到新文学浪漫主义思潮的影响。将丁玲的前期作品与浪漫主义划分界限的是任季宰、李政南、俞英珠等人的文章。任季宰认为在丁玲前期的文学作品里找不到政治色彩，就是说都是基于浪漫主义与伤感主义。俞英珠认为丁玲的前期作品在内容与方式上受到了随着“五四”运动流入中国的西方现代主义与浪漫主义思潮的影响。

而赵诚焕认为，丁玲的作品有别于只追究一个问题意识或主题意识的鲁迅、郁达夫、沈从文、赵树理等人的作品，她的作品表现出随着时代的变迁及自身世界观的意识变化而经历的坎坷。① 可见，随着时代的变化她的创作题材也呈多样化。这又充分反映出丁玲在当时身处的社会环境。

诸多研究者认为，考察她的处女作《梦珂》是进一步了解丁玲前期文学作品的一个有效方法，因为丁玲前期作品里的主人公大部分是孤零零的寂寞女人。小说《梦珂》所描写的主人公梦珂的彷徨、欲望需求、挫折等都是从作家自身出发的。丁玲通过“五四”运动后进入都市的年轻女人梦珂，描写的是她自己的困惑与彷徨。

金垠希在《再读丁玲的〈梦珂〉》一文里通过考察丁玲的《梦珂》试图了解作家的创作世界。他认为，由于《梦珂》是丁玲的处女作，作家初期的问题意识也反映得最多，也最淋漓尽致。他指出，《梦珂》为理解作家创作世界的全貌提供了重要的线索及研究价值。可见，作为时间与空间移动的标准，分析《梦珂》里的人物与情节是比较可行的角度。下面是关于《梦珂》文学空间的一段描述：

① 赵诚焕：《丁玲小说研究》，庆北大学大学院博士学位论文，1996年，第27页。

> 《梦珂》的文学空间大体上可分为乡村文化心理空间与都市文化心理空间。……故乡为代表的乡村文化心理是通过“匀珍的家”与大学，姑妈家逐渐淡出，最后进入电影界后完全消逝。而通过大学与姑妈家逐渐加深的都市文化心理进入电影界后却彻底扎下根来。可见，从文学空间来讲，通过《梦珂》揭示了离开充满共同意识的乡村，年轻女人最终成为只重视商业利益，都市商业文化的肉体工具的一个世道。[①]

赵大浩指出，在现代中国文学里，像《梦珂》一样大胆地描写新时代女性的热情以及她们“性”苦恼的作品并不多见。他还认为，其他文学革命家的呼喊声里并未指明女性该从旧制度里脱身、解放的方向。[②] 赵诚焕将丁玲的创作前期称作是“探索时期”。他指出，这一时期丁玲的作品是通过女主人公的悲剧命运揭示当时社会的黑暗，而且反映了渴求自由与光明的年轻人与旧传统决裂的反抗精神。[③] 与旧传统的决裂就是跟封建思想的告别。

金美廷指出，丁玲虽描写了要逃出封建社会习俗的女主人公形象，但并不是从封建知识分子心理上的对抗精神出发的，让“梦珂”绝望的是被现代社会文化击碎的人际关系、俗不可耐的个人主义群像以及个人尤其是女性的现实处境的艰难。请看下面一段话：

> “梦珂”苦恼的原因不只是封建社会的大环境或无意中停留在自身的封建礼教的习俗与价值观。当然，我们可以知道因无法摆脱深藏在自身的封建思想而加重混乱的局面，但“梦珂”是一个坚决拒绝父亲希望而自己不愿意的婚姻的新女性形象。让“梦珂”不能忍受的是在现代学校里公然进行的性骚扰和将此事若无其事地搪塞过去的学校内绝无人情味的人际关系。而且新式中产阶级家庭的表兄妹和亲戚们肤浅的爱情与虚伪的人生态度。为寻找自我价值而闯进演艺圈的女

---

① 金垠希：《再读丁玲的〈梦珂〉》，《中国现代文学》2010 年，第 79 页。

② 赵大浩：《丁玲早中期文学作品小考》，《国际文化研究》1984 年，第 145 页。

③ 赵诚焕：《丁玲的人生与文学创作》，《庆州专门大学论文集》1994 年，第 208 页。

艺人的人生终场也只不过是在街边徘徊的跟奴隶生活没有两样的娼妓。①

“五四”运动以后，中国女作家的创作环境更加自由。当时她们关注的主要问题是“女性问题”。大部分的学者将丁玲和其他女性作家一起归入女作家群，而将丁玲的小说统称为女性小说。对此郑珠罗在她的《丁玲1920年代的小说研究》一文里指出，丁玲的前期作品与同时代的其他女作家的作品有所区别，她认为，1920年代女作家的作品题材只局限于“家庭”与“婚姻”问题，而且从比较狭窄的角度表现女性问题，而丁玲的小说却将女性问题与当时整个社会问题一起反映出来。总之，丁玲对于女性问题的认识超出了其他女作家所认识的女性问题的范围。丁玲认为女性受压迫的根本原因是资本主义观念。丁玲非常关心鲁迅提出的有关女性经济权的问题，形象地描写了在资本主义体制内女性与经济的有关问题。金垠希在《再读丁玲的〈莎菲女士的日记〉》一文中也指出了同样的问题。金垠希首先提出了丁玲的作品与其他女作家的作品区别在哪里的疑问，然后从丁玲的女性式写作特点上找出其答案。

感觉大部分女作家的写作特点犹如将男性式的书写模式借助女性之笔，而丁玲的写作风格是以女性特点及只从女性的触角与感觉传导女性之声。而且丁玲的写作有利于再现女性本真的形象，因此丁玲与其他女作家们不同，甚至达到她们未达到的女性躯体的描写境界。②

朴锺淑通过考察丁玲的作品提出了什么是女性主义文学的问题。她借鉴丁玲的生平经历来考察丁玲的创作意识。下面是她关于《梦珂》、《莎菲女士的日记》及《1930年春上海》的概要描述：

“梦珂”、“莎菲”、“玛丽”三个女人虽说走了自己选择的人生之

① 金美廷：《丁玲문학의 진폭（1）：丁玲의 좌익으로의 전향을 전후하여》，《中国语文学》2008年，第343页。

② 金垠希：《再读丁玲的〈莎菲女士的日记〉》，《中国现代文学》2011年，第123—124页。

> 路，而摆在她们面前的是黑暗的人生之路。做演员而自立的“梦珂”觉得照在镜子里的自己化妆的脸跟路边的娼妓没有两样，当“莎菲”断定在这样的社会里能够信任依靠的人一个也没有后，决心到谁也不认识的地方去安静地过日子并结束她的一生等的结果都是丁玲初期小说的特点。
>
> 如此，没有一点立脚之处的绝望的现实让像丁玲一样苛求希望的新女性面临再次返回旧社会还是开辟一条新的社会道路的选择问题，而她们为之沉浸在心理矛盾里。①

另外，丁玲此时的作品主要着重描写人物形象。闵惠贞以此为着眼点，通过《莎菲女士的日记》考察丁玲独特的创作特点，特别高度评价了丁玲的人物心理描写水平。她认为，《莎菲女士的日记》表现出了人物的深层心理，对人物复杂内心世界的酣畅淋漓的描写是这部作品倍受读者青睐的原因。闵惠贞认为：

> 在《莎菲女士的日记》里没有描写出什么重大的事件，而在作品中集中刻画的是一个叫“莎菲”的患痨病少女的爱情心理与她的感情变化。“莎菲”能成为在20年代到30年代众多中国知识女性的典型人物的最根本的原因就在于丁玲把人物心理描写刻画得淋漓尽致。②

综上所述，丁玲借助作品中的人物将自己的心理状态表现出来，同时展现出当时年轻女性的意识状态。曾说过“五四运动给我的影响甚大”这样一句话的丁玲，借时代要求的新女性形象将自己意识上的自觉性实际反映到作品中去。作品中的女主人公虽然从压抑的现实中找到自由，但这过程却并不简单。这种倾向在《莎菲女士的日记》中表现得尤其形象，此后的作品也是如此。

（二）从个人到社会的认识转型期

1930年前后是随着丁玲社会意识的变化其写作风格也随之转变的一

---

① 朴锺淑：《丁玲의 여성주의문학론》，《中国现代文学》1996年，第283页。

② 闵惠贞：《丁玲의莎菲女士的日记에 나타난 창작특색》，《中国现代文学》1997年，第266页。

个时期。丁玲脱离了之前只关注个人描写的局限，开始认识到社会与历史。我们可以认为这个时期就是丁玲的文学转型期。赵诚焕在《丁玲的人生与文学创作》一文里将丁玲的作品按创作倾向分期，认为1930—1936年是丁玲的“创作转变期”。

> 1930年工农运动波及全国，为呼应时代的潮流丁玲从前期小说的困境中摆脱出来后先后发表了《韦护》及《1930年春上海》等新的作品。这些小说里消失了以前像莎菲一样女人的苦恼，而被时代意识所代替所追求的是新的创作倾向。尤其通过胡也频的死亡事件，她的革命意识高扬起来，使她更加迅速左倾化。1931年丁玲发表了《水》，在这一篇作品里作者从个人自传式的创作方法和集中描写个人的书写作风改为集中描写社会背景的创作风格。可见，这不仅说明作家从资本主义角度转向职业文学，进而宣告了新小说的诞生。①

他的博士学位论文《丁玲小说研究》也表达了相同的看法。金美廷的《丁玲研究：文学与人生的关系》认为丁玲算是在中国革命的历史过程中一生最为波折的作家。她试图通过考察丁玲文学的发展与成就，证明中国现代文学的发展与象征意义。她认为丁玲的文学转型期也就是丁玲进入政治的时期，她通过考察胡也频对丁玲的影响以及丁玲加入左翼作家联盟的变化来指出丁玲创作意识的变化。

后来，金美廷在《丁玲文学的振幅（一）》一文里更加详细地指出了丁玲的左翼转向问题。金美廷指明：本文不是为了解丁玲的人生与文学提供什么新的成果或具体的视角，而是主要考察作为一名知识分子转向左翼的矛盾心理，进而查明这些转向对其具有什么意义等。丁玲曾评价自己以前的文学作品“生活范围小，眼光短浅，只潜心于个人的荣辱”，对此，金美廷认为这些文学作品在当时的革命时代是行不通的，也没有任何的社会意义，所以丁玲不得不走进人民与革命斗争中去。接着，金美廷还指出，我们不能否认胡也频对丁玲转向的影响，但真正起到促进作用的是她切实感到自己的文学界限，以及自恋式的个人主义不道德性等问题。② 不

---

① 赵诚焕：《丁玲的人生与文学创作》，《庆州专门大学论文集》1994年，第207页。

② 金美廷：《丁玲文学的振幅（1）》，《주 5 의 논문》，2008年，第354页。

过与综上所述不一样的是，现在国内学界普遍认为，对丁玲的思想转型影响最大的是胡也频。

金垠希（2010）的《从批评与创作谈的角度考察丁玲方向转化》试图从内在因素考察丁玲转型的原因。除了考察加入左翼作家联盟、胡也频的死等文化外因，他还考察了丁玲对左翼文坛的批评态度、对自己的创作谈、《北斗》的创刊背景等问题。对丁玲及她的作品的评论要旨是丁玲身处“Modern Girl”的典型环境，大部分女性虽然把握了生活的核心，但是只局限于知识阶层，缺乏对现实社会构造的洞察力与分析。丁玲对自己作品的评价表现出消极的态度。反而通过后期发表的《我的创作经验》一文，对自己的作品表明“不由自主地沉浸在伤感中”，“没把握好该具备的出路”等。①

因此，从丁玲有关自己作品的评价所持的包容态度上，我们可以知道她创作倾向的变化。

赵诚焕曾经交叉研究了丁玲的《韦护》和《1930年春上海（之一·二)》。《韦护》表现爱情与革命的对立状态，主要讲述“革命+恋爱”，并扬长避短。小说是以“5·30”运动以前的社会现实为背景，将小资产阶级女性丽嘉与韦护的离别以革命与爱情的冲突来描写。《1930年春上海》(之一）中的若泉与子彬既是朋友也是小资产阶级知识分子，两人因文艺观念的差异而发生矛盾，子彬与美琳这对恋人因恋爱观与思想的破裂而最终分手。在《1930年春上海》（之二）中，望微与玛丽在一次宴会上相识，两人情投意合而选择了同居，可是后来望微的人生观发生了改变，玛丽因为望微对爱情的不专和事业上的理由而离开了望微，望微在集市上演讲被逮捕。赵诚焕在结尾部分做出如下评价：

> 1927年以后出现在中国文坛上，流行一时最终被克服为“革命+恋爱”的小说，主要创作于浪漫又主观性强的年轻作家之手。他们的作品与其说是受到革命浪漫主义的影响真实地描写出现实生活，不如说是为灌输革命意识与阶级意识而显示出左翼倾向，也沉浸在单

① 金垠希：《从批评与创作谈的角度考察丁玲方向转化》，《中国文学》2010年，第180页。

纯公式化的倾向里。①

另外，很多研究者认为丁玲通过写《水》更加明确了她的革命倾向。丁玲在《韦护》及《1930 年春上海》等作品显示出脱离自己曾经描写个人苦恼的写作方法，进一步表现出从自我意识走向民众的变化，但是无法看到丁玲的文学观与创作方法上的根本变化。任季宰的《丁玲小说的女性形象研究》以大量篇幅仔细叙述了这一点：

> 丁玲通过《韦护》及《1930 年春上海（之一・二）》等作品将视线转向大众，在她的作品题材上也开始发生一些变化。但是其作品依然倾注自身的问题，依然是关于受伤、受挫女性的伤痕描写。再说，此时是步入文坛的初期，从自己想写而选择的题材开始走向适合潮流为整个社会的准备阶段的题材。丁玲试图描写各种各样的人物形象来改变写作方式，而这些变化在《水》里表现得很明确。②

1931 年发表的长篇小说《水》以扬子江的洪水为背景，丁玲用优秀的现实主义描写方法将农民面临现实问题勇于做斗争的重大题材刻画出来，这是丁玲第一次站在大众的立场逼真地刻画人物形象。许多学者对此也给予了很高的评价。

赵大浩指出，虽然《水》将农民的革命过程形象地刻画出来，而文学的艺术性却没有表现出来。

> 这篇作品的题材具有人道主义精神，如果合理处理的话，不管作家的观点如何，应该算作是一部打动人心的悲剧。但是作家的着眼点只限于马克思主义的宣传和文字的美化，忽略了难民的心理状态，所

① 赵诚焕：《丁玲의「애정+혁명」교차소설 연구》，《庆州专门大学论文集》1991 年，第 182 页。

② 任季宰：《丁玲小说的女性形象研究》，成均馆大学校大学院博士学位论文，1997 年，第 55—58 页。

以文学价值不高。[①]

如果说丁玲转型时期的作品都是完整的革命文学有些勉强，但我们不能否认丁玲已经迈出了一步，这为写出以后的大作——《太阳照在桑干河上》打下了基础。

（三）进入延安之后

我们知道丁玲文学创作的后期是进入延安之后的1936—1986年。1957年之后，丁玲的创作活动有些不振，此处不再谈及。本章将研究范围限定在丁玲在陕北的创作活动。对于1948年完成的《太阳照在桑干河上》，本章将另设一部分单独讨论。金美廷的《丁玲文学的振幅（二）》认为，丁玲从左翼文艺转向工农兵文艺是受到强压式的环境因素与自我否定的影响。《丁玲文学的振幅（一）》一文指出，1930年代初期，丁玲接近左翼文艺后发现它与自己想象中的截然不同。本章试图根据金美廷的观点，将丁玲如何把这些外部冲击与压力转化为精神境界等疑问，结合延安文艺座谈会讲话前后的一些情况来一起考察。下面是其内容的概括：

> 丁玲是从1941年5月《解放日报》的创刊到1942年3月为止整整11个月主要负责文艺栏目的主编。《解放日报》是党领导的机关报，解放日报社的主办人也曾强调《解放日报》是“党报”。这让丁玲身为作家与编辑的双重身份感到苦恼。不管怎样丁玲还是通过编辑，有些程度上作为一名作家表明批评的立场。但是毛泽东延安文艺座谈会讲话发表后，丁玲的态度起了变化。丁玲在《关于立场问题之我见》一文里表达出自己的决心。[②]

金美廷认为，找不到丁玲的思想突变及其论据性的东西，也没有特别的理由，最后评价丁玲在以后反复的政治斗争中没有证明自己存在的意

---

① 赵大浩：《丁玲의 文學活動과 作品研究》，延世大学校大学院硕士学位论文，1983年，第60页。

② 金美廷：《丁玲문학의 진폭（2）：좌익문예에서 공농병문예로》，《中国语文学》2008年，第332—338页。

义。而任季宰认为丁玲的这些转变问题是不可避免的，丁玲的作品一直描述的就是处于混乱社会风气下的自己，显然当时社会的面貌成为其作品的背景，在陕北的创作也无非这样。任季宰的看法是这样的：

为了向大众报告包括陕北各地区勇敢斗争的战士们的事迹，进入解放区的文人们承认社会主义标榜的参预文学，当时最活跃的就是写报告文学。文人们热衷于速写或报告文学，丁玲也不例外，而且她是比谁都认真一个作家。①

在赵诚焕的文章里也可看到同样的见解。他认为，到了陕北以后，丁玲放下以前的思想包袱开始调整、改变自己的心态，1942 年参加延安文艺座谈会，增强了为人民大众创作的指导思想，并且发表数篇散文、报告文学以及速写，有意识地探索大众喜欢的文字与风格。赵诚焕对丁玲的这些创作活动表示肯定。

在此之前，赵诚焕在《丁玲的抗日活动与抗日小说》一文中介绍了丁玲的抗日小说《一颗未出膛的枪弹》、《压碎的心》、《新的信念》、《我在霞村的时候》等作品，认为这些抗日小说不是从观念性的概念创作，而是基于丁玲亲自投入到抗日战场以后的所见所闻。1937 年发表的《一颗未出膛的枪弹》是丁玲在陕北的第一篇短篇小说，对于侧面表现抗日民族统一战线有一定的历史意义。《我在霞村的时候》是当时抗日主题作品中最有声誉的一篇。赵诚焕对《我在霞村的时候》里的贞贞做出了这样的评价：

主人公贞贞被日军抓到以后，受到蹂躏最终成为慰安妇。虽然贞贞饱经风霜后重新回到自己的故乡，而从信奉封建贞操观念的父母以及村民那里遭到鄙视。对此贞贞最后决心离开霞村。因此也无妨认为贞贞的决定继承了 1920 年末无处可去的莎菲的呐喊的写作方式。②

任季宰认为《我在霞村的时候》的意义有两点：第一点是维持、巩固做人尊严的女性形象；第二点是鼓舞人们尽自己所能为民族、国家的事

---

① 주 14 의 논문，第 63 页。

② 赵诚焕：《丁玲의 항일활동과 항일소설》，《中国语文学》1993 年，第 147 页。

业而贡献力量。①

赵诚焕曾考察过丁玲的报告文学。他认为，抗战时期，丁玲投身抗日活动后发表的报告文学的内容与当时的抗日根据地有关。丁玲的杂文反映的是理想与现实、批判与歌颂的论争。他还认为，丁玲作为《解放日报》文艺专栏的主编，对现实的认识更加深入。丁玲 1936 年进入延安直到 1945 年主要创作报告文学，致力于以自己的亲身体验为基础的斗争。赵诚焕将其内容分为如下三类：

> 第一，描写红军的日常生活。例如《到前线去》等作品。《到前线去》是 1936 年发表的最早的报告文学，描述了在风雪交加，严酷的自然环境下红军的行军过程。从上海到苏区来加入部队的知识分子们，新红军们把如此艰苦的行军当成自我表现的锻炼机会，丁玲将未成熟的新兵在部队适应的过程淋漓尽致地描写出来。②
>
> 第二，描述了西北战地服务团的各种活动。《孩子们》描述的是为了当红军来到服务团的年幼少年。他们虽还小，但非常聪明而且勇敢。这些少年们后来成为儿童队（童子军）的队长，为抗日战争贡献了力量。③
>
> 第三，有关解放区的英雄劳动者·农民·士兵的作品。其中描写农民形象的是《田保霖》等作品。《田保霖》中的贫穷主人公田保霖没有升学而做起了买卖。而田保霖用自己苦心经营得来的东西主动分给了贫穷的人。后来被选为县委领导，田保霖逐渐意识到公益事业的必要性后，在靖边建立合作社。作品在《解放日报》（1944 年 6 月 20 日）发表以后，得到了毛泽东等领导人的好评。这也许是因为贫苦人的思想发展变化合乎了毛泽东的文艺思想要求。④

就这样，此时丁玲响应时代要求主要创作报告文学。我们在前边也分

---

① 주 14 의 논문，第 65 页。

② 赵诚焕：《항일전쟁시기 丁玲의 報告文學 研究》，《庆州专门大学论文集》1993 年，第 199—200 页。

③ 위의 논문，第 202—203 页。

④ 위의 논문，第 204—205 页。

过类，丁玲的报告文学以各种人物为题材，都是关于抗日战争的作品。它们具有鼓舞人民的抗日斗志，普及文艺大众化的历史意义。但是从作品的文学艺术上来看，大都缺少抒情，内容贫乏。与依靠作家的想象力进行虚构的小说比较起来，对以事实为基础创作的报告文学强调艺术性确实有些困难。

二　《莎菲女士的日记》研究

《莎菲女士的日记》以日记体的形式讲述年轻女主人公的感情变化及其跟周围的人的矛盾。迄今为止，韩国发表的关于丁玲的研究论文，多数是以《莎菲女士的日记》为选题，考察丁玲小说的女性形象或者女性意识。多数学者将《莎菲女士的日记》作为丁玲的代表作，分析莎菲等"五四"运动后出现的新女性形象。表 3－1 是韩国以此为研究中心的学位论文以及学术论文表。

表 3－1

分类	作者	题目	年度
学位论文	朴浚植	丁玲的《莎菲女士的日记》研究：以主人公莎菲人物特性为中心	1991
	任季宰	丁玲小说的女性形象研究	1997
	金恩镇	丁玲的女性小说研究	1999
	李相恩	丁玲初期小说研究：以人物形象为中心	1999
	金爱鲜	丁玲初期小说的女性意识研究	2004
	金慧善	分析丁玲作品里出现的女性形象	2004
	李政南	丁玲的《莎菲女士的日记》与《太阳照在桑干河上》比较研究	2005
	金度希	丁玲的女性主义意识的变化	2007
	金美英	关于丁玲《莎菲女士的日记》的考察	2008
	俞英珠	丁玲的前后期小说比较研究：以《莎菲女士的日记》与《太阳照在桑干河上》为中心	2008
	崔珍允	丁玲小说的女性意识研究：以《梦珂》《莎菲女士的日记》《阿毛姑娘》《在医院中》《太阳照在桑干河上》为中心	2008
	赵美来	《莎菲女士的日记》与《雷雨》比较研究：以 20 世纪初中国女性的自我意识觉醒为中心	2009
	李秀娟	丁玲文学的女性主义研究：以《在医院中》为中心	2011

续表

分类	作者	题目	年度
学术论文	任季宰	出现在丁玲初期作品里的新女性的自我意识考：以《莎菲女士的日记》为中心	1994
	朴锺淑	丁玲的女性主义文学论	1996
	闵惠贞	丁玲《莎菲女士的日记》的创作特点	1997
	金美兰	通过《莎菲女士的日记》与《杜晚香》分析丁玲的女性意识	2001
	卢昇淑	论丁玲的女性小说与女性	2009
	金垠希	再读丁玲的《莎菲女士的日记》	2011

金度希在《丁玲的女性主义意识的变化》一文里以考察丁玲作品女性意识的变化为目标，通过作品内容考察了作者要表达的女性意识到底是什么。下面是有关《莎菲女士的日记》的一部分：

> 《莎菲女士的日记》可以说是莎菲与凌吉士的恋爱史，一共有33篇的日记中除了前边3篇以外大部分是“莎菲”认识“凌吉士”以后的矛盾和痛苦的心理描写。莎菲虽然同时被两个男人喜爱，但意识到那个爱并不是自己梦想的爱情。莎菲对苇弟的爱是无条件的忠诚，是缺乏真正了解的爱情。仪表堂堂的凌吉士跟莎菲不是真正的爱情，只是莎菲单纯的快乐对象。最终莎菲决心远离自己生活的地方，到一个谁也不认识的地方去。①

如此，莎菲终于意识到自己的真实面目，爱情受挫后没有找到具体的解决方法而离去，这样的结果揭示出1920年代的社会还未给女性足够自由的空间。

朴浚植在《丁玲的〈莎菲女士的日记〉研究》一文中考察了莎菲的人物特点。任季宰试图以当时年轻女性的象征——“莎菲”的意识为基础进行考察。比如，1920年代后期，知识女性以她们开化的意识能否战胜旧礼教，还有什么是她们所追求的目标等。任季宰从新女性的共同特点

① 金度希：《丁玲的女性主义意识的变化》，水原大学校教育大学院硕士学位论文，2007年，第24—26页。

上找到这些答案，与朴浚植的论文是一个思路。金慧善以丁玲作品里的女主人公的形象为基础分类考察了中国女性意识觉醒变化的过程，也是同样的思路。类似的学位论文还有金爱鲜、俞英珠、崔珍允、金美英的等。

综上所述，我们可以将象征新女性形象的“莎菲”分为如下三点：

第一，反抗封建观念。在封建社会里女性的命运从一出生就是被注定的，只能顺从地过完一生。但是1920年代的新女性会对抗这些旧思想。“莎菲”被刻画为具有反封建意识的形象。俞英珠的看法如下：

> 在封建社会里男性在所有的方面占优势，在爱情方面也一样，但苇弟是在莎菲面前掉眼泪的脆弱男人。莎菲同情在自己面前掉眼泪、撒娇的苇弟，在苇弟身上看不到男人的自尊心和优越感。很多当时的作品渴望爱情却得不到对方而哭泣的角色大部分是女人，但从完全相反的情况下我们可了解到丁玲反抗男性中心的封建思想。[①]

第二，否定传统的爱情观念。新女性在爱情与婚姻问题上，追求上进又坦白地将自己的意向表现出来。莎菲否定传统爱情观，而且在追求爱情方面也表现出与众不同的积极性。她在日记里将自己被凌吉士迷住的感情直接表达出来，肯定传统社会里被禁忌的性欲，又将其淋漓尽致地刻画出来。金爱鲜举出《莎菲女士的日记》里的一段话来说明莎菲的爱情观：

> 一个人过着单调生活的莎菲面前出现的凌吉士是莎菲一直梦想的意中人。但没过多久，莎菲看到从凌吉士英俊的外貌后面隐藏的卑劣的灵魂后感到失望。后来虽然莎菲藐视其卑劣的灵魂，却无法阻止凌吉士的吸引，而感到苦恼。虽然莎菲断言她对凌吉士的感情不是爱，却依然想念凌吉士。尤其是在只要得到凌吉士的爱抚就可以甘愿牺牲一切的告白中，莎菲对性的欲望原原本本地揭示出来。莎菲所追求的爱情最终也是精神与肉体的结合。[②]

---

① 俞英珠：《丁玲的前后期小说比较研究：以〈莎菲女士的日记〉与〈太阳照在桑干河上〉为中心》，淑明女子大学校教育大学院硕士学位论文，2007年，第29页。

② 金爱鲜：《丁玲初期小说的女性意识研究》，成均馆大学校大学院硕士学位论文，2004年，第72—76页。

第三，自相矛盾的心理冲突。在《莎菲女士的日记》里，莎菲矛盾重重。小说将莎菲面对苇弟与凌吉士时复杂而又变幻无常的感情表现得淋漓尽致。可见，莎菲的矛盾心理与感情冲突是当时的混乱情况所引起的。俞英珠指出，莎菲反对封建思想与习俗，然而自己又处在无法摆脱的两难困境里，她认为莎菲虽然是新女性，然而她对男子十分积极的态度反而推翻了她的自尊心。朴浚植对于莎菲矛盾心理是这样看的：

> 莎菲希望人格上的独立与解放，而所处的封建时代与她自己拥有的封建残余思想不允许她追求什么理想。这个社会无法实现她的理想，社会本来的逻辑最终导致莎菲破灭。①

金垠希的《再读丁玲的〈莎菲女士的日记〉》一文有别于上述研究，其主题是《莎菲女士的日记》的书写结构。为了分析作品，该文集中考察了小说书写的表层结构与内在的深层意义，将书写结构从莎菲的心理状态分为三个阶段：

> 第一阶段，描述莎菲身边的环境与人物，集中刻画莎菲的性格特点。
>
> 第二阶段，描述对“英俊”男人的欲望，还有作为欲望的防御机制—内心的社会文化规范与期待，围绕欲望与压抑的矛盾等。
>
> 第三阶段，加深“英俊”男人“俗不可耐的虚情假意”，被压抑的个人自尊心与对他的欲望的对立。②

可见，高喊自由恋爱、标榜新女性的莎菲依然摆脱不了封建思想的束缚，不能主动地面对或积极地解决问题而是选择逃避现实的情节就是对1920年代社会现实的局限的反映，同时，莎菲形象代表了当时彷徨的知识分子。③

---

① 朴浚植：《丁玲的〈莎菲女士的日记〉研究：以主人公莎菲人物特性为中心》，檀国大学校大学院硕士学位论文，1991年，第55页。

② 金垠希：《再读丁玲的〈莎菲女士的日记〉》，《中国现代文学》2011年，第136页。

③ 주 25 의 논문，第70页。

包括《莎菲女士的日记》的莎菲，当时丁玲作品中的主人公都在现实与理想之间找不到自己的出路而彷徨无措。在昏暗的社会里找到自己合适的位置谈何容易。但如果我们暂且不考虑其结果是悲、是喜，也许他们就在欲望与压抑重复的现实生活中实现了自我价值。

三　《太阳照在桑干河上》研究

根据上述内容，1930 年代初，《水》的创作预示了丁玲的思想变化，《太阳照在桑干河上》达到顶点。有关土地改革的《太阳照在桑干河上》被评价为描述农民、战士的杰作。

朴根子以丁玲的《太阳照在桑干河上》为研究对象，考察了隐藏在丁玲小说里的作家的思想与创作动机、主题、结构及人物形象。朴根子考察《太阳照在桑干河上》的动机认为，1936 年到延安的丁玲以刚开始体验的农村生活作为起点，以农民的人情味为基础，试图写出与从前的作品风格完全不同的新东西。1946 年，党中央发表“五四指示”后下达了土地改革的方针政策，第二年丁玲亲自去参加土地改革。这就是写作《太阳照在桑干河上》的直接动机。丁玲在这部作品里详尽地描述了自己在土地改革现场的体会。丁玲的另一个创作动机可以从有关毛泽东对丁玲主体意识变化的关心与鼓舞中找得到。毛泽东看完丁玲的《田保霖》后高度评价了她，这给丁玲不小的影响。可见，《太阳照在桑干河上》的创作也是受到毛泽东的影响后写出来的作品。下面是朴根子论文里有关《太阳照在桑干河上》主题的分析：

> 《太阳照在桑干河上》最为核心的主题是“耕者有其田”，即“耕田者拥有土地权”之义。丁玲曾说过“我想写有关中国变化的小说，若想写中国的变化，就得写农民的变化与农村的变化，这是极为重要的。”这里指出的农民的变化是农民本来就不是地主的附属品而是土地主人的觉醒，以土地改革实现“耕者有其田”农村的变化，随着农民经济地位的提高，农村展示欣欣向荣的景象。①

① 朴根子：《丁玲的〈太阳照在桑干河上〉研究》，淑明女子大学校大学院硕士学位论文，1987 年，第 39—40 页。

赵诚焕在研究《太阳照在桑干河上》作品之前首先考察了中国的土地改革制度，然后根据丁玲亲自参加土地改革经验的作品仔细考察其书写方式。赵诚焕将《太阳照在桑干河上》中土地改革的开展过程分为几个事件，将作品的梗概分析出来，并将作品中的人物分为五大类，分析他们之间发生的矛盾，揭示作品的主题思想。一时间，学界对《太阳照在桑干河上》的主题思想议论纷纷，但我们可以从丁玲“在创作《太阳照在桑干河上》的时候只有一个中心思想——将农民的变天思想放在中心”的话里明确此作品的主题思想。

朴宰范分析了丁玲的《太阳照在桑干河上》作品发表后取得的影响。《太阳照在桑干河上》特别是作为社会主义现实主义的杰作，获得斯大林文学奖，在世界上为中国新文学争得了荣誉。朴宰范从这个角度出发指出，《太阳照在桑干河上》的文学价值延续到整个社会主义文学的特点。他认为，《太阳照在桑干河上》表现的是贫苦农民在共产党的领导下团结民众展开的土地改革。如同大量的社会主义现实主义作品一样，“对立”与“打倒”的故事情节对于作品结构原理的核心要素起着决定性的作用。这些对立构造的一个轴心是以大地主、官僚为中心的反革命派，另一个轴心是以共产党和农民为中心的革命派人士。革命派与反革命派对立的根本原因，就是属于革命派的人们受反革命派的压迫，过着穷苦的生活。他指出，《太阳照在桑干河上》的描写比重在于土改运动开展的过程与其过程中的矛盾与对立的现象。看一下他的论述：

> 只要是以打倒反动阶级，社会平等为基础的文学，就应注重描写其原因与必要性。再说，应该具体、仔细地描述大多数的农民若不进行土地改革就无法生存的事实问题。可没有仔细描述忍受痛苦的日子，只列举地主问题，只强调进行土地改革的必然性是这篇作品的缺点。①

接着，朴宰范指出，《太阳照在桑干河上》表现出的另一个特点是“英雄的设定与赞美”。在社会主义现实主义作品中，英雄人物应该是共产党政策的先锋者，而且，作家要深入到人民生活与传统中去，描写反对

① 朴宰范：《丁玲的〈太阳照在桑干河上〉研究》，《中国现代文学》2001年，第257页。

陈旧观念取得新胜利的果实，应该创造实现胜利的新英雄形象。

在赵大浩的文章里也可以发现同样的思路。他认为延安文艺座谈会上的讲话发表后，为普及社会主义文学，纯文学彻底受到控制。因此，当时的作品离不开赞扬英雄人物、改造中间分子的思想、处罚恶劣分子的一套形式，丁玲也一样。而且小说的内容要依据斗争、赞美的方式，出场人物一定要是善人、恶人及改造者界线分明，因此作品就免不了单调。

俞英珠选取丁玲前后期的代表作品，比较考察了其作品的具体差异。她试图分析丁玲作为社会主义小说的代表作家，后期的代表作《太阳照在桑干河上》通过土地改革向大家说明的到底是什么。从"创作是政治行动，作家是被政治化的一个人"这一句话里表现出丁玲变化的主题意识。俞英珠在考察主题意识的变化之前先考察了题材的变化。一是丁玲的描述对象从都市的知识女性变为呐喊土地改革的农民形象；二是丁玲在《太阳照在桑干河上》中不但考虑到思想内容，而且为农民也能够读书、便于理解，还苦心经营大众化的表现方法；三是这个作品使用的语言简洁易懂，大部分的句子不超过20字。那么丁玲的这些主题意识的变化具有什么意义呢？俞英珠在文章的结尾部分揭示了其答案：

> 可以认为丁玲的《太阳照在桑干河上》是社会主义文学创作形式的最佳代表作。通过《太阳照在桑干河上》文学形式和内容实现共产主义，让文艺走向大众。这部作品为社会主义小说的发展贡献很大。①

综上所述，丁玲的《太阳照在桑干河上》在内容和形式上倾向于共产主义意识，可以说受毛泽东的影响最大，通过"我始终想念毛泽东，这本书也想为他而写，不想辜负他对我的期望和鼓励"之类的表述可以确认。丁玲为了使作品能够符合毛泽东的延安文艺座谈会上的讲话精神，以觉醒的农民形象为中心，努力接纳革命的激流，在真实反映活生生的中国面貌上下足工夫。作品采取以人物的经历以及性格介绍为开头的传统书写方式讲述人物的角色，以此表明登场人物的社会立场以及他们对土地改革

---

① 俞英珠：《丁玲的前后期小说比较研究：以〈莎菲女士的日记〉与〈太阳照在桑干河上〉为中心》，淑明女子大学校教育大学院硕士学位论文，2007年，第71页。

的态度。不过这部作品被认为在结构方面后几章比开头松散。不管怎样，《太阳照在桑干河上》主题鲜明，逼真地再现了土地改革运动，无疑是丁玲的代表之作。

文学作品里没有融入作者自身的人生经验，将很难写出有深度的故事。在这一点上，丁玲做得比谁都好。只追求个人价值观的丁玲在参与社会活动后，她的意识开始转变，逐渐站在劳动者与农民立场上，直到为人民革命贡献自己的一切力量。丁玲认为，“具体问题在每个瞬间不失去中心，丝毫没有偏向左右，完全正确，这绝对不是一件容易的事情。”通过这句话我们可以体会到，对于这些转变，她自己也感到非常自信。

总的来说，从研究丁玲的每篇文章来看，虽然研究角度各不相同，但很难看到排除丁玲的人生而只分析其作品的文章。本章也从这个角度出发，考察韩国有关研究丁玲作品的现况，沿着丁玲创作意识的变化阶段，主要考察有关该作品的年代特点进而分析其内容，并在本章的第二部分里用三个小节进行详细说明。从丁玲于 1927 年至 1929 年前期创作的受西方现代主义和浪漫主义影响的处女作——《梦珂》开始进行研究，研究其加入左翼作家联盟这一转型期的作品，整理其 1936 年进入延安后期有关抗日活动的内容，据此可以看出丁玲的创作意识的变化明显地表现在她作品的主题思想中。在本章的第三部分里，对韩国学者研究最多的《莎菲女士的日记》里的女性意识进行了研究。最后，在第四部分里考察了土地改革过程中反映当时农村现实问题的《太阳照在桑干河上》的创作意义。

有关丁玲的研究大部分研究其人生和从 1927 年到 1929 年发表的作品，通过分析，笔者认为，丁玲的作品之所以能够得到普遍的高度评价，根本原因在于丁玲能够在现实情况下，直率地整理出万千思绪，写出的作品让大家产生了心灵共鸣。在这些作品中，考察丁玲女性意识的研究比较多，这些倾向从 1990 年开始一直延续到现在。但是文章里提及的一些有关其他作品的内容，进行单独研究的却很少。作为研究者，为了帮助人们更好地理解，有必要以《莎菲女士的日记》《太阳照在桑干河上》等作品为主，进行更有深度的分析研究。

参考文献

1. 学位论文

赵大浩，丁玲의文学活动과 作品研究，延世大学校大学院硕士学位论文，1983。

朴根子，丁玲의《太阳照在桑干河上》研究，淑明女子大学校大学院硕士学位论文，1987。

金美廷，丁玲研究：문 학과삶의 关系，서울 大学校大学院硕士学位论文，1989。

朴浚植，丁玲의《莎菲女士的日记》研究：주인공 莎菲의人物特性을中心으로，檀国大学校大学院硕士学位论文，1991。

赵诚焕，丁玲小说研究，庆北大学校大学院博士学位论文，1996。

任季宰，丁玲小说의女性像研究，成均馆大学校大学院博士学位论文，1997。

金恩镇，丁玲의女性小说研究，庆熙大学校教育大学院硕士学位论文，1999。

李相恩，丁玲初期小说研究：人物形象을中心으로，忠南大学校大学院硕士学位论文，1999。

金爱鲜，丁玲初期小说의女性意识研究，成均馆大学校大学院硕士学位论文，2004。

金惠善，丁玲의작품에나타난여성상분석，京机大学校教育大学院硕士学位论文，2004。

李政南，丁玲의《莎菲女士的日记》와《太阳照在桑干河上》比较研究，水原大学校教育大学院硕士学位论文，2005。

金度希，丁玲의여성주의의식의변화，水原大学校教育大学院硕士学位论文，2007。

金美英，丁玲《莎菲女士的日记》에대한 考察，庆熙大学校大学院硕士学位论文，2008。

俞英珠，딩링의 前・后期小说比较研究：「소피여사의 일기」와「태양은 상건하를 비추고」를 중심으로，淑明女子大学校教育大学院硕士学位论文，2008。

郑珠罗，丁玲의 1920 년대소설연구，仁荷大学校教育大学院硕士学位论文，2008。

崔珍允，丁玲소설의여성의식연구：梦珂，莎菲女士的日记，阿毛姑娘，在医院中，太阳照在桑干河上을中心으로，蔚山大学校教育大学院硕士学位论文，2008。

赵美来，《莎菲女士的日记》와《雷雨》比较研究：20世纪初中国女性의自意识觉醒을中心으로，公州大学校，教育大学院硕士学位论文，2009。

李秀娟，丁玲문학의여성주의연구：「在黑暗中」을중심으로，庆熙大学校教育大学院硕士学位论文，2011。

2. 学术论文

赵大浩，丁玲文学의环境论，清州大学校论文集，1984a。

赵大浩，丁玲의初·中期文学作品小考，国际文化研究，1984b。

赵诚焕，丁玲의「애정 +혁명」교차소설연구，庆州专门大学论文集，1991。

赵诚焕，丁玲의항일활동과항일소설，中国语文学，1993a。

赵诚焕，항일전쟁시기丁玲의报告文学研究，庆州专门大学论文集，1993b。

任季宰，丁玲초기작품에나타난新女性의自我意识考：《莎菲女士的日记》를중심으로，中国学研究，1994。

赵诚焕，丁玲의삶과문학활동，庆州专门大学论文集，1994a。

赵诚焕，丁玲의农民小说研究，中国语文学，1994b。

朴钟淑，丁玲의여성주의문학론，中国现代文学，1996。

闵惠贞，丁玲의《莎菲女士的日记》에나타난창작특색，中国现代文学，1997。

金美兰，「莎菲女士的日记」와「杜晚香」을통해본丁玲의여성의식，中国语文学，2001。

朴宰范，丁玲의□太阳照在桑干河上□研究，中国现代文学，2001。

金美廷，丁玲문학의진폭（1）：丁玲의좌익으로의전환을전후하여，中国语文学，2008a。

金美廷，丁玲문학의진폭（2）：좌익문예에서공농병문예로，中国语文学，2008b。

卢升淑，丁玲의여성소설과女性담론，中国文化研究，2009。

金根希，批评과创作谈의경계에서바라본丁玲의방향전환，中国文学，2010a。

金根希，丁玲의「梦珂」다시읽기，中国现代文学，2010b。

金根希，丁玲의「莎菲女士的日记」다시읽기，中国现代文学，2011。

3. 单行本

朴钟淑，한국여성의눈으로본중국현대문학，新雅社，2007。

第四章

林语堂

引　　言

林语堂是中国诞生的世界性文学家和学者。在韩国，他以《生活的发现》[1] 的作者而闻名，是一位英文作品的创作超过中文作品的中国现代作家，就像他自己所说的“两脚踏东西文化，一心评宇宙文章”。在中国，他努力传播西方文化，在海外则努力介绍中国文化。1920—1930 年，林语堂在中国创办杂志，开始从事散文创作活动，直到 1966 年定居台湾之前，他仍在美国等海外国家从事小说及散文作品的创作，同时从事中国古典作品的英文翻译等工作。1976 年，81 岁的林语堂还在继续他的创作活动，直到逝世前他还努力编纂《当代汉英词典》，出版自传。综合这多方面的因素，要对林语堂进行评价的话，可以称其为“杂志编辑、评论家及文明批评家、随笔家、思想家及哲学家、小说家、翻译家、中国古典研究家、语言学家”。[2]

因为林语堂在海外生活的时间较长，而且英文作品比中文作品多，因此对林语堂的研究比不上同时代的其他中国现代作家，而且极左思想泛滥时期，也是作为自由主义者的林语堂得不到重视的原因。然而 20 世纪 80 年代，随着中国改革开放，大陆学者也开始了对林语堂的研究。2005 年，他的作品《Moment in peiking（京华烟云）》被制作成电视剧在央视播放

---

① 1937 年林语堂在美国用英文发表《The Importance of Living》，这本书在中国被翻译为《生活的艺术》，在韩国被翻译为《生活的发现》。在这本书里他从中国的现实主义或人本主义立场批判日常生活中的西方观念论或逻辑的谬误，广泛考察包括人生观、生活观在内的对人的反思、幸福论、对社会的反思、自然与人间、爱好及教养、宗教等与生活有关的问题。

② 林语堂著：《林语堂人生论》，金东史译，内外新书 1982 年版，第 271 页。

以后，林语堂受到了广泛的关注。1968 年，林语堂参加了在首尔举办的“第二届世界大学校长联合会”以后，他的作品开始在韩国翻译并出版，但是有关他的论文到 21 世纪初才开始发表。到目前为止所发表的学位论文有 8 篇，学术论文有 15 篇，单行本大多是林语堂的作品专辑，而且出版的大部分单行本只收录了林语堂的小文章或小段讲演内容。下表 4 - 1①，根据内容分类整理了韩国关于林语堂的研究资料：

表 4 - 1

专题	著作	题目
宗教及思想	崔海龙	《从 Paul Lehmann 的 Contextual Theology 观点研究中国教堂的道德生活：以林语堂的“儒教文化及基督教神学思想”为中心》，2012
	柳成浩	《传达治愈和救赎主题的基督教知性——金柱演教授的〈赫尔曼·黑塞与林语堂〉》，2004
	白永吉	《抗战时期林语堂小说的宗教性——东西文化的融合与矛盾局面》，2006
	金柱演	《赫尔曼·黑塞与林语堂》，2004
	金美廷	《林语堂的家庭文化观》，2002
	田炳淑	《林语堂随笔集里的思想性与诙谑性》，1964
	金美廷	《关于林语堂东西文化论的考察》，2002
	朴桂圣	《西洋化与东洋化：林语堂的两脚踏东西文化》，2005
	郑世铉	《中国初期妇女现代化运动与思想》，1967
	朴仁成	《清代缠足批判论考》，2001
	车柱环	《林语堂的抽烟与生活哲学》，1969
作品	孙朱迪	《林语堂小说〈红牡丹〉的作家意识研究》，2009
	边晟珠	《林语堂的〈京华烟云〉研究》，2004
	宋璟娥	《语丝社研究》，1996
	金美廷	《周作人·林语堂的审美观与 1930 年代的小品文运动》，1995
	朴桂圣	《幽默、小品文与语录体——林语堂的“一心评宇宙文章”》，2006
	崔文英	《自由主义作家想象乌托邦——以徐讦的〈荒谬的英法海峡〉与林语堂的〈奇岛〉为中心》，2007
	黄智裕	《考察晚明小品文对散文作家的影响》，2012

① 这一资料综合整理了 RISS（韩国学术研究情报服务）和国会图书馆收录的有关林语堂的学位以及学术论文和单行本，以及学术消息。单行本中翻译作品或传记的，以及只收录林语堂一部分作品的除外。

续表

专题	著作	题目
作品	李济雨	《从 1930 年代“小品文论争”看对晚明小品的认识与评价》，1996
	尹永春	《林语堂文学的世界性》，1956
	裵澔	《现代中国文学与西洋文学》，1941
语言学	金俊宪	《上古复声母论研究》，1991
	金泰完	《上古汉语声母体系研究：以研究史为中心》，2000
	李惠江	《中国上古复辅音与其他语言比较研究》，2008
	公炳禹	《林语堂先生的明快打字机》，1949
翻译	蒋贤周	《翻译论集》（Essys on Translation，中韩翻译），1997
	孙志凤	《林语堂的翻译论研究》，2010
	李甲男	《一篇不该忽视的译论——从〈论翻译〉看林语堂的翻译思想》，1998
	孙志凤	《考察传统文学论对中国翻译论的影响：严复、郭沫若、林语堂、钱锺书》，2010
其他	尹永春	《林语堂的生涯与思想》，1976
	裵澔	《林语堂论》，1940

首先，以林语堂的宗教与思想的研究为基础，考察哲学家以及文明批评家的面貌；其次，以小品文与小说的研究为基础，考察作家活动；再次，关于上古复辅音论，以明快打字机的研究为基础，考察他作为语言学家的活动；最后，以翻译论研究为基础，考察他翻译家的面貌，然后根据这些内容来摸索以后的课题。

一　哲学与文化研究

（一）宗教信念研究

林语堂出生于福建省龙溪县的农村，父亲是教会牧师，但是林语堂对强调天堂和地狱的基督教感到怀疑，他认为教堂牧师说的教理不对，因此林语堂虽然信仰上帝，却拒绝上教堂。后来他任教清华大学，在与同事刘大钧谈话时，觉悟到人性本善，只有通过教育才能达到至善的境界，因此坚持儒教的人本主义。林语堂自称为“异教徒”，后来他因看到 20 世纪的物质主义所引起的人的野蛮行径，又重新回归基督教，因为他认识到通过耶稣体现出来的上帝的道理才是真理。

考察林语堂的宗教信念和有关内容的论文，有崔海龙的博士学位论文《从 Paul Lehmann 的 Contextual Theology 观点研究中国教堂的道德生活：以林语堂的儒教文化及基督教神学思想为中心》、金柱演的单行本《赫尔曼·黑塞与林语堂》、白永吉的《 抗战时期林语堂小说的宗教性 》等。

崔海龙在《从 Paul Lehmann 的 Contextual Theology 观点研究中国教堂的道德生活：以林语堂的儒教文化及基督教神学思想为中心》中注意到林语堂试图把儒教归并到基督教的思想里。这篇论文主要考察林语堂的著作《信仰之旅》[①] 与《吾国与吾民》[②] 的内容，研究林语堂对中国人与儒教文化的理解，摸索能够确立基督教与儒教关系的解决方案。

林语堂虽然是20 世纪初的人物，可是他的洞察力至今仍给中国的基督教徒很深的教训。他批评中国的基督教徒不尊重中国传统文化，还指出中国人应主要依靠儒教这一传统文化，中国的基督教堂不应该忘记这一点，并主张儒教的核心是个人的修养和家庭文化，这一观点对中国的基督教堂的影响很深。林语堂在客居西方时，再一次认识到中国人不能否认儒教文化。林语堂的这种见解告诉我们中国的基督教堂应该从人的观点理解、接受并修正中国的文化精神，强烈主张儒教徒同时也可以做基督教徒，主张中国人是能够充分合并这些文化的中庸的民族。[③]

论文在展开论点的时候，把林语堂的儒家思想分为古典的儒教和特殊的部分来考察。他把古典的儒教理解整理为：孔子的上天理解，对仁的理解，对道德律的理解，对家庭的理解。论文又指出，林语堂主张的孔子把上天视为上帝的唯一神思想是带有宣言性的，他把儒教理解为人间中心的人本主义思想。论文分析说：

在这里林语堂认为儒教的上天就是基督教的上帝，但这只不过是

① 林语堂著：《From Pagan to Christian》，1960 年，金学主译，《信仰之旅》，明文堂 1998 年版。

② 林语堂著：《My Country and My People》，1935 年，申海镇译，《吾国与吾民》，长乐图书出版社 2003 年版。

③ 崔海龙：《从 Paul Lehmann 的 Contextual Theology 观点研究中国教堂的道德生活：以林语堂的儒教文化及基督教神学思想为中心》，长老会神学大学校大学院博士学位论文，2012 年，第 208 页。

宣言性表现。但是他不能明确说明儒教的上天和基督教带有人格的上帝怎么会一样，是不是同样的存在。林语堂把儒教的上天视为基督教的上帝，其中有逻辑的飞跃。查看人的内心，并以人想象理解的上天为上帝，这是又一个人本主义想象的产物。①

林语堂对儒教认识的特殊部分包括中国人的直觉、现世志向的生活、中庸、家庭制度、仁政等，他把这些视为直到现在仍然影响现代中国的儒教文化。论文还把林语堂对基督教神学的理解分为上帝、耶稣、人间、教堂。林语堂对上帝的理解是充满慈爱的上帝，并把耶稣视为给人类以启示的真正的人，并注意到他的人本主义的思想的根柢。在人间论方面，视人为逐渐完成上帝赐给人类的本性的一个存在，认为林语堂的儒教教理接近基督教。

考察林语堂基督教信仰的另一篇论文是金柱演的《赫尔曼·黑塞与林语堂》。这本书具有“给末世的批判性随笔”的称号，注意到林语堂暂时偏离但是又重新认识耶稣，回归基督教的过程，即神本主义的过程。作家认为文学与宗教以同样的根源感动人，给人指示救赎之路，他所志向的就是人的“治愈”和“救赎”。在强调韩国文学宗教代替功能的重要性时，论文也介绍了世界性的文人赫尔曼·黑塞与林语堂的宗教步伐。②

林语堂信仰的萌芽是基督教信仰，但是他同时想继承儒教、佛教、道教等传统宗教文化。对于这些宗教性，白永吉在20世纪40年代中国抗战时期文学的范围内，通过他的小说作品来进行分析。论文认为《Monent in Peiking（京华烟云）》表现出了道家的宿命论和超脱意识，《A leaf in the storm（风声鹤唳）》表现出要靠佛教的解脱精神克服苦难的意识，通过《Chinatown family（唐人街）》则表现出民族的整体性和儒家的家族之爱。论文认为林语堂在战争的危机情况下，想通过传统宗教摸索民族的整体性，并以此来确认宗教的普遍性，并下结论说：

① 崔海龙：《从 Paul Lehmann 的 Contextual Theology 观点研究中国教堂的道德生活：以林语堂的儒教文化及基督教神学思想为中心》，长老会神学大学校大学院博士学位论文，2012年，第215页。

② 柳成浩：《传达治愈和救赎主题的基督教知性——金柱演教授的〈赫尔曼·黑塞与林语堂〉》，《基督教思想》，大韩基督教书会，2004年，第64—66页。

> 整理这一时期林语堂小说关于宗教性的整体论述，这些小说就像日后作家所述，也许是跳过语言、风俗与文化的墙壁，向着“真理的光明”的、作家对艺术轨道的艰难的探索。林语堂的创作过程就是通过他一生所追求的，对“东西文化的融合”这一课题的实践性努力的一个环节，又是对其极限具有挑战意味的工作。①

（二）东西文化观研究

1895年，林语堂出生在正在开放的福建省，1916年毕业于上海圣约翰大学，1919年入美国哈佛大学文学系，并获得硕士学位，1921年转赴德国入莱比锡大学并获得博士学位，1936年以后与家人一起到美国生活。林语堂大部分时间都花费在了来往于中国与欧美地区之间，这些独特的生活经历使他能够接触并体验到中西方思想 。20世纪初，西方列强以发达的文明和体制进入仍然维持着封建社会的东方国家，在这样的时代背景下，中国的知识分子有的主张应该拒绝西洋文明，维持中国的体制；有的则主张应该积极吸收西洋文明，把中国改革为现代社会。他们各自发表自己的思想，想以此来解决中国社会所面临的问题。其中林语堂说：“两脚踏东西文化，一心评宇宙文章。”关于林语堂对东西方文化的立场，研究其思想的学术论文有金美廷的《关于林语堂东西文化论的考察》《林语堂的家庭文化观》和朴桂圣的《西洋化与东洋化：林语堂的“两脚踏东西文化”》、田炳淑的《林语堂随笔集里的思想性与诙谑性》等。

“五四”运动发展时期，在围绕东西文化的差异和优劣进行争论以及新旧文化协调争论非常激烈的时候，林语堂采取西化的立场。但到“五四”运动后期，林语堂则回归于中国的传统文化，最终追求融合东西方文化的乌托邦。对于他的东西方文化的认识，金美廷评价说：

> 当时林语堂对中国文化与西洋文化的认识基本上是按照中国/西洋、落后/先进、过去/现在的图式，想利用先进而现代的西洋文化来改造落后而缺乏现代性的中国文化，这是极其单纯而朴素的……从出

① 白永吉：《抗战时期林语堂小说的宗教性——东西文化的融合与矛盾局面》，《中国语文论丛》2006年，第455页。

生到老，他一直是中国人，而又不是真正的中国人，这是他的 complex。借林语堂自己的话，就是为了不成为“被剥夺国籍的中国人”而做出的过分行动……对通过书籍走向中国文化的他来说，也许难以感觉传统文化在现实里的作用，特别是其反面的实体，倒是因为不是现实生活，而是通过书籍接触到中国文化，所以他能够跳过现实的需要，考察到蕴含在传统文化里的思想的各个方面或审美意识。[①]

正如他在牛津大学的讲演中所说：“我深信中国人若能从英人学点制度的信仰与组织的能力，而英人若能从华人学点及时行乐的决心与赏玩山水的雅趣，两方都可获益不浅。”[②] 他想把握东西洋的文化特点，想摸索其折中点，欲向中国介绍西洋文化，以此来改造中国，并实现中国文化的现代化；同时向西洋介绍中国文化，想治愈和弥补西洋现代文明的弊病。[③] 这些思想通过英文作品创作、翻译等活动展开，但他并不是深奥的哲学家，而是文人，因此分析得不够深入，不能提出东西文明互相协调的实践性的意识形态，而且他的东西文化观并不是没有矛盾。金美廷指出：

他敏锐地感觉到现代西洋文化所蕴含的危机，但是不分其优缺点，只想用西洋文化来反证中国传统文化价值的合理性。而且利用中国传统文化的价值的合理性来救济西洋的主张，逐渐表露出以中国传统文化为中心，重建世界文化的意图，违背了相互平等的原则。要考虑的是，事实上中国和西洋出于各自不同的文化需要，实际上就是因为中国和西洋处于各自不同的发展阶段。[④]

金美廷研究的是林语堂独特的中国传统文化观与东西文化观，并指出其局限性，而朴桂圣在《西洋化与东洋化：林语堂的“两脚踏东西文化”》一文里，先考察“五四”时期的东西文化论战，把林语堂的东西文

① 金美廷：《关于林语堂东西文化论的考察》，《文艺比较研究》2002 年，第 48—49 页。

② 《林语堂的生涯与思想》，尹永春译，博英社 1976 年版，第 77 页。

③ 金美廷：《关于林语堂东西文化论的考察》，《文艺比较研究》2002 年，第 55—56 页。

④ 同上书，第 59 页。

化论，以《〈新的文评〉序言》[①] 为基点，分前、后期进行分析：

> 对林语堂来说，东西文化论的形成过程分前后两个阶段也许比较妥当些。前阶段是从 1924 年到 1929 年……在这一阶段，林语堂是比较激进的西洋化论者。可是 1929 年发表的《『新的文评』序言》里，则可以窥视到与前期的主张不同的东西调和论思想。……后期是 30 年代初的 35 年的 5 年时间，这一时期的林语堂可以说开始高度评价中国传统文化的独立的价值。[②]

金美廷注意到，林语堂的思想以明末小品文的评价为契机回归传统文化，认为林语堂的思想通过散文体裁来表现出来，也许是因为散文是最能够表现出"个性—性灵"的体裁形式，也是最能够表现出中国特点的一个方式，因此林语堂自觉地选择了这一体裁。

另外，与林语堂的这些文化思想特点有关的家庭文化观的研究也开始了。金美廷的《林语堂的家庭文化观》注意到，林语堂视家族为中国文化的基础，不反对传统的家族制度，强调家庭的意义和美好这一特点。论文认为林语堂要建立一个新的家庭文化，并分别分析了林语堂理想中的女性、孝敬和祖先崇拜以及蓄妾和妓女等问题[③]。简单地说，他想象中的理想的家族形态是：母亲充分发挥母爱，并实践孝和祖先崇拜，以此来确认自己整体性的空间。同时林语堂又认为蓄妾或妓女制度也都是中国的传统，[④] 对这些议论，论文认为这是在美化中国传统文化，并指出：

> 林语堂的关心所在不在于改造中国的现实，而是向西欧读者解释中国的现实，这一事实已经非常明确。因此他以西欧读者所能够接受的方式，即西欧的普遍性为基础解释中国文化。这时，实际上，在中国的现实里发生的每个人的经验没有任何意义，只存在被概括为中国

---

① 美国文艺批评家 Spingarn，Joel Elias（1975—1939）的著作《The new Criticism》（1911）的翻译。

② 朴桂圣：《西洋化与东洋化：林语堂的"两脚踏东西文化"》，《中国语文学论集》2005 年，第 218 页。

③ 金美廷：《林语堂的家庭文化观》，《中国文学》2002 年，第 244 页。

④ 同上书，第 252 页。

> 或中国人的抽象概念。这分明表现出承认西欧文化规范的权威，并构成其一部分的中国现代知识分子的面貌。[①]

在亚洲女性研究里，考察中国妇女现代化运动初期思想的论文也提到有关林语堂的传统文化思想。郑世铉在《中国初期妇女现代化运动与思想》里说：虽然林语堂批判缠足制度，但是他在整体上是以中国思想为基础来研究妇女现代化问题的。

以上是关于林语堂的基督教信仰与儒教、佛教、道教信念关系的研究以及他的东西文化观的研究，这一主题在有关他的论文中占有相当大的比例。他的宗教信念渗入人生哲学里，通过散文以及小说等作品表现出来，在有关作品的研究里也考察了这一主题。林语堂的思想最有特点的部分是林语堂要当中国传统文化与西欧文明的桥梁，即看破了重视直观的中国与重视逻辑的西洋这两个文明的特点，并追求它们的协调发展。在现实里，林语堂以休闲的态度表现出其信念和思想，作为一位文学家，虽然也有他的局限性，但是他不断地以作品来表现自己的想法，充分显示出哲学家以及文明批评家的面貌。

二　作品研究

林语堂写了40多篇（部）英文作品，10多篇（部）中文作品[②]，显示了作为杂志编辑、散文作家、评论家、小说家、中国古典研究家、翻译家、语言学家的多方面的成就。1923年，林语堂在德国莱比锡大学获得语言学博士学位以后回国加入语丝社，积极参加反封建斗争，1924年出版了他的中文著作《剪拂集》。可是在军阀混战时期，经过与现代评论派的争论，渐渐与斗争疏远，变成以闲适为主的趣味散文家，主编了以幽默为主的《论语》（1932—1949），创办了以趣味小品文为主的《人间世》（1934—1935）和《宇宙风》（1935—1947）等杂志。这一时期的中文作品有《大荒集》（1934）、《我的话》（1935）、《The Little Critic Essays,

---

① 金美廷：《林语堂的家庭文化观》，《中国文学》2002年，第254页。

② 林太乙著：《现实+梦想+幽默，幽默大师，林语堂传》，任洪彬译，2005年，第694—699页。

Satires and Sketches on China（英文小品集）》（1935）、《My Country and My People（吾国与吾民）》（1935）。1936年到美国之后，出版了他的代表作《The Importance of Living（生活的艺术）》（1937），并出版了小说《Moment in Peiking（京华烟云）》（1939）、随笔《With Love and Irony（讽颂集）》（1940）和描写抗战时期中国社会的《A leaf in the Storm（风声鹤唳）》（1940）、抗战期间旅行中国内陆时写的纪行文《The Vigil of a Nation（枕戈待旦）》（1945）等。此外还有苏轼的传记《The Gay Genius（苏东坡传）》（1947）、历史小说《Lady Wu（武则天传）》（1957）、随笔《The Pleasure of Non Conformist（不羁）》（1963）等。[①]

对林语堂不同作品的评价有着很大的差异，多数研究者对他表现人生休闲的态度和成为东西洋桥架上给予了肯定的评价，但是在中国的混乱时期，只表现闲适的情趣、逃避现实上则受到了批判。在韩国，有关林语堂作品的研究也有很大的差异。尹永春在《林语堂文学的世界性》里考察了他的整个文学世界，中肯地评价了林语堂。这篇论文先介绍了作为作家的林语堂的影响，首先说他是《语丝》的主要成员，说林语堂“提倡文化、思想和中国人的人生哲学为根底的散文随笔，首次使用了西洋文学的新文体”，[②] 论文又说，他的散文不讲文章的格套，诚心表现自己的想法，比客观的哲学更重视人生的平凡。林语堂创办《人间世》和《宇宙风》杂志的时候，受到要回归过去的批判，但尹永春叙述为“只不过想寻找现代人所追求的新的东西而已”，[③]鲁迅曾劝他停止幽默文学和晚明文学，应该努力翻译，但他更加重视把中国介绍给西洋人，比较并批评中国的传统文化和西洋文化，以此来引起西洋人的兴趣。林语堂致力于东、西比较文学，认为“希腊人的思想是逻辑性的、分析性的，而中国人的思想是直觉性的、综合性的”。林语堂以中国的特性为基础，与世界文学联系起来，在平凡里找寻传统的典型，作者把他评价为世界闻名的中国作家，论文说：

因为具有中国特色，因此他的文学也具有世界性，而且充满着人

---

① 林语堂著：《生活的发现》，李城镐译，泛潮社1985年版，第13—15页。

② 尹永春：《林语堂文学的世界性》，《新太阳》第5卷，1956年，第172页。

③ 同上书，第173页。

> 道主义……虽然赞同欧美化的中国人的现代生活，但是臭骂莫视中国固有道德的科学性的现代生活。这就是他的生活信条，同时他的文学作品也反映了他的生活。①

深入研究林语堂作品的国内论文可以分为小说和小品文，在本章文里考察这两个体裁，同时也考察了对他作品的反面评价。

（一）小说研究

林语堂创作的9部小说都是英文作品，对林语堂小说的研究韩国国内不是很多。硕士学位论文有边晟珠的《林语堂的〈京华烟云〉研究》、孙朱迪的《林语堂小说〈红牡丹〉的作家意识研究》，学术论文有崔文英的《自由主义作家想象乌托邦——以徐讦的〈荒谬的英法海峡〉与林语堂的〈奇岛〉为中心》等三篇论文。

林语堂认为历经人世间的苦难之后，过了四十岁才能写小说。他写的第一部长篇小说就是《Moment in Peiking（京华烟云）》，林语堂本想把《红楼梦》译为英文介绍给西方读者，因故未能译成，此后决定仿照《红楼梦》的结构写出这部长篇小说。小说以1900年太平天国运动为基点，到1937年抗日战争为止，描写中国近代史近40年的时间里家族三代的生活和新旧交替时期人物的变化。② 这部小说出版时颇受欢迎，2005年中央电视台为了纪念抗日战争胜利60周年，把这部作品搬上荧屏，吸引了很多观众。在韩国，以这部小说为主题的论文有边晟珠的硕士学位论文《林语堂的〈京华烟云〉研究》。论文指出，以《北京好日》为题目翻译成韩文的这本书，内容与日文的翻译本相似，删除并歪曲了抗日战争部分，因此选用台湾出版的原文③和国内的翻译本《北京的追忆》。笔者把林语堂的生涯按照时间顺序排列，考察了他的主要活动，并客观叙述了1900—1940年的中国的时代状况和文艺界的动向，以此来帮助理解作品的背景。而且考察林语堂作品创作的构思，分析了与《红楼梦》相似的结构、作品的主题思想以及作品中的人物，再通过作品把握林语堂想要表达的

---

① 尹永春：《林语堂文学的世界性》，《新太阳》第5卷，1956年，第174—175页。

② 边晟珠：《林语堂的〈京华烟云〉研究》，庆熙大学教育文学院，2004年，第22页。

③ 林语堂：《京华烟云》，远景出版社1968年版。

意图。

《京华烟云》里的重点事件是“五四”运动和抗日战争，林语堂在北京的时候亲历了“五四”运动，这之后刘和珍与杨德群遇害，林语堂想把悲痛的心情表现在作品当中。接着，抗日战争在《京华烟云》的写作过程中爆发了，因此作品的后半部集中描写了抗日战争。① 除了作品的时代背景外，作品中的哲学内容也以他的思想变化为背景，边晟珠认为《京华烟云》突出了道家思想，并整理了林语堂的思想变化：

> 林语堂逐渐成长，还不到 20 岁的时候，因为中国人的自觉和为了反抗世俗的基督教教堂拥有的各种矛盾，他放弃了家庭的宗教，转向儒家思想……林语堂意识到人的知觉与能力的局限性，又倾向于老子与庄子的道家思想。他在老子身上学习谦虚和爱的真谛，在庄子身上发现超越宿命束缚的、完全的精神上的自由……然后从佛教，特别是“善”中追求高层次的精神的解放……后来他又陷入到唯物主义，但是看到人类陷入物质万能主义，才知道引导人类走向永恒而美好世界的光明就是耶稣基督。②

第一节里考察关于他的宗教和思想，通过《京华烟云》所看到的作品的主题思想也与这些有关。边晟珠分析，作品通过主人公姚思安和他的女儿姚木兰、姚莫愁姊妹以及女婿立夫的思维方式，表现出对道家思想的崇尚，并且通过作品中人物表现出因为拒绝儒家思想而经受的矛盾，刻画出儒家的消极影响。而且通过女主人公说明了欺压女性的封建社会的风俗——缠足、守节、蓄妾，并以此来表现作家的女性观。

在作品的题材分析里，论文提到与《红楼梦》的相似之处，并把题材结构分为三角爱情故事、上流社会的背景、道家思想和反封建等几个方面来说明。《京华烟云》有 80 多个人物，主要人物有姚木兰、姚莫愁姊妹和她们的父亲姚思安，姚莫愁的丈夫立夫以及曾文朴、曼妮等，笔者把他们分为汲取新式文明的人物和保持旧习的人物。③ 前者包括道教信徒姚

① 边晟珠：《林语堂的〈京华烟云〉研究》，庆熙大学教育文学院，2004 年，第 19—20 页。

② 同上书，第 23—24 页。

③ 同上书，第 66 页。

思安，接受新式教育的新女性姚木兰和代表时代的作家立夫，他们贯通整个作品的故事结构，带着现代的思考方式，在中国的军阀混乱时期随意表达自己的想法，并且崇拜道家思想。后者包括儒家信徒曾文朴和典型的中国女人曼妮，他们是保持中国的旧习和封建主义框架的人物，到作品的后半部虽然有些变化，但他们的中心思想仍没变。[①] 分析《京华烟云》，以作品的主题意识为中心，边晟珠下结论说：

> 林语堂在作品里就像回忆似的描写包括中国历史、中国文学、中国人的风俗和思想在内的自己所走过的时代，而且反映各种社会矛盾的全貌，想表达封建制度必定灭亡的历史趋势。[②]

孙朱迪把林语堂的后期作品《The Red Peony（红牡丹）》评价为反映林语堂文学成就的作品，其特点包括古典人文主义和性灵的表现主义等创作方式，把小品文应用到小说里，创造审美的敬物观。论文通过《红牡丹》考察了林语堂的生涯和思想，并引用他的文章，分析东西方文化融合意识和基于传统的女性解放意识以及乌托邦意识。

《红牡丹》是一部描写一个女人人生历程的小说，内容是清末一位美丽的寡妇——牡丹在反复经历肉体的、精神的爱情折磨和别人的死亡以后，放弃一切，选择农村青年和他一起过起田园生活的故事。孙朱迪通过考察《红牡丹》的创作背景，认为使林语堂接受西欧思想的因素包括他成长的地区、时代和三位人物，其中三位人物是使林语堂进入上海圣约翰大学的牧师父亲、美国哈佛大学时的白璧德教授（Irving Babbitt：1865—1933）以及赛珍珠（Pearl Sydenstricker Buck：1892—1973）。他受到比较文学和白璧德教授的新人文主义的影响，赛珍珠劝他写《My Country and My People（吾国与吾民 ）》，论文介绍了白璧德的新人文主义，并说受其影响的林语堂建立了新的思想体系——古典主义，这些思想通过他的作品表现了出来：

> 林语堂虽然接受了古典主义对自然的概念，以及对人性和自然关

① 边晟珠：《林语堂的〈京华烟云〉研究》，庆熙大学教育文学院，2004 年，第 79 页。
② 同上书，第 89—90 页。

> 系的文学理念，但是拒绝因为法规、规则而受规律和限制的形式……林语堂结合古典主义和人文主义因素，因此真实描写人的本性的古典人文主义诞生了……在新人文主义里，自然和人性、宗教是密不可分的。白壁德认为，人的经验是联系宗教和自然的桥梁，林语堂则把自然放在人的经验和宗教之间，人的生活和信仰之间的深沟通过自然能够填满。他把自然视为艺术的根源和目标，重视自然即人的本性的思想通过他的整个作品表现出来。①

表现性灵说是他的作品创作特点之一。论文认为林语堂表现性灵说，是受到在表现主义阵地莱比锡大学获得博士学位以及克罗齐（Croce, Bebedetto：1866—1952）的表现说的影响，说林语堂不仅追求人文主义的自然、人性、宗教，而且追求更广泛的宇宙性的东西。林语堂作品的大部分是小品文，说明他被这独立而自由的小品文所吸引。论文考察《红牡丹》的这些倾向，通过平时小品表现出来的素材，在小说里也可以发现，小品的美学追求让作品更加丰富多彩。论文又指出自然和生活里纯粹而美丽的爱情，表现在作品的各个方面，这些都说明他的敬物思想：

> 林语堂的敬物思想通过小说作品里人物的名字来表现出其审美倾向。《京华烟云》的木兰、莫愁、爱莲等名字里都可以发现林语堂在小说里通过人物的名字来表现出的作家意识……通过牡丹的视线来看到的生活像风景，林语堂不单视为个人的单纯的美学记号，而且通过它歌颂自然，并回归自然，把中国人的思考和创意当做走向生活和艺术以及哲学的通道。②

《红牡丹》是以第三人称全知视角写出的作品，通过主人公牡丹表现出作家的思想和理念。孙朱迪认为在儒教的价值观还存在的社会里，她不拘泥于女性的义务，这也透射出林语堂的思想，正像在林语堂的思想里所考察到的一样，他虽然接受西欧文明，但并没有放弃对传统的热爱，他把

① 孙朱迪：《林语堂小说〈红牡丹〉的作家意识研究》，高丽大学文学院，2009 年，第46—48 页。

② 同上书，第 68、75—76 页。

基督教视为他的宗教萌芽，努力想把西欧现代文明与东洋的传统价值融合在一起。论文认为，这些思想在他的作品里表现为林语堂的作家意识：

> 林语堂认为，为了认清某种思想，应该取其反面的东西。他通过西洋来学习东洋，通过现代来靠近传统，通过城市来更加爱恋农村、山沟，而且他不描写在西欧社会的物质文明里所能看到的、城市表面上的华丽和人的病态心理，反而恢复了与之相反的传统的人的面貌……推翻了新旧、西欧—中国、传统—现代的边界。①

与东西文化融合思想一样，林语堂对女性的意识也通过牡丹表现了出来。清末时代的寡妇是不能再嫁的，在儒教的旧习里不能够有自由，尽管如此，牡丹仍然追求自由恋爱，接触到很多男人，最后牡丹与农村青年结婚。就像郑世铉所说的，“孙朱迪也谈到了林语堂基于传统的女性解放意识。”

《红牡丹》的故事从丈夫的葬礼开始，主人公经历的爱情里都与“死亡”这一词联系在一起，比如，初恋情人的死，以及诗人儿子的死等。作者认为林语堂因为母亲、姐姐以及女儿的死而受到精神上的打击，这是小说的悲剧色彩。林语堂在死亡面前感受到人的局限性，因此为了得到自由，追求、回归自然，再通过道家式的基督教走向乌托邦等的意识通过在死亡面前仍然平静的牡丹来表现出来。

如果说孙朱迪在《红牡丹》作品里分析了林语堂通过主人公表现出来的个人的精神乌托邦，那么崔文英的《自由主义作家想象乌托邦——以徐訏的〈荒谬的英法海峡〉与林语堂的〈奇岛〉为中心》论文，则注意到林语堂小说里以更加具体的形象来建立起来的乌托邦。崔文英注意到不同于“左翼”系列作家的、自由主义作家的创作世界，其中活跃于20世纪30年代的徐訏与林语堂，以浪漫主义和海派以及自由主义范畴这一共同性为基础，考察他们的作品《荒谬的英法海峡》与《奇岛》。徐訏《荒谬的英法海峡》的故事梗概是这样的：在英法海峡里来往的客船甲板上的“我”做梦梦到了一个奇异岛上的海盗村，但是被要求出示护照的话所惊

---

① 孙朱迪：《林语堂小说〈红牡丹〉的作家意识研究》，高丽大学文学院，2009年，第81—82页。

醒。林语堂的《奇岛》也是旅行奇异岛，但是飞机事故使主人公进入到21世纪70年代希腊大富豪和哲学家为了躲避第三次世界大战而秘密设置的空间——泰诺斯岛，通过那里的生活来追求古代希腊精神。[①] 论文说明两位作家都来到奇异岛，通过梦想和回忆这一基本主题，追求人类的幸福，以及能够得到实现的理想中的乌托邦。

> 《荒谬的英法海峡》通过社会主义和个人主义这一辩证法世界观来检讨中国；在《奇岛》里则通过西方传统文化（古代希腊）和中国传统文化的辩证法世界观，检讨西欧以及近代工业化的弊端……两部作品的相同点是通过东西融合的辩证法文化乌托邦，怀疑西欧近代物质文明 。[②]

论文认为，在充满东西文化融合的想象力的空间背景里，两位作家都渴望人性的恢复、人的自由。在《奇岛》里的希腊表现出以原始的生命力和超自然性为根柢的超越性的人间万象，基督教文化则以接近现世的欢乐当中存在的救赎，来靠近和肯定充满人生喜悦的现实生活，由希腊和基督教的融合而出现的狂欢节，象征着人类的自由奔放：

> 林语堂的思想里也提到过，他对现实问题不积极面对，也没有提出具体的启蒙内容。《奇岛》也不例外，作品想象着东西方的矛盾得到解决，人的自由得到实现的乌托邦。《奇岛》不是自由主义作家的想象所留下的空虚的文本，他的意义在于，在战争和左翼文艺的外部环境的苦难里，继承了自由主义传统。[③]

（二）小品文研究

小品文是中国散文文学的一个体裁，是比较自由的小文章，明末，以

---

① 崔文英：《自由主义作家想象乌托邦——以徐讦的〈荒谬的英法海峡〉与林语堂的〈奇岛〉为中心》，《中国语文论丛》2007年，第131—132页。

② 同上书，第137页。

③ 同上书，第143页。

袁宏道为代表提出性灵说，确立了其概念。不拘格套、吐露性灵的小品文，到了现代获得更好的评价，被周作人、林语堂等人所推崇。林语堂在20世纪20年代通过《语丝》发表了批评社会的散文，语丝社停刊之后，在1932年林语堂创办的《论语》，主张幽默，之后创办《人间世》，林语堂小品文的创作更加活跃，因此他也被称为“幽默大师”。

关于小品文的研究，与其说是对林语堂作品的考察，不如说大部分论文都是从小品文运动的一个环节来考察林语堂的作品的。硕士学位论文有宋璟娥的《语丝社研究》，学术论文有金美廷的《周作人·林语堂的审美观与1930年代的小品文运动》、李济雨的《从1930年代“小品文论争”看晚明小品的认识与评价》、黄智裕的《晚明小品文对散文作家的影响》、朴桂圣的《幽默、小品文与语录体——林语堂的“一心评宇宙文章”》。

宋璟娥研究中国现代散文文学里具有很大影响的语丝社，其中包括对主要人物林语堂的分析。论文首先介绍“五四”运动的开始，军阀势力的混战，中国共产党与国民党的矛盾激化等20世纪初的政治、社会状况和各种思潮。以此为基础考察1924年在北京成立的语丝社，以及其发展过程。以散文和杂文的形式在《语丝》发表批判性作品的鲁迅、周作人和林语堂等人，论文也对他们进行了分析，而且在考察《语丝》的主要内容和表现技巧的部分里也提到了林语堂。

论文把林语堂的文学活动分为《语丝》时期（1923—1931）、《论语》时期（1932—1936）、海外时期（1936—1966）、晚年时期（1966—1976）四个阶段，[①] 但是论文里只考察了第一个时期。论文介绍发表在《语丝》杂志的林语堂的作品里，如《论土气与思想界之关系》里攻击传统思想，《给钱玄同先生的信》中主张建立西欧化的中国，《祝土匪》里则强调与旧思想的抗争。他的大部分的文章都表现出进取而战斗的倾向。可是当语丝社迁到上海以后，他信奉克罗齐文学论，强调文学的艺术性，因此政治色彩减退了。论文在综合论述《语丝》时期林语堂的倾向时说：

> 在现代散文史上，林语堂的初期杂文不仅具有战斗性和思想性，同时具有艺术性。《语丝》时期，林语堂的散文风格以幽默为主，没有呼应时代的变化，他的散文在杂文的发展和繁荣方面留下了显著的

---

① 宋璟娥：《语丝社研究》，成均馆大学文学院硕士学位论文，1996年，第48页。

功绩，在中国现代散文史上具有较高的地位。[①]

《语丝》作品的主要内容，论文从传统思想、政治以及社会问题的批判，教育、文化界的争论，纯粹抒情的表露等来考察，其中以鲁迅、周作人和钱玄同的文章为主，在批判"3·18"事件的部分，简单介绍了林语堂的《悼刘和珍杨德群女士》。语丝社在20世纪20年代中期与保守势力现代评论派相互对立，论文考察这一时期讽刺《现代评论》的文章，提到林语堂的《刘博士订正现代文学史冤狱图表》和《写在刘博士文章及爱管闲事图表的后面》。此外，表现手法分为讽刺和反语，论文说林语堂认为语丝社不应该与外部机关勾结，应该以充分发挥个人的意见为条件。

也有论文比较研究语丝社的成员周作人和林语堂，金美廷在《周作人·林语堂的审美观与1930年代的小品文运动》里考察"费厄泼赖""打狗"争论、小品文争论等关系到中国比较大的文学事件和文学争论的同志周作人和林语堂的共同点。他们的共同点是：精通东西方文化，并具有自由主义以及个人主义倾向，而且虽然反抗封建社会的束缚，但又认识到个人在现实社会和历史面前无能为力，想摆脱社会责任感，达到个人精神自由的倾向等。以这些共同点为基础，考察他们提倡的小品文运动和其审美观以及文学意识，并考察小品文论对左派文人的意义和局限性。首先考察中国现代散文的两个不同方向——批判社会并展开逻辑的杂文和表现自由的、自我的美文[②]小品文的范畴，然后分析周作人和林语堂所提倡的生活的艺术和审美观，以及他们的小品文论。其中关于林语堂的部分认为，林语堂1929年翻译克罗齐的《新的文评》，较深地理解了克罗齐的表现主义美学，再以中国道家的审美观为源泉建立生活的艺术这一观念。又认为，《生活的艺术》反映了林语堂的哲学和文化心理，它超越了文学，强调人类的所有活动都在艺术范围之内。金美廷在这篇论文里也对林语堂提出反面意见，这些意见在林语堂的道家审美观与周作人互相进行比较时更加突出地表现出来：

① 宋璟娥：《语丝社研究》，成均馆大学文学院硕士学位论文，1996年，第51页。

② 1921年周作人关于散文的认识说"外国文学里有一种所谓论文，其中大约可以分作两类。一批评的，是学术性的。二记述的，是艺术性的，又称作美文。"金美廷：《周作人·林语堂的审美观与1930年代的小品文运动》，《中国文学》1995年，第313页。

> 周作人在日本文化和中国传统文化里同时发现他的审美理想，就是“闲适”、“忧郁”、“谐谑”、“苦闷”和“东洋人的悲哀”，这些“悲哀”意识与把自己描写为对历史和社会不能波及任何影响的懦弱的凡人的自画像相结合起来，给人以更深层的历史内容和感觉……与之相反，当林语堂提出以袁中郎为中心的一系列性灵派文人的时候，始终强调“幽默”和“性灵”，“闲适”和“娓语笔调”。他努力回避周作人在闲适文学里发现的忧郁和哀愁的情调与现代中国文学伤感的情调相吻合，形成时代的美感这一事实……只能说他承担起自己感觉到的“太平人的寂寞和悲哀”的痛苦，不查明其意义，在轻快的“幽默”和有余的“闲适”当中寻求心理的平衡和安定。①

金美廷分析小品文论时，正如朴桂圣所说，② 认为林语堂在公安派的性灵说里，通过小品文发现贯通东西文化的纽带和原理。又说为了发挥这些性灵，强调“个人笔调”的文体，但是论文对其文体并没有进行详细的分析。相反，对林语堂主张的性灵、幽默、闲适则较有深度地进行了考察。论文认为林语堂所说的个性与通常的个性（区别于别人）和理念的个性（自觉人的尊严，展开个人自由的自我表现）的区别比较模糊，对林语堂并不认为李白和杜甫是有个性的作家这一点表示疑惑。论文对林语堂幽默的认识与鲁迅互相进行了比较，认为这些成为小品文争论的主要论点，林语堂以讽刺现实来实现追求个人的精神安定的、淡淡的微笑来说幽默，但鲁迅则警诫不以黑暗的时代状况为基础的幽默只不过是笑话。论文同时提到郁达夫对幽默的观点，认为在传统散文里应该包括充满生动感的、讽刺性的幽默。论文进一步认为林语堂的小品文论把幽默、性灵、个人笔调归纳为闲适，但是对这些特点持否定态度：

> 在林语堂身上不必再考虑幽默对现实的批判这一社会作用……只有丧失洞察现实的锐利的眼光，相信在笑声里解除一切不平和、不满

① 金美廷：《周作人·林语堂的审美观与1930年代的小品文运动》，《中国文学》1995年，第329页。

② 《西洋化与东洋化——林语堂的“两脚踏东西文化”》（《新的文评》序言）里指出无论是古今中外都存在要求自由性情的文艺思想。而且《幽默、小品文与语录体——林语堂的“一心评宇宙文章”》里认为，林语堂把幽默和性灵视为东西洋文学的共同因素。

> 的、纯真的知识分子的姿势……问题不在于他使不使用“苍蝇之微”，而在于通过“苍蝇之微”，能不能达到“宇宙之大”的艺术境界……对林语堂来说，以现实功利的漠不关心为基础的闲适，只不过轻快地表达出自己的性灵，而对他们的忧患意识或无能为力则缺乏理解或不予理睬。①

虽然警诫“闲适的情趣中堕落为生活享乐主义”②，但是林语堂在推进小品文运动时，通过一系列杂志表现出其实践的一面，论文对此非常肯定。

此外，中国现代散文作家和晚明小品的研究里也提到了林语堂。李济雨在《从1930年代“小品文论争”看晚明小品的认识与评价》这篇论文里分析评价20世纪30年代初主导“论语派”并主张“为艺术而艺术”的周作人和林语堂一派。论文认为林语堂创办《论语》（1932—1949）、《人间世》（1934—1935）、《宇宙风》（1935—1947）等，对小品文的创作非常积极。他以“晚明小品”和“西方Essay”为典范，提倡以自我和性灵为中心的闲适、幽默的格调，又提到1934年出版刘大杰编订、林语堂校阅的《袁中郎全集》，而且指出林语堂的这些“论语派”只强调个人的风雅或娴静，因此受到“左翼”作家的指责。

黄智裕的《考察晚明小品文对散文作家的影响》里考察周作人、林语堂、鲁迅等对“公安派”袁宏道等晚明小品文的看法。其中在研究林语堂的部分里，黄智裕认为：30年代‘公安派’因为林语堂而成为话题，使小品文的创作达到高潮，并说明林语堂因为受周作人的影响，重视‘公安派’文学，但是林语堂比周作人主张性灵和小品文的时间更长。在考察林语堂的幽默理论时，他说把幽默与性灵联系起来，提倡语录体和个人笔调，以现代观点继承发展晚明性灵文学：

> 林语堂复兴性灵派的文学运动，不但继承和发展公安派的意识和精神，而且与西洋文艺理论一起进行论述，在理论上使袁宏道的性灵

---

① 金美廷：《周作人·林语堂的审美观与1930年代的小品文运动》，《中国文学》1995年，第332—334页。

② 同上书，第335页。

> 说得到进一步发展，并使现代小品文的创作达到高潮。这是从古代到现代中国文学的变迁过程中最有成效的发展之一。①

林语堂在小品文里使用闲适和幽默来表现性灵，在与文学有关的因素里也有论文注意到其“文体”。朴桂圣的《幽默、小品文与语录体——林语堂的“一心评宇宙文章”》对“五四”运动时期以林语堂摸索新的文体为基础，分20世纪20年代和30年代前期进行了论述。20年代，林语堂在哈佛大学比较文学研究所沉醉在克罗齐的美学理论，并主张西洋essay style文体的引进，提倡丰富的文学和人生的幽默。林语堂说英国散文和明末散文的共同点为幽默，表现主义理论家和中国浪漫主义批评家的共同点为性灵，并解释幽默是根据性灵来表现出来的，与道家思想有密切的联系。②

朴桂圣认为，林语堂所关心的问题，到了30年代以后，在内容方面提倡性灵、幽默，在形式方面以小品文来渐成体系，这些通过杂志经营以及小品文执笔等更加明确地表现出来。而且林语堂在《说个人笔调》里认为，“文法的西洋化”和“个人笔调”是“五四”新文学初期提倡白话文以来文体上的两大变化，对个人笔调联系文学解放的意义持肯定态度，对文法和西洋化则持批评的态度。③ 因此，提倡白话文和文言文之间起桥梁作用的语录体，朴桂圣认为是叙事语言里引进了谈话的形式，是以论语为根源的，并把林语堂新的文体主张整理为：成语的有效利用、传统白话的继承、集文言和白话的长处的词汇并用这三点，并对其意义阐述说：

> 林语堂大体上也同意文言到白话这一语言的进化论观点，但是语录体就是文言与白话的桥梁，这一点才是提倡的语录体的特点之一。如上述内容，对“五四”时期提倡白话文的批判，搞不好把革新—白话—语音/传统—文言—叙事的文学语言状况和文化状况作为一个单纯的对立来把它图示化，但是按照林语堂的观点，当时文学家的问题

① 黄智裕：《考察晚明小品文对散文作家的影响》，《中国人文学会》2012年，第271页。

② 朴桂圣：《幽默、小品文与语录体——林语堂的“一心评宇宙文章”》，《中国语文学论集》2005年，第350页。

③ 同上。

意识实际上考虑到现代叙事语言确立这一问题的深处。①

以林语堂作品的研究为基础考察了他的活动。在他的9部英文小说里，韩国国内只研究其中的3部作品，虽然林语堂作品的大多数都是小品文，但专门研究这些小品文的论文还很少。对混乱的现实里有点悠闲的dilettante，或是开创新的文学境界的现代作家等，对林语堂可以进行各个角度的分析和评价。

三　语言学研究

1916年，林语堂在清华大学任英文系教员，任职期间他埋头于国学以及中国语言学的研究。他对《康熙字典》的部首分类法感到不满，认为汉字可以根据笔画顺序来分类，首次提出以笔画的种类来决定部首的方式，写了一本《汉字索引制作说明》发表在《新青年》里。林语堂在德国莱比锡大学研究西洋语言学以及国学书籍，以《Altchinesiche Lautlehre（中国古代音韵学）》论文获得博士学位。从20世纪30年代起，他推动了《The Concise Oxford Dictionary of English Language》形式的汉语词典编纂的事业，但在即将完稿的时候爆发了抗日战争，大部分稿件遗失，直到晚年编纂了《当代汉英词典》，才了了他的心愿。这部词典的检索方法是发明明快打字机时设计的“上下形检字法”的改良型，拼音方法为“简化国语罗马字”②，从这里可以感觉到林语堂的语言学家的风貌。

林语堂在1924年主张古有复辅音说，在中国首次提出复声母问题。他说：“在两三千年前难说这语言没有经过一番大变化，中国文字素来非用字母拼音，所以就是古时果有复辅音，也必不易直接由字形上看出来。但是我们仍然可以用间接的方法去考证研究它。”③ 他提出了复声母存在的可能性。他认为通过“俗语，字之读音或借用，要用谐声字的证据，要

① 朴桂圣：《幽默、小品文与语录体——林语堂的“一心评宇宙文章”》，《中国语文学论集》2005年，第364页。

② 林太乙著：《林语堂传》，任洪彬译，2005年，第603页。

③ 金泰完：《上古汉语声母体系研究：以研究史为中心》，全南大学文学院，2000年，第143页。

跟印度支那系中的语言作比较"[①] 等途径可以寻找其证据，并提出［kl-］、［pl-］、［tl-］等复辅音。

金俊宪的《上古复声母论研究》和李惠江的《中国上古复声母[②]和其他语言比较研究》，在确认复声母存在可能性的过程中比较学者们的意见，并介绍了林语堂的学说。这两篇论文都指出，林语堂没有系统地整理有关上古复声母的证据，但是林语堂从西洋语言史寻找其存在的可能性，并认识到语言的基本音的形态变化相似，并试图对此进行研究，这是很大的成就。此外金泰完的博士学位论文《上古汉语声母体系研究：以研究史为中心》，考察从清代以前到现代的上古时期汉语声母的研究过程，在考察学者的研究内容和问题的过程中也介绍了林语堂的学说。

林语堂小时候看见机器就着迷，这使他后来发明了中文打字机。随着作品出版的成功，林语堂的收入也增加了，他把 10 万美元都用在发明打字机上，1947 年，林语堂终于发明了"明快打字机"。公炳禹是韩国最初的眼科医生和韩文打字机发明家，他被邀请到林语堂的寓所参观了中文打字机。他在《林语堂先生的明快打字机》一文里，介绍了林语堂的中文打字机，特别注意到简便而迅速的索引方法。"明快打字机"以中国文字的首部以及末部的配合为根据，指定首末键，在所生成的首末笔画的分类 8 个印字键中可以选择方式。论文同时考察了实际制造打字机时要解决的问题，比如说携带的重量、部件的耐久性和工作能力的改善、制造打字机的机器研究、普及价格的决定、电力问题的解决等。[③] 公炳禹认为他的发明肯定会成功，对韩国的文化出版事业、机关工作、平常社会生活等会有很大的影响。

林语堂对语言学有很深的研究，对汉语和汉字也特别钟爱，精通英语和德语。他作为语言学家研究了古代汉语，由于对祖国的热爱，花费了自己的全部财产发明了"明快打字机"。对林语堂的这些功绩，论文还需要进一步地研究及评价。

---

① 金俊宪：《上古复声母论研究》，高丽大学文学院，1991 年，第 30 页。

② 李惠江：《中国上古复辅音与其他语言比较研究》，汉阳大学文学院，2008 年。论文以汉代作为上古音的下限线，把复声母称谓复辅音，复辅音是以两个或两个以上的初声成为的辅音群。

③ 公炳禹：《林语堂先生的明快打字机》（1949 年 1 月韩语 105 号），《爱国》2006 年，第 214 页。

四 翻译研究

关于林语堂的思想和作品，如上所述，他对中国的传统和西洋的文化、语言、文学都有很深的造诣，也就是说“他完全具备了大翻译家和翻译理论家的条件”。[①] 实际上他精通英文、中文翻译，把《女子与知识》、《卖花女（Pygmalion，George Bernard Shaw）》、《新的文评（The new Criticism，Spingarn）》等英文作品翻译为中文，把《6 Chapters from a Floating Life（浮生六记）》，《The Importance of Understanding（古文小品）》，《The Travels of Mingliaotse（冥寥子游）》等中文作品翻译为英文。《论翻译》是林语堂的翻译理论作品，这本书共分四个部分：第一，忠实、通顺、美的翻译原则；第二，提出字译和句译的概念；第三，翻译家要根据本国的心理为根据译写文章，而且强调对读者的责任；第四，表现出对美的问题的见解。[②] 蒋贤周在《翻译论集》（Essys on Translation，中韩翻译）里翻译了《论翻译》，李甲男在《一篇不该忽视的译论——从〈论翻译〉看林语堂的翻译思想》里，把陈荣东的论文翻译成韩文，此外，还有孙志凤的《林语堂的翻译论研究》和《考察传统文学论对中国翻译论的影响：严复、郭沫若、林语堂、钱锺书》两篇论文。

孙志凤认为林语堂的翻译作品虽然不多，但英文著述活动也是其翻译活动的一个环节，讲述了他的翻译理论，并整理其论文，考察其在翻译史上的价值。关于“信达雅”[③] 的三个翻译原则，论文说：

> 林语堂认为“信达雅”和“忠实、通顺、美”成正比。虽然如此，林语堂不使用信达雅用语，而使用忠实、通顺、美，想来这里有两个原因。首先是“五四”运动以后所追求的白话文运动的影响，把相当于信和达的用语改为现代的“忠实”、“通顺”等用语。其次

① 陈荣东：《一篇不该忽视的译论——从〈论翻译〉看林语堂的翻译思想》，李甲男译，《中国语文学译丛》第9集，1998年，第2页。

② 同上书，第2—3页。

③ 严复所说译事三难，作品内容忠实于原文谓信，可读性谓达，在翻译的基本前提下，以影响当代文章写作的“桐城派”的古文论为基础的雅正的文体谓雅。孙志凤：《林语堂的翻译论研究》，《中国学报》2010年第62辑，第178页。

> 是突出“雅”和“美”的差异，他认为“雅”不能包括“美”，即林语堂提出的艺术文包括诗文和戏剧，而严复提出的“雅”里不包括诗和戏剧。尽管如此，仍然说可以使用“雅”，这是因为，基本上“雅”所表现出的对文体的雅正与美来表现出的艺术文的尊重相似。①

论文认为林语堂翻译论的代表因素为美和艺术，并说明虽然林语堂忠实于文学作品的翻译，但是不能够完美地翻译一部作品，因为林语堂认为不能同时考虑“声音、文气、文体、形式之美”等外在体系和“意义、传神”等内在因素。可是论文分析说，苏东坡《赠朝云》的翻译，比起文字更重视内涵，比起忠实更主张传神，比起通顺更重视中文心理，即符合读者情绪的翻译。直译和意译对立的时候，鲁迅主张“直译”，逐字翻译，而林语堂批判逐字翻译造成的欧化白话，主张字译和句译的概念。对此，论文认为字译和句译也是很难区分的概念，当时林语堂与鲁迅等的思想和翻译路线不同。论文把林语堂视为一位翻译家，而不是翻译理论家。林语堂把翻译视为一门艺术，要求翻译家需要才能和训练，论文认为这是他的独特的面貌之一。综上所述，林语堂的翻译美学论认为翻译也是艺术的延续，要具备美，这一理论是结合严复的“信达雅论”和郭沫若的“翻译创作论”而提出的。

以林语堂的翻译论和对他的分析为基础，学者考察了作为翻译家的林语堂的面貌。韩国对林语堂的研究虽然是少数，但是若把林语堂的英文著作也作为翻译的一个分支来考察的话，作为翻译家的林语堂的活动，其评价还是太少。为了把中国介绍给海外，林语堂出版了很多作品，除对其内容的研究之外，用英文完美地表现这些作品，论文也需要进一步地考察。

本章整理了韩国学者对林语堂的研究，以他的各方面的活动为基础，考察林语堂作为哲学家及东西文明批评家、作家、语言学家、翻译家的面貌，分类整理了在韩国国内对此进行研究的论文。对他的东西文化观的分析比较多，被研究的小品文作品，论文大部分仅是在现代文学史上可以接触到的。林语堂的大部分作品都是英文作品，对于这些作品的研究还很欠缺。

林语堂的活动时期，是中国社会在各个领域都需要变化，而且是矛盾

① 孙志凤：《林语堂的翻译论研究》，《中国学报》2010年第62辑，第179页。

和混乱同在的时期。20 世纪初，因为要抵抗西欧列强，所以不能只坚持传统文化，而且因为战争，国家面临危机，在文化方面，白话文也需要新的突破。林语堂根据这些时代潮流，用文章来对抗这些社会现象。在动荡的社会里，他被评为写闲适文章的作家，考虑到文学的多样性，论文有必要对他进行新的评价。当时，他的作品在国内外非常走红，也许是因为在动荡的社会里，相比于残酷的现实，人们更需要从集中于个人的闲暇和幽默那里得到安慰。

在韩国研究人生哲学的单行本里，有很多书引用林语堂的文章。现代社会是激烈的竞争社会，是比理念的意识形态更加集中于个人与多样性的时代。21 世纪，就像对林语堂的研究逐渐活跃起来一样，希望对林语堂的再评价也活跃起来。

参考文献

（一）学位论文

1. 崔海龙：《从 Paul Lehmann 的 Contextual Theology 观点研究中国教堂的道德生活：以林语堂的儒教文化及基督教神学思想为中心》，长老会神学大学校大学博士学位论文，2012。

2. 金俊宪：《上古复声母论研究》，高丽大学文学院硕士学位论文，1991。

3. 金泰完：《上古汉语声母体系研究：以研究史为中心》，全南大学文学院博士学位论文，2000。

4. 李惠江：《中国上古复辅音与其他语言比较研究》，汉阳大学文学院硕士学位论文，2008。

5. 孙朱迪：《林语堂小说〈红牡丹〉的作家意识研究》，高丽大学文学院硕士学位论文，2009。

6. 边晟珠：《林语堂的〈京华烟云〉研究》，庆熙大学教育文学院硕士学位论文，2004。

7. 宋璟娥：《语丝社研究》，成均馆大学文学院，硕士学位论文，1996。

8. 蒋贤周：《翻译论集》（Essys on Translation，中韩翻译），韩国外国语大学通译文学院，1997。

（二）学术论文

1. 白永吉：《抗战时期林语堂小说的宗教性——东西文化的融合与矛盾局面》，《中国语文论丛》2006年第31期。

2. 金美廷：《林语堂的家庭文化观》，《中国文学》，2002年第38期。

3. 田炳淑：《林语堂随笔集里的思想性与谐谑性》，《韩国语文学研究》，1964。

4. 金美廷：《关于林语堂东西文化论的考察》，《文艺比较研究》，2002年第2期。

5. 朴桂圣：《西洋化与东洋化：林语堂的两脚踏东西文化》，《中国语文学论集》2005年第35期。

6. 郑世铉：《中国初期妇女近代化运动与思想》，《亚细亚女性研究》1967年第6期。

7. 朴仁成：《清代缠足批判论考》，《中国学论丛》2001年第1期。

8. 金美廷：《周作人·林语堂的审美观与1930年代的小品文运动》，《中国文学》1995年第24期。

9. 朴桂圣：《幽默、小品文与语录体——林语堂的〈一心评宇宙文章〉》，《中国语文学》2006年第47期。

10. 崔文英：《自由主义作家想象乌托邦——以徐讦的〈荒谬的英法海峡〉与林语堂的〈奇岛〉为中心》，《中国语文论丛》2007年第35期。

11. 黄智裕：《考察晚明小品文对散文作家的影响》，《中国人文学会》2012年第50期。

12. 李济雨：《从1930年代〈小品文论争〉看晚明小品的认识与评价》，《中国研究》1996年第18期。

13. 孙志凤：《林语堂的翻译论研究》，《中国学报》2010年。

14. 陈荣东：《一篇不该忽视的译论——从〈论翻译〉看林语堂的翻译思想》，李甲男译，《中国语文学译丛》1998年。

15. 孙志凤：《考察传统文学论对中国翻译论的影响：严复、郭沫若、林语堂、钱锺书》，《通翻译教育研究》2010年。

（三）学术记事

1. 柳成浩：《传达治愈和救赎主题的基督教知性——金柱演教授的〈赫尔曼·黑塞与林语堂〉基督教思想》，《大韩基督教书会》2004年。

2. 公炳禹：《林语堂先生的明快打字机》（1949.1 韩语105号），爱国，2006 年第 112 期。

3. 尹永春：《林语堂文学的世界性》，《新太阳》1956 年，제 5 권 제 4 호 。

4. 裵澔：《现代中国文学与西洋文学》，《春秋》1941 年，제 2 권 제 6 호 。

5. 裵澔：《林语堂论》，《人文评论》1940 年，제 2 권 제 1 호 。

（四）单行本

1. 金柱演：《赫尔曼·黑塞与林语堂》，作家出版社 2004 年版。

2. 车柱环：《〈车柱环随笔〉与贴己的人对话》，文音社 1984 年版。

3. 尹永春译著：《林语堂的生涯与思想》，博英社 1976 年版。

4. 林太乙著：《林语堂传》，任洪彬译，Sinibooks，2005 年版。

5. 林语堂著：《林语堂〈生活的发现〉》，李城镐译，泛潮社 1985 年版。

第五章

田　汉

引　言

田汉将整个文学生涯投入到了话剧中，是现代话剧的先驱。但他随着时代的变化，时为新浪漫主义者，时为左翼作家，在“文化大革命”时又以一个不幸的牺牲者的身份度过了他的人生。

在韩国，对田汉的研究比起任何一个作家都显得不足，这是事实。本章通过有关田汉研究中起着向导作用的20世纪90年代学术期刊4篇论文[①]中的一部分和进入21世纪后发表的论文，分析了最近的研究动向。田惠镇（2000年）对田汉研究不振的原因是这样看的：“国内的研究从习惯上看，在体裁上，比起话剧研究，别的体裁的研究更为活跃；从时代看，比起现代话剧，更集中于戏剧研究，这是其一。……在韩国几乎没有对田汉的介绍，这又是另一个原因。”[②] 再看一下其他的原因，就是田汉在“文化大革命”时，由《女人行》改编的《谢瑶环》被打成“大毒草”，最终没能抵得住“四人帮”的迫害而死去。如果考虑到田汉1979年被平反，对他的评价也从90年代开始有所提高这一点，学界对田汉的关心和研究不过20年。其间整理出的研究资料虽然不少，但与其他作家比较起来相对较少，这也是无可

---

① 4篇论文如下：吴昶和的《田汉的〈关汉卿〉论：以历史人物和虚幻人物的形象处理为中心》（庆星大学校《中国问题研究》1991年第4辑），《田汉的〈关汉卿〉论（2）：以改编样态的比较分析为中心》（庆星大学校《中国问题研究》1992年第5辑），《通过戏剧来看〈阿Q正传〉：以田汉和陈白尘的改编为中心》（《中国语文学论集》1992年），《田汉的〈咖啡店之一夜〉研究》（《中国现代文学研究》1996年第5辑）。其中《田汉的〈咖啡店之一夜〉研究》在本文考察范围之外。

② 田惠镇：《田汉的“三夜”研究》，韩国外国语大学校大学院中国语系，2000年，第12页。

奈何的现实。中国的现况如此，那么更不用提韩国的研究动向了，“在国内也因政治上的理由局限于1930年以前的作品”[①] 这一点也起着作用。至今在韩国国内发表的对田汉的研究资料如下表5－1：

表5－1

区分	作者	题目
学位论文	朴荣子	田汉剧作中的“新女性”研究
	尹日受	关于中国戏剧在韩国的接受样态研究
	赵得昌	田汉的初期戏曲研究：以主题意识和文艺思潮为中心
	田惠镇	田汉的《三夜》研究：以“夜”的意义为中心
	权修展	田汉话剧研究
	金种珍	中国的“文明戏”研究（1899—1918）
学术论文	赵得昌	田汉唯美主义戏曲的爱情和死亡的意义
	赵得昌	田汉的《名优之死》和《关汉卿》的比较
	权修展	田汉的《关汉卿》研究
	权修展	田汉初期剧作中的悲剧构造研究：以《获虎之夜》为中心
	吴昶和	通过戏剧看《阿Q正传》
	金遇锡	对昆曲《十五贯》的改编及演出的重新评价
	姜启哲	田汉前期的戏剧思想
	吴昶和	田汉的《关汉卿》论
	吴昶和	田汉的《关汉卿》论（2）
单行本	陈白尘、董健主编，韩相德译	中国现代戏剧史
	姜启哲	（现代中国的）戏剧和电影
	안학 著 韩相德译	中国现代戏剧的理解
	傅晓航著 李龙镇译	中国戏剧理论史
	田汉著 河灵心译	田汉戏剧选
	宝库社编辑部	韩国文艺批评资料集25
	金时俊	韩国中国学研究论著目录：历史、哲学、语文学（1945—1999）
	蓝海著 韩相德译	中国抗战戏剧史
	权修展	田汉和他的《三夜》

① 朴荣子：《田汉剧作中的“新女性”研究》，大邱大学教育学院硕士学位论文，2003年，第2页。

如上表5－1[①]，至今在韩国国内关于田汉的学位论文有6篇，其中博士学位论文2篇，硕士学位论文4篇。还有发表在各种学术期刊上的论文共有9篇，单行本和有关资料有9篇。与其他作家不同的是田汉的作品刊载全集类的数目较少，但他的作品译本却刊出了两本。并且进入21世纪以后，韩国对田汉的研究出现萌芽趋势。虽然比不上在韩国正式登台演出过的曹禺的《雷雨》，但在韩国一所大学的中文系里用汉语演出过《名优之死》。迄今为止，发表的学位论文及学术论文大部分都是21世纪前10年的研究成果，可见其前景是光明的。

一　文艺思想研究

在概括韩国关于田汉戏剧研究时，大部分的研究局限在初期话剧和后期历史剧这一点上引起了笔者的注意，而且对他初期话剧的研究同他的文艺思潮有着相似的见解，这也引起了笔者注意。在田汉的62部剧作中，有22部初期戏剧中出现了这种特征，可将他大致归纳为唯美主义、象征主义、写实主义、新浪漫主义倾向。有关田汉文艺思潮研究的论文有赵得昌的《田汉的初期戏剧研究：以主题意识和文艺思潮为中心》（1990）和《田汉唯美主义戏剧的爱情和死亡的意义》（2007）、权修展（2002年）的《田汉话剧研究》3篇。赵得昌（1990年）对田汉初期戏剧的文艺思潮在浪漫主义、唯美主义、写实主义风格这三个观点上进行了考察。在他的另一篇论文（2007）中，考察了在田汉的这种文艺思潮中有关唯美主义特色的爱情和死亡的意义。权修展（2002年）对田汉在接受西欧的文艺思潮的过程中，是怎样适用于话剧创作这一问题的，笔者按流派进行了考察。

新兴戏剧的初期形态“文明戏”渐渐衰退，话剧随着“五四”运动有了新的转机。在与“五四”运动一起打出“民主”和“科学”的旗帜，反对旧道德、提倡新道德的同时，戏剧界也开始了新的变化。这一时期在中国现代话剧界起着先驱作用的就是田汉。田汉在“五四”时期受到了

① 此资料系将收录于RISS（韩国学术研究情报服务）和国会图书馆，金惠俊的《韩字版中国现代文学作品目录（2010，2）》、《韩国的中国现代文学学位论文及理论书目录（2010，1）》的有关田汉的学位论文和学术论文及单行本进行综合考察而整理的。

多种多样的西欧文艺思潮的影响，并且运用到了自己的话剧创作中，这可以分流派查看一下。但研究田汉文艺思潮的人们感到的共同难点就是，田汉文艺思潮的复杂性。权修展（2002）认为：

> 田汉在接触西欧文艺思潮时，接受的不是特定的某一文艺思潮，而是受到了多种文艺思潮的影响，并且汲取于他的创作中。因此他在剧中体现出的文艺思潮倾向，很难用一两个倾向来定义。特别是田汉在创作中，内容表现出对人生的思考和反映现实的写实主义倾向，而表现形式却是浪漫主义的、唯美主义的因素比较多。

（一）浪漫主义和“新浪漫主义”

浪漫主义大体上可区分为两种意义。第一种是，18 世纪末从英国和德国掀起而传播于整个欧洲的文艺思潮。第二种是，并非某一历史事件，而是作为人的根本态度，一种人们持有的或是可能持有的想法，是人的一种基本属性。①

新浪漫主义是受到 19 世纪末法国象征主义和颓废主义的影响，20 世纪初以德国、奥地利为中心掀起的文艺思潮倾向，通过回归过去的浪漫主义对立于自然主义或唯物论的写实主义的概念。②

在这里要注意的是，田汉的这种文艺倾向到底是浪漫主义还是新浪漫主义，对于这个问题韩国学者的见解互相交叉。权修展（2002）对于田汉受到了“五四”时期传播中国文坛的新浪漫主义的影响，创作了《环珴璘与蔷薇》等，是这样论述的：

> 田汉话剧的新浪漫主义风格通过对传统的反抗意识这个主题表现出来。通过对西欧的政治、思想、文艺等多方面的新文化接触，对自由恋爱和结婚还有封建礼教产生了反抗意识。田汉的话剧中《灵光》、《咖啡店之一夜》、《落花时节》、《获虎之夜》、《生之意志》、《湖上之悲剧》、《南归》等都是歌唱自由恋爱的作品……还有谈论了

---

① 이상섭：《文学批评用语词典》，민음사 2001 年，第 49—50 页。

② 池明烈：《独逸文学思潮史》，首尔大学校出版部 1987 年版，第 401 页。

禁止改嫁问题的《垃圾桶》或是不管病得轻重按照贫富差异治疗患者的《第五号病室》，都描写了对扎根于社会深处的封建性的反抗。除此之外，在田汉话剧中的新浪漫主义艺术特色还表现在使用音乐成分和浓厚的诗的语言，使波澜壮阔的故事情节达到巅峰之际，登场人物可以避开正面冲突的独幕剧形式，在故事情节上赋予传奇性。①

相反，赵得昌（1990 年）在《田汉的初期戏剧研究：以主题意识和文艺思潮的性格为中心》中，将田汉的初期戏剧中出现的浪漫主义风格分成三个部分进行了详细的考察。第一是对传统的反抗精神的表现；第二是韵文形式的使用；第三是夸张因素的使用。他对田汉的这种浪漫主义倾向论述如下：

田汉初期戏剧中出现的浪漫主义风格中，对传统精神的反抗为三十年代以后的写实主义作品的创作打下了基础。所以不是对浪漫主义的单纯反动，只有与浪漫主义的辩证法较量和克服才能创作出真正的写实主义作品。这一点通过田汉的初期戏曲可以得知。②

综上所述，学者们对于田汉浪漫主义倾向所处的是浪漫主义还是新浪漫主义的模糊的界限，进行着各自的分析与阐释。将新浪漫主义看作梦想着回归过去浪漫主义的文艺思潮时，这两种思潮分明有着同一根基的相似之处，但考虑到这两种思潮分别在不同时代和文化土壤中产生的，论文需要在明确的分析后再加以探讨。

（二）唯美主义

权修展（2002 年）认为，田汉在日本留学时期“接受了包括唯物主义、象征主义、颓废主义等新浪漫主义思潮，在新浪漫主义中非常突出的就是唯物主义和象征主义。”③ 并且认为田汉的唯美主义倾向与象征主义、

① 权修展：《田汉话剧研究》，韩国外国语大学大学院博士学位论文，2002 年，第 60—61 页。

② 赵得昌：《田汉的初期戏剧研究：以主题意识和文艺思潮的性格为中心》，高丽大学校大学院中语中文学科，1990 年，第 77 页。

③ 权修展：《田汉话剧研究》，韩国外国语大学大学院博士学位论文，2002 年，第 63 页。

表现主义是结合在一起的。

归纳起来说，田汉就是中国式的艺术至上主义者，他除了《环珴璘与蔷薇》外，在《苏州夜话》和《名优之死》等作品中，表现出要用艺术来挽救社会的意志。抽象地表现了反压迫和反奴隶的政治真实性的《一致》，是一部展现象征主义和表现主义的独幕剧。在田汉话剧《咖啡店之一夜》中，顾客甲的台词表现出了颓废性。《环珴璘与蔷薇》、《古潭的声音》、《苏州夜话》、《生之意志》、《湖上之悲剧》、《名优之死》、《南归》等作品中表现出了伤感。作品中出现的伤感情绪反映出在黑暗现实中因找不到出路而彷徨的知识分子的苦恼，从而窥视出人物无力的形象。

赵得昌强调说，田汉的文艺思潮中唯美主义特点最为突出，并从内容和形式两方面做了分析。就是说在形式方面对色彩美和奇妙崭新的表现——反讽比喻——神秘而迷惑地表现进行了考察，这种特点突出了唯美主义性格，也起着吸引观众注意的作用。在内容方面对颓废性、感伤性、"以美救世"的思想进行了考察。特别是田汉的"以美救世"的思想表现出了以艺术和爱心来改变社会的作家思想。对此，赵得昌做了如下分析：

> 田汉天真地相信美具有颠倒天地的能力，从而将改造中国社会的民主主义理想寄托于美。但在艰难的现实面前他领悟到这种理想是不能依靠美来完成的。所以，他的初期戏剧中虽然有着悖离现实的唯美主义因素，但在大体上是由唯美主义因素和写实主义因素相互渗透的形式而形成的。①

同时在田汉的这种唯美主义戏曲中，以爱情与死亡两个命题同时出现的作品——《名优之死》、《湖上之悲剧》、《古潭的声音》为中心，赵得昌对田汉的唯美主义所具有的差别性是这样论述的：

> 他的唯美主义话剧里所表现的爱情与死亡的形象不是完全游离于现实的。男女间的纯真爱情在现实的迫害中受到挫折，为了将这种挫折由艺术来挽救，结果只有选择死亡，通过这种设计，田汉歌颂了爱

① 赵得昌：《田汉的初期戏剧研究：以主题意识和文艺思潮的性格为中心》，高丽大学校大学院中语中文学科，1990年，第91页。

情与死亡的悲哀，希望能够通过艺术得到灵肉冲突的解脱。这是当时时代现实的反映，也是在黑暗现实中年轻群体因找不到活路而苦恼、感伤、忧郁的表现，可以说与极端追求美的西欧唯美主义是有差别的。①

（三）写实主义

写实主义倾向的作品可以分为两类：田汉初期戏剧作品中的带有写实主义倾向的作品和1930年发表《我们的自己批判》以后的作品。

首先在20世纪30年代以前的初期戏剧作品中断定出写实主义倾向的作品，如上面所述，这是因为他的初期作品中浪漫主义、唯美主义、写实主义三种思潮有机地交织在一起。赵得昌（1990年）对田汉初期戏剧中带有写实主义倾向的作品做了如下分析：

田汉在《午饭之前》、《黄花岗》、《名优之死》、《孙中山之死》、《火之舞蹈》、《第五号病室》、《一致》等作品中使用了比其他戏剧更具有现实性的题材，提高了作品的社会价值。……田汉想通过强调、夸张人物本质的方式来形成人物的典型化，但因没有对偶然的、非本质的特征进行解除和省略工作，未能形成人物真正的典型化。《午饭之前》中老二的反帝国主义性格，《火之舞蹈》中工人徐二哥的政治意识等的形成过程都未加表现，仅偶尔通过台词表现出来，从而使老二和徐二哥的典型意义有所减弱。②

他认为田汉的20年代戏曲中写实主义非常突出的要属《名优之死》，他是这样评价的："这种试验式的创作为30年代以后的《梅雨》（1931）、《丽人行》（1946）、《关汉卿》（1958）等成功的写实主义倾向的作品打

① 赵得昌：《田汉唯美主义戏剧的爱情与死亡的意义》，《中国语文论丛》第34卷，2007年，第422—423页。

② 赵得昌：《田汉的初期戏剧研究：以主题意识和文艺思潮的性格为中心》，高丽大学校大学院中语中文学科，1990年，第93—102页。

下了基础。”①

权修展（2002 年）以田汉整个文学生涯为对象，将田汉写实主义倾向作品细分为以下三个主题：

第一，暴露各种社会矛盾和问题，批判、揭露封建主义和统治阶级各种罪恶的作品，有《孙中山之死》、《火之舞蹈》、《乡愁》等。第二，对黑暗的统治和政治压迫的反抗，反对封建思想束缚的作品，有《一致》、《梅雨》等。第三，揭露帝国主义侵略罪行、表现反帝国主义精神的《乱钟》、《扫射》、《回春之曲》等。②

其中，对照一下初期作品，对有的学者们评价大概一致，但也有的学者们对其存在争议，所以很难明确对写实作品划定界限。但对《孙中山之死》、《火之舞蹈》、《一致》、《午饭之前》等的评价是一致的。

对 20 世纪 30 年代以后的作品，除了特定的外，许多被评价为没能留下深刻印象的人物形象作品。其中写实主义风格比较突出的作品有《丽人行》和《关汉卿》。对此，权修展（2002 年）是这样评价的：

> 田汉在抗战胜利后的 1946 年，以引起大众愤怒的北京“沈崇案”和上海的“摊贩案”为题材创作了具有独特风格的 22 场戏剧《丽人行》。……这对田汉来说是一部新中国成立以前的压卷之作，它具有很强的思想性和艺术特色，具有很强的现实性，可以说是集 30 年代以后创作之大成。……中华人民共和国成立以后创作的作品中，田汉的代表作品有《关汉卿》和《十三陵水库畅想曲》、《文成公主》，其中最成功的作品是《关汉卿》，是一部优秀的写实主义作品。③

田汉把从西欧引进来的各种文艺思潮进行了不同于中国传统戏曲形态的创作与试验，为中国现代话剧的创新倾注了全部的热情。这种文艺思潮为他今后通过历史剧将中国传统戏剧和西洋话剧接轨，创作出田汉自己独特风格的话剧，打下了坚实的基础。

---

① 赵得昌：《田汉的初期戏剧研究：以主题意识和文艺思潮为中心》，高丽大学校大学院中语中文学科，1990 年，第 102 页。

② 权修展：《田汉话剧研究》，韩国外国语大学大学院博士学位论文，2002 年，第 66 页。

③ 同上书，第 68 页。

二 作品研究

田汉的代表剧作有20世纪20年代的《环珴璘与蔷薇》《咖啡店之一夜》《获虎之夜》《名优之死》《江春小景》《苏州夜话》《生之意志》；30年代的《湖上之悲剧》《古潭的声音》《颤栗》《南归》《孙中山之死》《火之舞蹈》《第五号病室》《梅雨》《暴风雨中的七个女性》《回春之曲》；40年代的《秋声赋》《丽人行》《朝鲜风云》；50年代的《文成公主》《关汉卿》等，还有对《白蛇传》《西厢记》《谢瑶环》等传统剧进行的改编和创作。[①] 对田汉话剧作品的创作时期的划分与中国现代戏剧发展的四个阶段[②]的分类有所不同，对此学界有很多争论。

韩国学者大体上是根据中国资料进行分期的，随着观点不同有分类为三期[③]的，也有分类为五期[④]的，下面介绍一下分类为四期的权修展（2004年）的划分：

第一期：处女作《环珴璘与蔷薇》的创作——《我们的自己批判》发表（1920—1929）

第二期：转变为左翼作家—抗日战争以前（1930—1937）

第三期：抗日战争以后—中华人民共和国成立（1937—1949）

第四期：中华人民共和国成立以后—1960年（1949—1960）

其中主要的研究对象集中于《获虎之夜》《名优之死》《关汉卿》三部作品，属于田汉初期剧作的《咖啡店之一夜》《湖上之悲剧》《南归》《苏州夜话》成为部分分析对象。其余的一些作品虽然涉及了，但排除在

---

① 田汉：《田汉戏曲选》，河灵心、申振浩译，学古房2006年，第14页。

② 蓝海：《中国现代戏剧史》，韩相德译，韩国学术情报（株），2007年，第1页。“在这本书里将中国现代戏曲发展视为四个阶段。第一阶段：1919—1921年（新文化运动的初期阶段），第二阶段：1921—1927年（反帝反封建斗争时期），第三阶段：1927年—抗战之前（反蒋抗日斗争时期），第四阶段：1937—1945年（抗战时期）。”

③ 在三期分类中有很多不同意见是事实，但大致上将田汉发表于30年代的《我们的自己批判》作为他创作上的分歧点，将1930年以前视为前期，1930—1949年视为中期，1949—1960年视为后期。

④ 陈白尘、董建主编：《中国现代戏剧史》，韩相德译，韩国文化社1996年版，第154—168页。“在此将田汉的艺术之路区分为五个时期。在四个时期的分类基础上加上田汉初期开始创作的1912—1918年为第一期，共分为五个时期。”

细密的分析对象之外，所以在本章内不加以说明。

（一）《关汉卿》

田汉的后期代表作《关汉卿》是“与郭沫若的《蔡文姬》、老舍的《茶馆》一起可称为中国当代戏剧文学史上三大历史剧之一”[①] 的力作。田汉通过创作、演出《关汉卿》重现历史过程，描写了关汉卿目睹一个受冤女人被推入刑场的过程，于是以笔为武器对抗于社会不公的景象。就如同行称田汉为“现代的关汉卿”一样，田汉把 1957 年因反右派斗争许多作家与作品受到批判的苦难时代，通过历史剧触及现实问题。

《关汉卿》在朝鲜和日本演出[②]过，在韩国也已有他的改编集[③]，是一部知名度很高的作品。只不过因“文革”到平反的那一段时间里，对他的戏剧的关心和研究相对来说有些不足，但韩国学者对田汉后期代表作《关汉卿》的关注度是很高的，通过有关论文可以看出，在韩国国内关于田汉的论文 15 篇中有关《关汉卿》的论文就占 4 篇。对《关汉卿》的研究有吴昶和的《田汉的〈关汉卿〉论：以历史人物和虚构人物的形象处理为中心》和《田汉的〈关汉卿〉论（2）：以改编样态比较分析为中心》、权修展的《田汉的〈关汉卿〉研究》、赵得昌的《田汉的〈名优之死〉和〈关汉卿〉的比较》4 篇论文。吴昶和在 1991 年的论文中试图将《关汉卿》中的历史人物和虚构人物以及人物形象处理进行详细的考察，在 1992 年的论文中细致地考察了几个形态的幕场。这两篇论文在韩国对田汉的介绍中起着里程碑的作用。权修展对《关汉卿》的创作背景和主要登场人物、主题意识进行了考察。赵得昌对《名优之死》和《关汉卿》中出现的艺术世界，作品中的女主人公所具有的相似点和不同点、历史和虚构的界限发表了自己的见解。在这 4 篇论文中，学者们要注意的一共有四点，可以总结为（1）《关汉卿》的成功因素；（2）人物设计；（3）创作背景；（4）改编过程。

第一是成功因素。《关汉卿》作为历史体裁的历史剧，学者们对其历

---

① 吴昶和：《田汉的〈关汉卿〉论：以历史人物和虚构人物的形象处理为中心 》，《中国问题研究》1991 年第四辑，第 88 页。

② 权修展：《田汉的〈关汉卿〉研究》，《中国研究》2004 年第 34 卷，第 117 页。

③ 田汉作品的韩国译本有河灵心、申振浩译《田汉戏剧选》（2006）和权修展译《田汉和他的“三夜”》（2004）两本，《关汉卿》收录于《田汉戏剧选》。

史的真实性和创作的界限有很多争论。权修展指出，田汉将古代剧作家的形象成功地搬到现在的舞台上来，是因为满足了以下四个条件：

> 第一，他在参考史料的同时，很细致地研究了关汉卿的作品，掌握了关汉卿的精神，即反抗黑暗统治的压迫，为受苦的人民群众展开正义的斗争精神。第二，他通过长时间的革命剧作家生活和经历补充了历史史料的不足之处。他从辛亥革命以后开始了戏剧创作，一直与时代和人民群众共呼吸。关汉卿的精神和田汉的精神虽在历史上不属同一时代，但是有内在的联系。第三，他在第一创作时期开始就一直创作有关艺术家，特别是刻画了演员生活的作品（《环珴璘与蔷薇》、《名优之死》等），对关汉卿和朱帘秀的生活理解是比较深的。第四，他身为中国现代革命戏剧运动的领导人物与许多剧作家建立过组织，并且与传统剧界人士一直保持着密切的关系，深知他们的感情。①

有人分析说，《关汉卿》以历史剧取得成功是因为，在作品的每一处都运用了在以往的历史剧里无法看到的独特文艺技巧和手法，从而被一般大众所接受。

第二是人物设计。因为《关汉卿》是历史剧，所以剧中人物的典型性创作比其他任何作品都是重要的。正面人物和反面人物、历史人物和虚构人物的适当组合与协调是决定这个剧成功的决定性因素。吴昶和对剧中人物设计的适当性，按各个人物进行了考察。他强调了《关汉卿》既是历史剧又是虚构性很强的作品。这是因为“剧中的内容与其说在历史观点以事实为基础，不如说把焦点放到了主人公的良知和职业精神的体现上。为体现作家平时的人本主义而被表现为虚构性多于事实性”。② 吴昶和对《关汉卿》中各个人物的有机结合带给剧作的特点，是这样评价的：

> 《关汉卿》是田汉倾注心血，通过几次改编，弥补了剧本本身构造上的矛盾和缺点的作品。特别是现有的大部分历史剧里生硬而难解

① 权修展：《田汉的〈关汉卿〉研究》，《中国研究》2004 年第 34 卷，第 107 页。

② 吴昶和：《田汉的〈关汉卿〉论：以历史人物和虚构人物的形象处理为中心》，《中国问题研究》1991 年第四辑，第 103 页。

的表现比较多，对于缺乏历史常识的一般人来说不易接近，他已考虑到这一点。为了引起共鸣，他在平易而柔和的台词及单纯的古史中表现出中国式的浪漫和现实问题意识。我们可以发现每一章里都有他呕心沥血的痕迹，处理登场人物的形象时尽量节制了夸张的性格描写和复杂的心理描写，即使是反面人物也照顾他不至于给人极度的厌恶感，这可以理解为是田汉特有的美学反映。…同时关汉卿和他的身边人物即一些识字阶层和朱帘秀及她身边的一些演员，通过剧很自然地接触、交流感情，所表现出克服现实意志的形象，反映了当时剧团的一种风俗，可以看出在那里已脱离了身份和因袭的框架，将先于时代的进步行动做了美化、合理化，寄托着作家的哲学。①

第三是创作背景。比起作品的艺术性，田汉更注重他的创作背景，对于这种时代背景，权修展是这样说明的：

就如关汉卿以杂剧来批判当时的统治阶级，替百姓伸张正义一样，田汉自己也通过《关汉卿》批判了中国社会，即借用这种历史事实批判了当时社会的不合理性，这是他的作品中至今还流淌着的爱国主义的一部分，表现了只为人民群众、为祖国、为美好的未来，为剧作家田汉那具有民族主义精神的主题意识。②

1958 年，《关汉卿》发表、演出之后，当时的戏剧界涌起了历史剧风潮，郭沫若的《蔡文姬》和《武则天》、曹禺的《胆剑篇》等陆续发表。这对《关汉卿》给予历史剧创作起着怎样的影响，田汉在现代话剧界起着怎样的作用，是不可忽视的。

第四是修改过程。《关汉卿》经过四次反复修改而完成。田汉从 1958 年原作发表到 1961 年修订版出版为止，以 9 章→12 章→8 章→10 章→11 章进行修改。吴昶和将它从内容和形式方面出现的变化，进行了细致的考察和研究，其内容归纳如下表 5 - 1。

---

① 吴昶和：《田汉的〈关汉卿〉论：以历史人物和虚构人物的形象处理为中心》，《中国问题研究》1991 年第四辑，第 104 页。

② 权修展：《田汉的〈关汉卿〉研究》，《中国研究》2004 年第 34 卷，第 118 页。

表 5－2

内容方面	（1）补充了新的登场人物，辅助了关汉卿的形象 （2）将喜剧结尾（12 章本）改为悲剧结尾（11 章本）状态 （3）通过台词和质问、说明文等的调节，增加了大幅度的台词与场景
形式方面	（1）幕场的新的设计和调整，通过破格插入部分台词和场景，给剧的篇幅带来很大变化 （2）分割长台词，增添台词、说明文的结构 （3）调整了人物表登场人物的顺序，显现出了剧本整体被修改

对剧本的这种大规模修改是否因为剧本的结构脆弱，或是作家对作品没有一贯性的态度等，很多评价互相交叉。特别是剧本的结尾从喜剧变成悲剧的现象与其他构造上的部分调整不一样，是外形上的巨大变化。这是读者对剧本感到的不同情怀的核心事项。对此吴昶和这样说：

> 1961 年出修订版的时候，在两位主人公英雄形象不受损的范围内，得出了感伤而充满人气的悲剧结尾。在整个剧里误会、离别、破产、矛盾、憎恨、死亡、破产等暗淡色调的悲剧气氛在极度节制的状态下，不过是男女主人公不情愿的分离结尾，所以使用悲剧这个术语本身就没有什么意义。……归根结底，剧本的结尾表现出悲剧结尾和喜剧结尾共存的双重性的根本原因，与其说是剧内容本身的缺陷，不如说是因作家自己优柔寡断的态度和判断所致。①

田汉知道在修改自己作品时会有相当大的压力，但他始终表现出了责任意识和作家的职业精神，为了实现西洋话剧和传统戏剧的结合，倾注了最大努力，这种剧作家的光辉形象可以说就是通过《关汉卿》表现出来的。

（二）《关汉卿》和《名优之死》的比较研究

田汉的初期戏剧代表作《名优之死》和后期戏剧代表作《关汉卿》都以艺人为主人公。赵得昌对描写了从事艺术活动的艺人生活的这两部作品做了比较，同时关注了以下三点。（1）艺术和生命；（2）女性主人公；

---

① 吴昶和：《田汉的〈关汉卿〉论（2）：以修改样态和比较分析为中心》，《中国问题研究》1992 年第 5 辑，第 67—68 页。

（3）历史和虚构之间。

第一是艺术和生命。《名优之死》中的刘振声是将一生奉献于京剧的人物，对他来说艺术就是生命。《关汉卿》中的关汉卿对艺术的热爱和真挚的态度也没有特别的不同，但关汉卿的艺术行为并没有放在生存角度上，这一点与《名优之死》的刘振声是有所不同的。赵得昌将两部作品的主人公对艺术认识上的差异做了如下的论述：

> 《名优之死》虽然认为艺术比生命贵重，但作品中描写了现实压迫中的艺术家破灭的过程，《关汉卿》中的艺术家虽致破灭，但由周围的帮助去寻找新的生活。从结果来看，在两部作品的主人公在都没能抵得住现实这个巨大问题上是有共同点的。……并且田汉的初期唯美主义思想还包括"以美救世"的思想倾向。……但《名优之死》中否定着这种思想倾向。相反，在《关汉卿》中到处可以看到作家要用艺术来改造社会的意图。这可以说是《名优之死》和《关汉卿》的不同点。①

他认为："《名优之死》是一部视艺术为生命，但在黑暗的现实中，却没能用艺术进行抗争就死去的悲剧的话，《关汉卿》用艺术抗争于黑暗现实，通过改造梦想的失败，更加积极地暴露着社会的黑暗，是作家思想很露骨的一部剧作。"② 并且还提出"因此这部剧变得很不自然，人为色彩变得很浓"③ 的见解。

第二是女性主人公。《名优之死》和《关汉卿》中登场的主人公都是女性。《名优之死》中的刘凤仙以演员身份成名之后与杨大爷发生不正当的关系，使刘振声感到很失望。由于对徒弟行为的愤慨，刘振声最终死在了舞台上，面对师傅的死，刘凤仙做了忏悔。赵得昌（2009年）对刘振声和刘凤仙的关系是这样论述的：

---

① 赵得昌：《田汉的〈名优之死〉和〈关汉卿〉的比较》，《中国语文论丛》第42卷，第354页。

② 同上书，第375页。

③ 同上。

> 刘振声对待变成这样的刘凤仙，把对刘凤仙的爱升华为将刘凤仙培养成一个艺术家的希望。即把爱升华为艺术。但刘凤仙不随自己的意，自己却死在舞台上，别说爱的成就，就连艺术成就也没能得到，就遭此悲剧。①

相反，《关汉卿》中的关汉卿和他的女人朱帘秀之间虽然有一个悲剧过程，但最终得到了一个幸福的结果。关汉卿用一支笔将一个蒙受不白之冤的年轻女子被押赴刑场的故事告知整个社会，朱帘秀鼓励着关汉卿，并且又是冒着生命危险和计划着将剧搬上舞台的关汉卿的知己、恋人。朱帘秀再次上演《窦娥冤》，她事先把关汉卿隐藏起来，不屈于苦难勇敢斗争，表现出女勇士的面貌。

结果两人都入了狱，他们决定与其这样苟且偷生，不如两个人一起死在这里。但最终戏剧般的出了狱，一起去了南方。与《名优之死》不同，《关汉卿》有一个幸福的结局，赵得昌对《关汉卿》中的戏剧性设置是这样讲的：

> 在20年代，田汉要在选择灵与肉的情况下，他选择了“灵”。但在《关汉卿》中的关汉卿和朱帘秀的爱情是“灵肉一致”的，这是田汉在《名优之死》中没有表现出来的，可以说这是他年轻时希望的投影。……即《名优之死》中没有实现的梦想结果在《关汉卿》中得以实现。

第三是历史和虚构之间。两部作品都把历史人物作为创作主题，在这一点上有着历史剧的共同点。《名优之死》是以清末著名的京剧老生刘振声悲壮的死作为题材的。田汉把实际历史人物作为题材，截取了留学日本时读过的波德莱尔的散文诗《巴黎的忧郁》中的片段，添加了虚构性，从而创作出独特的历史剧形式。与之相反，《关汉卿》历史事实比较多，

---

① 赵得昌：《田汉的〈名优之死〉和〈关汉卿〉的比较》，《中国语文论丛》第42卷，第361页。

与《名优之死》相比更近于典型的历史剧类型。[①] 赵得昌认为历史剧的意义不单是为了描写历史史实而存在的，而是一个可以投射现实的投射物，所以《关汉卿》比《名优之死》更好地表现出田汉的历史剧意义，并且对这两部历史剧的创作背景阐明了如下的见解：

> 历史剧也许是自由表现在现实中受到局限的时候，进行迂回式批判的时候使用的题材，特别是在政治社会中自由表现受到压抑时，作者为了表现出反抗与这种现实状况而常使用的一种题材。中国现代戏曲史上，出现在40年代初，国民党统治地区发表了许多历史剧，我们可以以此为例。但《名优之死》从他的时代背景或作家个人的创作背景看，都没能很好地表现出这一面。相反，《关汉卿》就表现出了这一面。[②]

田汉在《名优之死》中表现出忠实于艺术的演员是怎样与邪恶势力做斗争的？在《关汉卿》中描写出了坚决抵抗残害无辜百姓的元朝统治者的伟大剧作家关汉卿，虽两部作品的背景不同，但坚守时代和艺术的艺术之魂融化在田汉的戏剧中。

（三）“新女性”

在田汉初期戏剧作品中要注意的几个因素中，对女性和女性解放，还有新女性的主题，已是多数作品的共同特点之一。朴荣子（2003 年）在《咖啡店之一夜》《获虎之夜》《湖上之悲剧》《南归》四部作品中考察了女主人公是怎样不屈服于传统势力、渴望自我解放和个性独立、追求个人幸福和理想的“新女性”的。并且也考察了在新的时代到来之际出现的各种问题，在女性的立场上是怎样对抗传统封建社会而变化的。[③] 按作品说明如下。

---

① 赵得昌：《田汉的〈名优之死〉和〈关汉卿〉的比较》，《中国语文论丛》第 42 卷，第 365—366 页。

② 同上书，第 373 页。

③ 朴荣子：《田汉剧作中的“新女性”研究》，大邱大学校教育大学院硕士学位论文，2003 年，第 3—10 页。

1.《咖啡店之一夜》

田汉的《咖啡店之一夜》被评价为一部充满了浪漫主义、现实主义的作品。作品通过与大学生林泽奇的对比，描写了女主人公白秋荣和大商人的儿子李乾卿的爱情的背信弃义，猛烈攻击了大资本家的虚伪和拙劣。并且作家表现出的“对不幸女主人公的同情，对旧社会反抗情绪，五四青年的苦恼和压抑及渴望光明的情绪”。[①]

作品中的女主人公白秋荣因贫困和父亲的死不能继续读书，她避开要她嫁人的亲戚逃到都市。这虽是要保护自己爱情的一种手段，但与避不开强求的林泽奇有着根本不同。并且父亲提出，在他生前不愿女儿成为李乾卿父亲那种人的儿媳。面对父亲的反对，她表现出的对心上人的信任，说服父亲的这种胆量是在封建、传统女性身上无法看到的“新女性”的面貌的。朴荣子对白秋荣这个典型人物形象是这样评说的：

> 作品中白秋荣说了很多回“整个社会是广阔的沙漠”，“在这世上人是非常孤独的”，李乾卿已经爱上别人的时候，她强忍心中痛苦，接受了“这是上天给我的命，反抗也是没有用的”，并且决定“原谅他”。可以说这就是作家初期戏剧思想中的唯美主义、感伤主义倾向反映在作品中，但在整个作品上表现出现实主义倾向。回想当时中国状况，白秋英确实是抵抗封建礼教、主张自由恋爱的女性，作者对此表现得很现实主义。

2.《获虎之夜》

这部作品以被认为有精神病的表哥黄大傻和富有的猎人女儿莲姑的爱情为中心表现出了“恋爱和婚姻自由”的主题。在剧的前半部，莲姑虽然表现出对父母的反抗，但没能彻底。当她的恋人黄大傻受到枪伤被送到家里时，莲姑出于内疚感和怜悯，要求照顾他。但因父亲强硬的态度没能如愿。不久莲姑违抗了抽打自己的父亲，表现出了“为守护恋爱和结婚的自由，反抗魏福生封建态度的景象”。[②] 朴荣子对《获虎之夜》中的莲姑

---

① 朴荣子:《田汉剧作中的“新女性”研究》，大邱大学校教育大学院硕士学位论文，2003年，第11页。

② 同上书，第19页。

的女性形象做了如下的评价：

> 黄大傻超越生死的爱情和抵抗封建礼教，要取得“恋爱和结婚自由”的莲姑刚强的反抗精神，虽然没能战胜封建势力争取胜利，但展现给读者一些对于明天的希望。
>
> 因西欧思潮的流入而自我觉醒的新一代不可能与封建意识根深蒂固的老一代不发生矛盾，所以大胆地对立于老一辈，这就是《获虎之夜》。①

3. 《湖上之悲剧》

《湖上之悲剧》化用了传统戏曲《牡丹亭》的故事，提出了现代中国的社会问题，描写了女主人公白薇和诗人杨梦梅的爱情悲剧。

因父母的反对面临着要与别人结婚的情况下，她选择了投江自杀，但因一名渔夫的搭救重获新生，偷偷住在父母的别墅中，但后来她得知杨梦梅因她的死痛苦多年后与别人结婚的事实。白薇觉得自己不能成为他幸福的绊脚石，结果开枪自杀。朴荣子对田汉通过白薇要描写的人物形象是这样说的：

> 虽然活着，却和死没有两样的白薇的这种处境，反映了残留着旧社会封建思想的黑暗社会现实中，受迫害的中国新女性的悲惨命运。田汉借着这种变化女主人公处境的中国过渡时期的状况，表现出妥协对于事情的解决没有任何帮助，也不能解决现实中的问题，只可能把事情搞得更复杂，结果使很多人不幸。……通过这部戏作家暴露了破坏男女间自由恋爱和婚姻的封建礼教的黑暗，并且主张“恋爱和婚姻的自由”，田汉通过戏剧描写了因与现实的冲突导致的理想的挫折。②

4. 《南归》

1929 年创作的《南归》是以 20 世纪 20 年代青春男女恋爱为题材创

① 朴荣子：《田汉剧作中的“新女性”研究》，大邱大学校教育大学院硕士学位论文，2003 年，第 20—21 页。

② 同上书，第 21—22 页。

作的抒情作品。农村小伙正明喜欢从小一起长大的春，但春拒绝了与束缚在传统和规范中的正明的求婚，爱上了一个流浪诗人。但流浪诗人也为寻找自己心爱的女人而回到故乡，当他得知心上人嫁人之后郁郁寡欢而死的消息，又返回来找春。但两人的结婚请求遭到反对，流浪诗人得知春已有订婚人之后重新开始了流浪，春知道这一切之后，抛弃一切去寻找流浪诗人。田汉描写了一个在偏僻乡村没有受过任何教育的女性放弃了安定的生活，按照自己的意愿挑战于外部世界的形象。朴荣子对这种春的女性形象是这样说的：

> 田汉通过春对流浪者的爱情和对外部世界的美好憧憬，表现出了中国新女性渴求从这种基本的人的渴望中得到解放，不愿接受传统社会规定给予女性那一部分的决心……春没有过母亲所盼望的安定生活，而是走向未知世界找流浪诗人，这表现出了她要脱离精神和肉体上的束缚，与心爱的人一起远走高飞的坚强意志。①

春的这种新的旅程，可以说是新女性的自觉追求自由和理想的坚强意志的流露。田汉通过这种人物形象化确保了理想新女性的典型。

田汉通过以上四部作品反映了当时痛苦的青年们的现实，描写了女性为了实现各自的生活和理想，坚决与封建势力做斗争，寻找自己的存在。知道自己要走的路，并且通过自由恋爱的失败具备了新女性典型性的白秋英；在封建主义、男性为主的旧社会里，为坚守自己的爱情用生命抵抗的莲姑；反抗母亲定下的传统婚姻、通过自由恋爱爱上了流浪者、结果为了自己的理想和自由出走的春。他们都是田汉写到剧作中的受到封建社会束缚的女性，也是坚守自己理想的新女性的典型。

朴荣子对这些新女性具有的时代意义是这样评价的：

> 这四名女性在中国传统封建社会中认知了现实，转变成向新的世界继续奋斗的新女性的面貌，这种转变在趋向现代社会的路口中受到了当时青年们的热烈的呼应，使变化的浪潮更加汹涌澎湃。在这一点

① 朴荣子：《田汉剧作中的“新女性”研究》，大邱大学校教育大学院硕士学位论文，2003年，第50—52页。

上看，登场于田汉初期四部剧作中的新女性已超越了单纯文学作品中的登场人物，她们对反映变革时代和社会起了很大作用，这可谓是田汉剧作中的新女性的重要时代意义。

出现在田汉作品中的这种转变是传统封建社会过渡到近、现代社会时期社会变化的流露。这是“五四”新文化运动的核心改革、开放和思想解放过程中必然出现的文学现象，在作用于变革时代和社会上，具有很重要的意义。

（四）“三夜”

在田汉的初期剧作中，以“夜”为题材的作品有很多。其代表作《咖啡店之一夜》《获虎之夜》《苏州夜话》，在田汉作品中统称为“三夜”。田惠镇在田汉的前期话剧中将研究范围限为“三夜”，通过主题意识的分析和登场人物的矛盾状况，考察了“夜”象征着什么，“夜”的空间意义是怎样体现出来的。[①]

1.《咖啡店之一夜》

一开幕，咖啡店服务员白秋英通过与客人的对话，讲述了自己是怎样来到都市、来到咖啡店工作的过程。这一导入部分说明了白秋英与咖啡店服务员身份是不相称的。为了逃避家里的逼婚，寻找自己心爱的人，所以才来到这里，这引起了观众的关注。并且，白秋英对未婚夫的焦急的等待过程与逼婚的牺牲者林泽奇成为鲜明的对比，为生活于那个时代的年轻人提示了一个背景。

但自己所等待的未婚夫李乾卿和另一个女人登场的同时，戏剧的矛盾就开始了，到了剧的后半部，李乾卿和白秋英的矛盾达到高潮。作者把“像李乾卿和林泽奇一样，描写成走不出旧社会封建残害，懦弱而顺应着这个社会的形象，更加刻画了要走出沙漠一样的旧社会黑暗的白秋英形象。[②] 结果白秋英和李乾卿分手，表明了要走自己的路的意志，去过新的生活。

① 田惠镇：《田汉的“三夜”研究》，韩国外国语大学校大学院中国语科，2000 年，第 14 页。

② 同上书，第 34 页。

田惠镇对《咖啡店之一夜》中的“夜”所具有的意义是这样分析的：

> 虽然情节构成很短，但以咖啡店的情调和“夜”这个空间为背景，很抒情地展现了主人公以“娜拉”的精神很协调地解决了灵与肉冲突的景象。①

田汉将处在“沙漠（黑暗的现实）”中的林泽奇设置到了“夜”这个时空里，特别是咖啡店这个空间，更加扩展了对黑暗现实的认识。……这是为了表现出旧时代的黑暗和生活在这里的人们所经历的痛苦，高昂的反抗精神与这种感伤、忧郁的气氛有机地结合在一起，从而能给予读者和观众感动。②

2.《获虎之夜》

富有的猎人魏福生和他的妻子要给他们的女儿准备婚礼，但莲姑喜欢她的孤儿表哥黄大傻，黄大傻的父母死后，魏福生断绝了与莲姑的交往。黄大傻无处可去，只能在山中寺庙的祭坛下每晚想着莲姑，后来中了猎虎的枪，被抬回家中。莲姑要护理受了枪伤的黄大傻但遭到了父亲的制止，他们真实的爱情再也得不到容纳，受着旧式观念压迫的莲姑增强了对父亲的反抗意志，看着自己心爱的人受到逼迫，黄大傻最终选择了自杀。这部作品中的“夜”的意义和《咖啡店之一夜》中的“夜”是一脉相承的。田惠镇对此是这样评价的：

> 《获虎之夜》中通过黄大傻可以知道“夜”象征着黑暗的社会现实。只因黄大傻是孤儿、贫穷的流浪青年没理由受到了社会的压迫，只有在黑暗的空间仙姑庙里的戏台下面生活，但就连这个空间也不能成为他的安身之处，不过是自己受着压迫的社会的延长而已。……就像《咖啡店之一夜》中的林泽奇处在沙漠般的空间一样，黄大傻也被关在孤寂无聊的空间中，为无法感到心爱人身边的时代状况而感到

---

① 田惠镇：《田汉的“三夜”研究》，韩国外国语大学校大学院中国语科，2000年，第35页。

② 同上书，第47页。

痛苦。①

3.《苏州夜话》

《苏州夜话》与拍摄电影有关系。田汉对电影也很关心，1927 年为了拍摄自己的电影去苏州拍外景的时候，在短时间内完成了这部独幕剧。这部剧意外地获得了成功，成为了田汉的前期代表作。大概的故事情节如下：

在夜幕降临的苏州一个店铺前，老画家刘叔康为了给学生讲解绘画的艺术登场，但学生们为了体会苏州情趣纷纷走了出去，只有一个叫杨小凤的女学生留了下来。为理解自己的杨小凤，老画家说出了她自己女儿的故事还有自己的人生经历。军阀混战时期，丢失了如自己生命一样的画，与妻子离散，刘叔康想到他们要用的不是笔而是刀，但这个社会没有任何的改变，他又决心以笔代刀来救祖国。在这时，通过报童暗示了现在依然是因为军阀而混乱的社会，同时卖花的小姑娘登场，后来搞清楚她就是老画家曾丢失的女儿。有人说《苏州夜话》是三部作品中“灵肉冲突”和黑暗社会现实体现最突出的一部作品。田惠镇对《苏州夜话》中的“夜”的意义是这样讲述的：

> 田汉所想的夜已消失了天和地、物质和我、生与死的距离，带给人们一种很安静、幽深的感觉。夜能把人精神上的触觉超越到时空间里，并且可以伸向无限世界里去。夜可以使世界所有因素渐渐消失，使人们可以面对自己……因为这样的空间，苏州夜话中的刘叔康才可以通过“夜话”回顾一下自己，就是在这夜的空间里，回顾了社会的残酷和自己精神上的矛盾，在其中可以整理出思绪。②

田汉在前期代表作“三夜”作品中通过“夜”这个介质，试图表现社会黑暗的现实。这在他所谈到的一个真正的艺术家要暴露人生黑暗的一面、美化人生中也能看得出来。田惠镇（2000 年）研究“三夜”时，通

---

① 田惠镇：《田汉的“三夜”研究》，韩国外国语大学校大学院中国语科，2000 年，第 47—48 页。

② 同上书，第 48 页。

过新的分析手法——“戏剧符号学”，试图对作品做客观的分析。作者关于“三夜”分析的得与失做了如下评价：

> 以上对田汉作品中的“三夜”做了新的分析。……重新得到确认的是在田汉的前期作品中可称为代表作的“三夜”险些被“颓废”、“感伤”这些词所遮掩，特别是运用了剧测验特点分析的结果来看，像上面的这种解释被确认为中国式思考的偏见。但新的方法也有限制，那就是在科学分析的名目下，将文学作品视为图式，把有个人差异的认识框架挤到一个框架中。并且容易忽视文学内面的人的形象和感情，可以说这就是此项研究的限制。①

4.《获虎之夜》的悲剧构造

田汉在接触西欧各种思潮的同时反映到自己的作品中，所以在他的初期戏剧中出现了浪漫主义、现实主义、象征主义、唯美主义等特点。其中唯美主义戏剧是区别于其他剧作家的、属于田汉自己的特色，但《获虎之夜》是一部“悲剧题材”的作品，这与田汉初期戏剧有所不同。在“韩国的田汉研究”中，以《获虎之夜》为研究对象的论文只有一篇。权修展在《田汉初期剧作中出现的悲剧构造研究：以〈获虎之夜〉为中心》中，以《获虎之夜》为研究对象查看了悲剧六大要素中（即情节、性格、语言、思想、场景、台词）最重要的情节是怎样构成的，从而要在他的初期剧作中找出真正的欧式悲剧构造。这是在中国现有研究中看不到的新尝试，这种对文学作品的多种观点上的观察和分析是很有意义的。

权修展首先将悲剧定义为“表现出人生悲剧感（tragic sense of life）的戏剧样式的悲剧（tragedy）”，即“狭义的悲剧，指戏剧艺术中的一种类型或是一种体裁，在戏剧艺术样式中区分为喜剧和悲剧或是悲喜剧时的悲剧”。② 并且将悲剧第一要素和核心的情节通过德国学者弗莱塔克

---

① 田惠镇：《田汉的“三夜”研究》，韩国外国语大学校大学院中国语科，2000年，第92—93页。

② 权修展：《出现在田汉初期剧作中的悲剧构造研究：以〈获虎之夜〉为中心》，《中国研究》2005年第36卷，第102页。

（G. freytag）的金字塔公式[①]做了分析。为了有效地说明，将金字塔公式简单地做了图式如下。

导入→上升→高潮→下落（回复）→结局五部 ↓ ↓ ↓ 刺激的契机、悲剧契机、紧张契机（三契机）

权修展将《获虎之夜》对应于金字塔公式，分为导入部、上升部、高潮部、下落部、结局部做了分析，对分析结果的评价如下：

> 将《获虎之夜》按照弗莱塔克的金字塔公式进行了分析。虽然是独幕剧，并且因为田汉在日本留学时受到新浪漫主义和莎士比亚悲剧的影响，还有从小使他形成戏剧观的中国传统戏曲的影响，使《获虎之夜》不像西欧悲剧一样是一个完整形态的悲剧构造，但可以看出田汉用自己的悲剧构造进行了戏剧创作。并且通过这个悲剧构造的分析，田汉在作品中要表现的莲姑和黄大傻的悲剧爱情及莲姑与父亲的尖锐矛盾，通过他的悲剧构造体现出来。[②]

田汉《获虎之夜》的主题是“恋爱和婚姻的自由”。描写了辛亥革命之后，像黄大傻和莲姑一样的青年男女的自由恋爱和婚姻遭到反对甚至造成悲剧的时代状况。田汉“在作品的结尾部分，设定了莲姑对父亲的反抗和黄大傻的自杀这两个极端的场面，表现出对封建婚姻制度的反抗意识和有情人不能终成眷属的爱情悲剧。”[③]

权修展通过《获虎之夜》的悲剧构造分析，试图考察中国现代话剧关于“悲剧”的性格，并且对这样的分析和考察具有的意义以及必要性是这样说的：

---

① 金字塔公式就是将戏剧作品的发展过程分为导入—上升—高潮—下落—结局五个部分，在其中设定了有着重要场面效果的三个部分进行说明。详细说明请参考权修展的《出现在田汉初期剧作中的悲剧构造研究：以〈获虎之夜〉为中心》，第103页。

② 同上书，第112页。

③ 权修展：《出现在田汉初期剧作中的悲剧构造研究：以〈获虎之夜〉为中心》，第113页。

虽然金字塔公式是分析希腊悲剧五幕剧的有效方法论，但受了西欧悲剧、特别是受了莎士比亚悲剧影响的田汉，在他的悲剧中（虽是独幕剧）很好的消化着悲剧构造。

不仅是田汉初期的剧作，为了研究中国现代话剧中的悲剧，需要多种多样的作品分析。[①]

综上所述，韩国的作品研究大部分集中在20世纪30年代以前的初期作品和1959年的作品《关汉卿》上。相当于创作第二期和创作第三期的1930—1949年的作品，没有划入其研究范围内，可以说是思想上、政治上的原因。即使考虑到这些政治因素，田汉的作品还有许多待研究的作品，特别是历史剧方面。进入21世纪以后，笔者希望对于田汉的关注能够促使人们进行更多样的作品研究。

结　　语

查看一下韩国关于田汉的研究倾向，我们可以看出多数研究集中在初期戏剧的作品和文艺思潮研究，后期代表作《关汉卿》也受到较多关注。

下面介绍一下没有包括到本章分类的3篇论文。

尹日受在《关于中国戏剧在韩国的接受样态研究》[②] 中考察了涌入韩国的中国传统戏曲和近代戏剧。在日本侵略时期一共介绍了33部中国戏剧，并且说中国剧作的影响不比西欧戏剧小。其中田汉的作品《咖啡店之一夜》《湖上之悲剧》《江春小景》分别在1932年、1936年、1931年翻译并介绍到韩国。

吴昶和在《通过戏剧看〈阿Q正传〉：以田汉和陈白尘的改编剧为中心》[③] 中考察了以田汉和陈白尘改编的《阿Q正传》的形成背景、题材和构成、人物设定、各幕的主要内容。特别是田汉改编的《阿Q正传》“反

① 权修展：《出现在田汉初期剧作中的悲剧构造研究：以〈获虎之夜〉为中心》，第114页。

② 尹日受：《关于中国戏剧在韩国的接受样态研究》，岭南大学校大学院国语国文学科，2001年。

③ 吴昶和：《通过剧看〈阿Q正传〉：以田汉和陈白尘的改编剧为中心》，《中国语文学论集》1992年。

映了三十年代后期洞察了中国现实状况的知识分子们的苦恼，同时催促着觉醒。”

金种珍的《中国的“文明戏”研究（1899—1918）》[①] 虽不是与田汉直接相关的论文，但他试图考察1899—1918年经过了成长与衰退的“文明戏”，这在转变为近代话剧之前的近代戏剧里属于为数不多的研究中的一个。这样的研究为理解触发“五四”运动的中国戏剧界前一阶段有很大的帮助，在这个侧面上是很有意义的。

直到2011年，在韩国进行的有关田汉的研究还很不活跃，作品研究、作家研究和文学观等方面都没有很大的进展。但韩国学界对于田汉的关注，却是日益增加，这是因为在调查范围内的14篇论文中有11篇是21世纪前十年的作品。虽然数量不多，但在多种的观点上进行了研究，这是值得关注的。

① 金种珍:《中国的“文明戏”研究（1899—1918）》，高丽大学校大学院中语中文学科，2000年。

第六章

萧　红

引　言

萧红是活跃于20世纪30年代到40年代的女性作家。她与30年代登上文坛的出身东北的作家，如萧军、端木蕻良、舒群等，都属于“东北作家群”。在她的作品里表现出了浓厚的爱国主义情绪和豪放的地方色彩。葛浩文在《萧红新传》里曾说过：“萧红可以算是最传奇也可能是最有天赋的一位东北作家。”[①] 萧红在1933—1942年不到十年的时间里，写了3部中、长篇小说以及40多篇短篇小说和70多篇散文作品。虽然萧红只有中学学历，但她是一位才大于学的作家，也是一个在短短的人生历程中经历了许多苦难的作家。对有关萧红的研究，韩国的研究成果远比不上中国，[②] 但是对与萧红活动于同一个时期，并且有着相似人生经历的姜敬爱的比较研究论文有5篇左右。[③] 这也许是因为两位作家以自己不幸的人生经历为创作根源，塑造了作品中的人物形象，从而反映了封建制度与男权主义下女性受迫害的生活。因为这些共同点，所以比较研究进行得较深入。通过这些比较研究我们可以更深入地研究萧红的作品。

虽然有一段时间，一些学者曾提出过疑问：“萧红后期小说的创作倾

---

① 葛浩文：《萧红新传》，三联书店1989年版，第3页。

② 有关萧红的资料在CAJ的中国期刊全文数据库查到了大约1189篇资料，硕士、博士学位论文就有120余篇。

③ 于瀚：《姜敬爱与萧红小说的比较研究》（2004）；杨钧麟《姜敬爱的间岛小说研究：与萧红小说的比较》（2008）；金爱花《姜敬爱与萧红小说的比较研究》（2009）；王盛《姜敬爱与萧红小说的比较研究》（2010）；Seo Jeongran《韩、中现代小说中出现的贫穷事实和女性形象的研究：以姜敬爱、萧红为中心》（2011）。

向是不是疏离了抗战文学?”但在“抗战文学”已脱离了文学主流的今日，很多学者用新视角考察了萧红的后期作品。年轻的评论家们不再视萧红为忠于现实主义的抗战作家，而是将她看作有着丰富现代主义象征倾向的乡土作家。[①] 从此对萧红生活与文学的关注达到高潮，从而在文坛一角出现了“萧红热”的现象，但在韩国国内还未能现此热潮，出版的学术论集还不是很多。

下面所介绍的就是就萧红的人生、作品以及创作态度等内容进行的研究成果。

	作者	题目
学位论文	张琳	出现在萧红小说里的悲剧意识研究
	Seo Jeongran	出现在韩、中现代小说的贫穷事实与女性形象的比较研究
	金润秀	萧红《生死场》的民族意识研究
	Jeon Mija	萧红的《生死场》研究
	金爱花	姜敬爱与萧红小说的比较研究
	金顺锦	萧红后期小说的艺术特征研究
	李旻庭	萧红散文集《商市街》翻译研究
	李允雅	萧红的《呼兰河传》研究
	杨钧麟	姜敬爱的间岛小说研究
	金贞琳	民国时期的女人
	千贤耕	萧红的《呼兰河传》研究
	李时活	萧红小说研究
	郑京	萧红小说研究
	Gim Aram	萧红作品选译
	王盛	姜敬爱与萧红小说的比较研究
	于瀚	姜敬爱与萧红小说的比较研究

① 朴钟淑:《韩国女性眼里的中国现代文学》，2007 年，第 287 页 。

续表

	作者	题目
期刊论文	朴钟淑	受伤的童心开出的小花
	李丙镐	萧红《生死场》中伪满地区农民的意识形态
	金润秀	日本侵略时期女性作品里出现的现代性
	吴京嬉	历史缝隙中的女性阶级、民族奇遇
	金相姝	萧红的生活与散文背景论（1）
	金相姝	萧红的生活与散文背景论（2）
	李浚植	抗战文艺的外延或是对它的反抗
	吴京嬉	超越民族国家的女性叙事
	申振浩	萧红的《生死场》小考
	朴宰范	萧红的《呼兰河传》
	张琳	论萧红对抗战文学模式的疏离
	吴雁	文本与现实中的女性宿命阅读:《生死场》与萧红

如表①所列，有关萧红的研究资料，硕士论文有 17 篇，发表在各种学刊上的学术论文有 12 篇。虽然是有限的资料，但是从韩国人的视角研究的中国现代作家这个角度上看，是相当有意义的。所以，本章通过以下三个主题来介绍一下有关萧红研究的状况。

第一，通过以《生死场》与《呼兰河传》为中心研究作品的文体特征。

第二，以后期作品《马伯乐》为中心提出“萧红的创作态度是否疏离了抗战文学模式?”这个疑问，进行探讨。

第三，通过萧红与姜敬爱的创作比较，考察了处于同时代的两位女性作家笔下的主人公的生活，同时摸索出受压迫的女性在与封建势力对抗的过程中出现的共同点，以及两位作家不同的创作视角。

① 资料出自 RISS（韩国学术研究情报服务）和国会图书馆，以及收录在金惠俊的《韩字版中国现代文学作品目录（2010，2）》、《在韩国的中国现代文学学位论文以及理论书目录（2010，1）》中的有关萧红的学位论文和期刊论文。

一　小说文体特征研究

1.《生死场》

有关萧红的研究，至今都是从作家的意识形态、主题思想等方面入手的。但为了更深入地研究一名作家，文体特征的研究也是不容忽视的。所谓文体就是把语言有个性地体现出来。所以，通过文体能够反映出作者的个性与思想，这些个性与思想又能给文体一定的影响。换句话说，文体能把一个作家与另一个作家区分开来。[①] 萧红也是一位重视文体的作家。

因为有此理念，萧红的小说才能在多种多样的象征性和复杂性的构成中勾勒出主题意识，突出文体特征。萧红的很多小说，不仅是《生死场》，都是用第三人称的手法写的。显然，这和20世纪三、四十年代的主流文学倾向是一致的。用第三人称手法写作更多的原因是，萧红可以更进一步地对人物的心理进行描写。小说里所描写的“周围人物”对表现自己都很不习惯，所以萧红用说话者的身份对“周围人物”的心理进行了描写。金润秀对《生死场》中的第三人称叙述是这样论述的：

> 《生死场》虽然用第三人称手法进行叙述，但给人的感觉不是客观的描写，而是主观的叙述。这是因为指向内心焦点的叙述者投入到了作品人物的内心世界里，使得叙述者与作品中人物的声音微妙地融为一体。[②]

萧红就是这样用第三人称对人物的心理进行描写，同时把自己和登场人物的声音融合在一起。萧红在“周围人物”中特别对女性登场人物的心理进行了细致的描写，以人物的心理描写为重点细致地捕捉并叙述了人物的意识。特别是将叙述者的视角、意识和女性登场人物融为一体。[③] 萧红在她的小说里反映了许多登场人物的悲剧意识。对此，张琳是这样

---

① 千贤耕：《萧红的〈呼兰河传〉研究》，成均馆大学中语中文系硕士学位论文，1992年，第84页。

② 金润秀：《萧红〈生死场〉的民族意识研究》，高丽大学中语中文系硕士学位论文，2003年，第38页。

③ 同上。

说的：

> 萧红减弱了小说中时间的连续性，省略了很多中间发生的事件和人物，使空间场面脱颖而出。作品中人物的痛苦和悲剧性在空间场面中显得更为突出，同时也壮大了作家的悲剧意识……这种叙述技法就好像用放大镜放大了一段时间里的一瞬间一样，有着不凡的艺术效果。①

《生死场》里的萧红通过第三人称的描写手法，集中地描写了主人公的心理活动。并且通过空间场面突出表现了悲剧意识。在《生死场》里除了对人物的描写以外，对自然景观的描述也很多。自然场景的变换掌握着小说的整体气氛，作品中的主要人物与场景的结合突出了主题。金润秀对作品中出现的主题意识阐述如下：

> 《生死场》为了突出主题，在作品中频繁的出现了诗一般的美丽景象，进行了抒情叙述。就是说通过以自然为中心的潜在的主题反复地出现，把整个故事凝聚成一个具有象征性的表象。②

萧红把登场人物和自然景物融为一体来描写，突出了主题意识，并且创作了抒情的、诗一般的作品。

2.《呼兰河传》

在萧红的《生死场》里介绍了有关第三人称叙述手法和空间场面的研究。可以算是后期作品代表作的《呼兰河传》中，表现出把日常生活中的琐碎小事用抒情的方式进行叙事的特点。在传记小说中表现出的既坚强又洪亮的语调在柔和淳朴中很自然地流露出自我意识，她用自己独特的方式进行了小说的基本叙事的同时，完成了一部散文体的小说作品。③ 有

① 张琳：《出现在萧红小说里的悲剧意识研究》，成均馆大学中语中文系硕士学位论文，2010年，第91—92页。

② 金润秀：《萧红〈生死场〉的民族意识研究》，高丽大学中语中文系硕士学位论文，2003年，第47页。

③ 金顺锦：《萧红后期小说的艺术特征研究》，汉阳大学中语中文系硕士学位论文，2008年，第109页。

关《呼兰河传》的叙事技法，朴宰范是这样讲的：

> 这部作品的又一个特点就是使用了以相机摄影式的叙述技法。……《呼兰河传》叙述了作家童年时代在故乡的生活和追忆，萧红在作品里把自己的经验与记忆就好像用照相机的镜头依次扫射一样叙述着。[①]

如果说《呼兰河传》中的叙事技法如上所述的话，可以说萧红是用诗一般的笔调简洁地进行描写，表现手法独特。萧红的文体充满了诗意，这也许和她感情丰富的性格有一定的关系。从她进行文学创作以来，最先接触的就是诗，她先后写了71首诗。关于《呼兰河传》的文体，千贤耕的观点如下：

> 《呼兰河传》虽然载着灰暗的内容和沉重的主题，但全篇作品能够散发出清新而又朗朗的气氛可以说是因为谐谑的文体。……换句话说，谐谑的美是从真诚的情感中引发出来的。[②]

萧红在《呼兰河传》中使用了东北方言。这表现出了她对故乡的渴望、留恋，同时也突出了谐谑的美。萧红根据自己童年时的体验，使用了讽刺、比喻、象征手法把呼兰河展现在读者面前。她把呼兰河的面貌通过拟人手法描写成充满了生命与自由的大自然。从黑暗的现实转变到充满生命力的理想现实，这是萧红所追求的。萧红把唯一感到温暖的后花园和自然景物通过象征的手法进行了隐喻。[③] 朴宰范提出，在《呼兰河传》中，对呼兰河人民的生活面貌与生活方式等农村生态的描写，采用了一种新的方式。

> 在作品中使用了一种所谓独特的方式，就是采用了远近法、剪

---

① 朴宰范：《萧红的〈呼兰河传〉》，《中语中文学》2007年，第142页。

② 同上书，第92页。

③ 李允雅：《萧红的〈呼兰河传〉研究》，东国大学中语中文系硕士学位论文，2004年，第85页。

辑、剪嵌的技法。如果说远近法和剪辑、剪嵌的方式是使用在电影中的摄影技法的话，那么这部作品中采用的这些技法在电影式的叙事技法角度上看，是相当有意义的。《呼兰河传》通过这些技法把相近或相反的事件与场面同时展现在眼前，用照相机的镜头同时对准了几个场面或者几个人物群的多种生活和呼兰河的景观，又把地理环境进行了剪辑，把农村百姓的生活描绘成一幅活生生的纵横图。①

如朴宰范所述，萧红采用了剪辑的手法把呼兰河人们的各种生活、趣闻同时展现在读者面前。乍一看好像没有中心，但这是萧红独特的表现手法。

综上所述，萧红对故乡的留恋通过东北方言进行叙述，用诗一般的话语舒展着情怀，并且使用独特的表现手法突出主题。

二 与抗战文学关系研究

萧红是中国现代文学史上经历非常独特的女性作家。她以曲折多难的人生经历成为追求独立与自由的同时代知识女性们的先例。以抗战文艺为主导思想的时期，萧红创作了《生死场》，并且收入了鲁迅的“奴隶丛书”。从此，萧红步入了抗战文学作家的行列，但她的后期作品更多地表现了作者孤独忧伤的心态。在现实生活中，她受到各种冷落，终于忍受不了萧军大男子主义的态度，离家出走学画，但不久被萧军的朋友抓回家中，萧军还动手打了她。萧军虽然以萧红的保护人自居，但萧红却因丈夫的大男子作风在精神上承受着很大痛苦。结果，萧红顶着多重压力选择了与性格柔和的端木蕻良一起去了武汉。“萧红的选择可以看作是对男性中心社会的反抗。因此可以说萧红向女性独立迈进了一步。”②

在萧红的感情支柱倒下去的同时，她的精神支柱——鲁迅逝世。与最相近的两个人离别将萧红彻底地从她所依附的男性中心主义社会中抛出，走向女性独立道路的萧红要面临的是精神与感情上的空虚，还要时时伴着

① 朴宰范:《萧红的〈呼兰河传〉》,《中语中文学》2007 年，第 137 页。

② 张霖:《论萧红对抗战文学模式的疏离》,《中国语文学志》2008 年，第 233 页。

痛苦。萧红的后期作品创作态度也开始有了变化。[①] 对此有些学者提出了萧红是否疏离了抗战文学模式的疑问，萧红还曾被茅盾评价为“情感多于理智”的女性。但萧红对抗战，对民族的命运并没有无动于衷，萧红对民族意识的表达方式虽然不同于其他文人，但决不能看作是有缺陷的。

在阶级矛盾深刻、社会黑暗的20世纪30年代里，萧红通过女性的矛盾表现了时代的矛盾，并且她已觉察到当时的民族现实。萧红之所以无法接近喊着“国家民族主义”这种生硬口号的人们，是因为她和他们有着不同性格的民族意识，而不是没有民族意识。学者可以看出萧红虽然步入了抗战，但绝对批判着既虚伪又有排斥性的“国家民族主义”[②]，那么，萧红对抗战文学持有怎样的态度呢？下面看一看张霖的观点：

> 在民族情绪的乐观呼号之外，萧红却因为其特异的女性主义立场，始终对耳畔响起的崇高口号保持相当的冷静态度。她清楚地意识到，即使在民族圣战的旗帜下，女性仍然只是男性中心社会的附属品。和其他被侮辱与被损害者一样，萧红始终把自己摆在弱者的地位上来观察整个世界的变化。这一地位给萧红提供了一个有别于其他启蒙知识分子的视角，即“弱者”视角。[③]
>
> 萧红站在“弱者”的立场上，觉察到了个人的解放、女性的解放在男性中心的封建制度下是绝对不能独立进行的。《马伯乐》是文学史上为人所忽视的一部未完成的遗作，在这部作品里讽刺的笔调贯穿整个故事，但在作品里萧红始终为主人公而悲伤、不安。主人公虽然是一个可笑、庸俗的人，但萧红用“弱者”的视角视主人公为这个时代的牺牲者和弱者。萧红将漂流在抗战洪流中的主人公，用女性细致的笔触进行了描写。这也是萧红对抗战、国家与民族主义的坦率的态度。“国家民族主义”是为了民族国家的形成与发展而直接或间接地支配人们思想的意识形态，使文学体裁为了民族国家的形成与发展而存在。相反，民族意识是对民族的个人的思想。就算是同属一个时

① 张霖：《论萧红对抗战文学模式的疏离》，《中国语文学志》2008年，第234页。

② 金润秀：《萧红〈生死场〉的民族意识研究》，高丽大学中语中文系硕士学位论文，2003年，第30页。

③ 张霖：《论萧红对抗战文学的模式的疏离》，《中国语文学志》2008年，第235—236页。

代、一个社会的作家，他的民族意识根据个人经验也会有所不同。①

1938 年“中华全国文艺界抗敌协会”成立之后，当时中国文坛的主导思想成了“爱国抗战”，萧红虽然被评价为左翼进步作家，但萧红对政治的态度和他人是不一样的。当抗战文艺者提出了“文章下乡，文章入伍”时，有很多作家或是从军、或是直接走入农民生活中去，但萧红却有她独到的见解。关于萧红对从军的态度，李浚植是这样讲的：

萧红认为作家应该对创作活动尽职责，若不能成为一个真正的游击队员就不必为了创作而从军。在抗战文艺者的角度上看，萧红的这种态度属于作家的一种私心。其实，这表现着作为纯真作家的萧红对文学的热情。②

在当时很多知识分子还无法理解，甚至不理睬萧红的这种纯真的作家热情。1938 年，萧红不顾周围作家的挽留放弃了延安而去了武汉。我们可以把这一过程视为离开前往延安前线的萧军，选择了端木蕻良。抗日战争爆发，萧红离开大陆又前往香港。虽然是短暂的一生，但萧红始终过着流浪生活未能停留在一处，目的却只有一个，就是创作。但萧红这种单纯的希望被文人、评论家们解释为逃避现实与脱离政治的意图，在这个时期创作的《马伯乐》也被忽视和误解。对此，李浚植是这样讲的：

其实萧红的文学，特别是把小说《马伯乐》看成脱离抗战文艺是有些不妥当的。只不过萧红的生活态度和一些见解受到了抗战文艺者的反感。因为她曾直接反对作家从军，而且离开了抗战主要城市一段时间，但萧红的这种态度只不过是她从始至终所坚持的文学见解而已。在这背后，萧红的品行、文学创作过程和她有意与政治维持一定距离的作家的态度等起了复合作用。③

---

① 金润秀：《萧红〈生死场〉的民族意识研究》，高丽大学中语中文系硕士学位论文，2003 年，第 11 页。

② 李浚植：《抗战文艺的外延或是对它的反抗》，《中国学研究》2010 年，第 282—283 页。

③ 同上。

很多学者对以自己独到的文学见解进行文学创作的萧红提出了是否疏离了抗战文艺模式的疑问。但萧红不过是站在自己看到、听到、经历过的现实的角度上进行创作。虽然出生在富有的家庭里，但只有中学学历的萧红度过了除了祖父以外没有任何温情的童年。萧红离家出走以后遇到的几个男人也都背叛了她，而且因封建制度下的男权主义受到了精神和肉体上的蹂躏。当时在主流文坛上高歌的"民族主义、爱国精神"，对于受了诸多痛苦的萧红来说不过是生硬的口号，她所理解的抗战文艺就是展现在眼前的抗战中的生活，没有枪弹只有忧郁的生活。因此在创作背景和内容上，《马伯乐》与抗战息息相关，但又被认为疏离了抗战文艺的一般公式。① 与此同时也有一些既认为《马伯乐》疏离了抗战文学模式，又对《马伯乐》的文学以及社会意义给予很高评价的例子。即这部作品"戏拟'抗战文艺'的写作方法，在貌似抗战文艺的前提下叛逆抗战文艺的书写成规。"② 还有"无论从内容或形式来看，都是从抗战文艺的内容拆解抗战文艺的要求"③ 等见解。对此，李浚植持有不同的想法：

> 我可以认同《马伯乐》与抗战文艺不同轨，但是不能同意拆解抗战文艺要求的说法。这种评价有些误解了萧红对抗战文艺的态度，很难把萧红的这种"叛逆"看做对当时的政治、文艺思潮的挑衅，应该把它理解为对政治不是很敏感的作家的纯真和刚直的体现。④

《马伯乐》这部作品虽然没能响应国家的命运、民族解放等号召，但也没有完全疏离抗战文艺。作品《马伯乐》中，萧红以"避难"为中心展开的故事情节，描写了抗战洪流中人民的生活。日常琐碎的小事没能响应国家民族主义的号召，却把战争带给人民生活的影响表现得淋漓尽致。虽然是一些琐事，但不能说这不是隐藏在战争背后的一个片花。关于萧红对抗战文学的态度，张霖下此结论：

---

① 李浚植：《抗战文艺的外延或是对它的反抗》，《中国学研究》2010 年，第 285 页。

② 陈洁仪：《论萧红的〈马伯乐〉对抗战文艺的消解方式》，《中国现代文学丛刊》1992 年 2 期，第 81 页。

③ 同上书，第 88 页。

④ 李浚植，《抗战文艺的外延或是对它的反抗》，《中国学研究》2010 年，第 28 页。

> 萧红对抗战文学模式的疏离，主要是由于她的思想立场和当时的主导思潮不同而造成的。萧红既然选择淡出这一阵营，那么这一阵营也自然抛弃了她。……在历史的困境面前，萧红从民众近于麻木的苟且生存中看到了弱者的反抗，这是一种凭隐忍的生活和顽强的挣扎来对历史命运的反抗。而这一发现，恰恰是“五四”启蒙知识分子所忽视的人民的悲剧的力；这种力，在抗战时期又被过度夸大成盲目乐观的喜剧的力。她的不为人重视的长篇小说《马伯乐》就是在这种特殊的思想背景下完成的。①

在抗战文学与主导思潮要一致的特殊背景下，萧红始终用自己的创作理想坚持创作。作品中的主人公虽然虚伪而又懦弱，但描写的是真实的人物形象。萧红自开始流浪生活以来，始终都生活在文人朋友和配偶圈中，他们虽然在物质上给了萧红很多帮助，但在精神上也给她造成了许多摧残。对于很敏感的萧红来说，她所受到的精神上的折磨是难以忍受的。作为一个女人、无依无靠的一个弱者，她比谁都更清楚文人们的属性，还有他们的不正直的面貌。萧红就是因为亲身体验到了大男子主义和主导思潮文人的偏见，才能够在小说中将马伯乐的个性描写得如此逼真。②

综上所述，无论是抗战文艺的主流，还是非主流，萧红的创作是始于现实生活，并且在坚守纯真的文学创作意志，从这方面来看，学界应该给予其更高的评价。

三　比较研究

现在在韩国进行的与萧红的作品比较中，萧红与姜敬爱的作品比较为数最多。这是因为萧红与姜敬爱有很多共同点。王盛把萧红与姜敬爱的可比性分为以下几个角度来做了分析：

第一，萧红与姜敬爱是同时期，即1930—1940年创作了许多作品，可以说是那个时代的代表作家；

第二，萧红与姜敬爱有着相似的人生经历；

① 张霖：《论萧红对抗战文学的模式的疏离》，《中国语文学志》2008年，第239—240页。

② 李浚植：《抗战文艺的外延或是对它的反抗》，《中国学研究》2010年，第295—296页。

第三，萧红与姜敬爱的作品中人物与主题有很多相似之处；

第四，萧红与姜敬爱身为女性作家，很关心女性问题，在她们的作品里女性人物占了绝大部分。[①]

分别活跃在同一个时期的中国与韩国现代文学史上的两位女性作家，再加上表现在作品中的作家主题意识也有相似之处，学者们把这两位作家进行比较研究显然是天经地义的事情。在各自国家都很著名的这两位女性作家生活的20世纪正是中国与韩国社会大变革时期。19世纪中叶从欧洲掀起的女性解放运动思潮自20世纪初涌入了中国与韩国，直到1920—1930年达到了最高潮。这时期受到了新式教育的新女性因受到欧洲文化以及女性解放运动思潮的影响，渐渐有了自觉意识，并且对女性的命运和女性解放运动有了深切的关注。萧红与姜敬爱就是生活于这种大变革时代的中国与韩国的女性作家，她们通过文学表现出了对女性问题的关注。[②]

姜敬爱与萧红虽然稍有不同之处，但经历过极度的经济困难是一致的。姜敬爱从小就经历了贫困的苦涩，萧红则为了逃避包办婚姻从离家出走以后开始了穷困的生活。"两位作家因贫困而憔悴的样子表现在作品中，并且在作品中丝毫找不到身为家长尽养家糊口义务的男人形象。这一点也离不开姜敬爱与萧红的亲身经历。"[③]

姜敬爱与萧红都是1930年代登上文坛的女性作家，比较分析一下她们的小说与生涯很快就能找出共同点。这与当时韩国和中国所面临的客观的社会环境、作家自身的生活经历以及心理状态是分不开的。两位作家的大部分作品里都描写了下层人民穷苦的生活。姜敬爱描写了社会现实中的贫穷和社会矛盾构造中呈现出的生活的惨淡，而且也很同情下层人民的生活，表示有所同感。姜敬爱与差不多和她同一时期登上文坛的萧红有着相似的人生经历，她们在文学创作过程中，对农民、下层人民都很关心。以此为题材，把当时穷苦不为人重视的下层人民的生活与自己的亲身体验结

① 王盛：《姜敬爱与萧红小说的比较研究》，高丽大学比较文学比较文化协同课程硕士学位论文，2010年，第2—4页。

② 同上书，第13页。

③ Seo Jeongran：《韩、中现代小说中出现的贫穷事实和女性形象的研究》，中央大学国语国文系硕士学位论文，2011年，第17页。

合在一起，描写得很有真实感。[①] 于瀚对两位作家作品中出现的女性的共同点从两点做了分析：

> 第一，因受到男权主义的压迫，使女性地位下降。其中还包括批判身体蹂躏和包办婚姻下的夫妻关系等内容。
>
> 第二，因贫穷女性过着悲惨生活，封建的农业社会和残酷的劳动生活，把女性无一例外地逼向了绝望的黑暗中。[②]

姜敬爱与萧红描写了婚姻制度和不平等的夫妻关系给女性带来的不幸，并且对这些受苦受难的女性存有同病相怜意识。事实上，姜敬爱与萧红可以说都是封建婚姻制度的牺牲品。姜敬爱通过母亲与自己的经验清楚地认识到男权思想支配下婚姻与夫妻关系的问题，把它放到作品中具体表现出来。作品中的女性受封建制度、男权主义压迫的同时，还经历着贫困。那么受着男权主义压迫的女性，经济困难又给她们带来怎样的影响呢？下面是王盛的见解：

> 贫困是压迫女性身体、驱使她们走向灭亡的一个重要原因。这种贫困是封建制度下的地主以及殖民政策和资本主义制度的共同作用下导致的。……在另一个角度上看，女性的卖身和贩卖人口都是资本主义传统价值观的体现，他们把女性的身体作为剥削的对象。……换句话说，在封建制度和男权主义的社会构造下，对待女性的方式与资本主义社会里流通的商品是相似的形态，并且存在着互补的关系。[③]

封建制度与男权思想着实给女性带来了许多痛苦，但杨钧麟认为，由于阶级的不同，有时女性也会给女性带来痛苦：

---

① Seo Jeongran：《韩、中现代小说中出现的贫穷事实和女性形象的研究》，中央大学国语国文系硕士学位论文，2011 年，第 59 页。

② 于瀚：《姜敬爱与萧红小说的比较研究》，首尔大学国语国文系硕士学位论文，2004 年，第 59 页。

③ 王盛：《姜敬爱与萧红小说的比较研究》，高丽大学比较文学比较文化协同课程硕士学位论文，2010 年，第 39 页。

> 把女性用阶级区分的话，持有生产力的女性可以统治周围，但没有生产力的女性就要为她们而劳动。……具体来说这是多数女性与个别女性的关系，这意味着属上层社会的女性与下层社会的女性之间女性更加压迫和统治着女性。女性施加的压迫比起男性，在很大程度上给予女性致命的创伤和痛苦，荒废了她们的生活。[①]

姜敬爱与萧红的作品共同描述着受苦的女性生活，并且立足于周围环境与主题意识试图反抗。姜敬爱的代表作《人间问题》和别的一些作品都描述了下层阶级的生活与殖民地的矛盾的现实的联系，并且描写了因阶级问题与民族问题发生冲撞而感到彷徨的女性。姜敬爱把下层阶级的女性放到了叙事中心，使人民的生活现实与女性问题受到关注。[②] 如果说姜敬爱的作品是通过社会与受阶级支配的大众的觉醒，那么萧红作品里登场的女性则是靠自己的生活经验，以自己所受的剥削和压迫、痛苦与苦难向现实社会做出反抗。[③] 王盛也提出了相似的见解："和姜敬爱不同的是，萧红的小说里并没有因民族意识、阶级意识而觉醒的女性人物。她们从身为女性的不幸这个角度而出发，向男权主义和性别的压迫作出抵抗，而不是出于民族或是阶级的立场。"[④] 萧红为了不为重视的下层女性们，并没有埋没在国家、民族意识等口号中一起呼喊着女性的解放，而是发出了自己的声音。关于萧红和姜敬爱的创作不同点，王盛是这样讲述的：

> 萧红的作品虽然涉及到民族、阶级，但那不是作品的主导思想。她所谈论的是可以超越民族阶级的女性、自立的女性、人间的痛苦和体验还有一些涉及经验的问题。她的作品记录着下层女性的陈述，可以说是一篇女性叙事，内藏着普遍的视角与价值，同时向形式上的口

---

① 杨钧麟：《姜敬爱的间岛小说：与萧红小说比较》，庆南大学国语国文系硕士学位论文，2008年，第31页。

② 同上书，第49页。

③ 于瀚：《姜敬爱与萧红小说的比较研究》，首尔大学国语国文系硕士学位论文，2004年，第51页。

④ 王盛：《姜敬爱与萧红小说的比较研究》，高丽大学比较文学比较文化协同课程硕士学位论文，2010年，第80页。

号做了坚强的抵抗，就这一点来说是相当有意义的。[1]

综上所述，姜敬爱与萧红属于同时代的两位女性作家，在作品中描写了许多受男权主义压迫和挣扎于贫困之中的女性，但在分析女性问题的视角上有一点差异。

结　　语

在韩国关于萧红的研究资料中，将占多数内容的资料选定了以下三个主题进行了介绍。其内容如下：第一，萧红小说的文体特征。第二，关于是否疏离抗战的文学模式。第三，萧红与姜敬爱的创作比较。虽然这三个主题占全部资料中的绝大部分，但剩余的资料内容也在此简单加以介绍。

金相姝的《萧红的生活与散文背景论》将萧红散文分为前期（1933—1935）作品[2]和后期（1936—1942）作品[3]两个部分。他在论文中分析了萧红的生活与散文的关联性，而且还介绍了萧红不幸的生活给她的散文创作带来了怎样的影响。他把萧红的70多篇散文按创作时期做了整理，这些散文是以萧红童年的故乡，还有在哈尔滨与萧军在一起时的一些事情为创作背景的，并且还体现着在痛苦的日子里萧红是用怎样的心态来进行创作的。

关于萧红作品的翻译论文有两篇。[4] 因没有作者的独创见解，只翻译了作品，在本章内不再一一讲述。

在20世纪30年代，代表中国东北作家群的女性作家萧红，在大约10年的时间里创作达到100万字。虽然只有中学学历，但她的文学才能使人惊叹。由中国现代文学家鲁迅的帮助出版了《生死场》的同时步入了抗战作家的行列，但在后期小说的创作中被指责为抒情的散文体、疏离了抗战文学的主导思想。

---

① 王盛：《姜敬爱与萧红小说的比较研究》，高丽大学比较文学比较文化协同课程硕士学位论文，2010年，第87页。

② 金相姝：《萧红的生活与散文背景论》，《中国人文科学》1993年。

③ 同上。

④ 李旻庭：《萧红散文集〈商市街〉翻译研究》，蔚山大学中语中文系硕士学位论文，2008年。

中国自新时期以来，文学主导思想随之所变，对于萧红的关注重新涌上文坛来，直至出现“萧红热”现象。不仅在中国，在韩国也立足于不同的视角对萧红进行着研究。虽然其数量还不如中国那么多，但相信不久的将来学界会收获更多关于萧红的研究成果。

第七章

钱锺书

引　　言

钱锺书是研究古今中外的文学、哲学、心理学、美学等人文学的优秀学者，又是一位把对世界的想法可以按照自己的技法独特地表现出来的作家。他写了长篇小说《围城》、短篇小说《人·兽·鬼》、散文集《写在人生边上》等，并且还著述了古籍研究论著《管锥编》和诗文评论集《谈艺录》等，积极活跃在文学和学术的各个方面。他独特的学术世界和文学世界被称为“钱学”，在国内外受到了很多关注。

在韩国，关于钱锺书研究的起点是1992年洪荣基的《钱锺书的〈围城〉研究》，现将韩国研究钱锺书的资料整理一下，如下列表格。

分类	作者	题目
学位论文	洪荣基	钱锺书的《围城》研究
	徐闰祯	钱锺书的《围城》研究：以修辞的特性为中心
	黄正姬	钱锺书《围城》的讽刺性研究
	金兑妍	钱锺书小说研究
	李尚俊	钱锺书文本中关于笑的研究
	金知善	钱锺书《围城》研究
	金银珍	韩中现代小说的多声性诗性研究：《三代》和《围城》的比较研究
	闵英淳	钱锺书《围城》的双重构图研究
	金贤美	钱锺书《围城》的讽刺性研究
	姜允炯	钱锺书小说《围城》研究：以讽刺为中心

续表

分类	作者	题目
学位论文	李 英	钱锺书《围城》的比喻研究
	姜秀真	钱锺书《围城》的讽刺性研究
	李容熙	钱锺书《围城》的批判意识研究
学术期刊	洪荣基	钱锺书的小说《围城》研究
	金彦钟	钱锺书《围城》里接受的西洋思想
	孔翔哲	讽刺和解释：钱锺书论
	吴允淑	钱锺书小说《围城》和城的三角构图：城，其时间、空间、个体间的冲突和融合的故事
	全炯俊 金兑妍	钱锺书的写作与解体的理由
	朴宰范	钱锺书的《围城》，世态小说的真实策略
	徐榕浚	宋诗选注谈论的范成大田园诗的意义考察：引用文分析
单行本	中国现代文学学会	中国现代文学的世界

如表所示，关于钱锺书的研究论文有 13 篇、学术期刊论文有 7 篇、单行本有 1 部。但研究的大部分都偏重于《围城》，所以有人说：“《围城》的研究史就是钱锺书小说的研究史。”

关于钱锺书的研究着实偏重于《围城》这一部作品，所以本章要介绍的关于钱锺书的研究动向分成关于“围城”的研究和其他方面的研究两个部分。在《围城》的研究中，本章分析研究了“围城”这一题目的意义，并且考察了浸透在作品整体中的讽刺性、艺术性。除此之外，与《围城》中接受的西洋思想、批判意识与其他作品的比较研究等现有的研究有所不同的，一方面本章用一种独特的视角分析了《围城》的研究，并进行了细致的考察。另一方面，本章也有关于《写在人生边上》的研究，通过对其研究来考察钱锺书的人生观，同时也参考了关于《宋诗选注》的研究。目的在于梳理韩国有关钱锺书的研究及其动向，以此来考察关于其钱锺书研究的未来发展方向。

一 《围城》研究

《围城》出版于 1947 年，是钱锺书唯一一部长篇小说，这是他以博学多识为基础，通过敏锐的观察，用独特的语言和艺术手法写出的一部小说。它以抗日战争初期为时代背景，描写了知识人群体和教育界的弊病，以及国民党统治地区的黑暗现实，被评价为“将现实的丑转换成文学的美，重新展示了中国现代小说史上的现实主义文学作品”。[①]

1949年中华人民共和国成立之后，一些人认为《围城》的内容远离了大众的生活，所以，在以后的30年间默默无闻，对作品的研究及评价工作也从20世纪80年代才开始正式进行。察看韩国有关钱锺书的研究动向，可以看出大部分的研究只限于《围城》这一部作品，其原因是钱锺书的作品不太多，并且在作品之中，对《围城》的评价是最高的。1992年洪荣基发表了《钱锺书的〈围城〉研究》[②]。从此，在韩国，关于钱锺书的研究有了一个新的开始，随后有很多学者开始了对《围城》的研究，不过这些研究大部分没有全面分析《围城》，而是出现了把焦点放在讽刺性或批判意识等方面的倾向。

（一）“城”的意义

“围城”既是作品的题目，又是概括作品整体的重要象征。作者通过“围城”这个词的含义，有效地表现了对当时社会现实的批判意识。所以分析“围城”的意义，已不单纯是题目问题，而且是理解作品不可或缺的要素。“围城”的意义随着不同的观点，可以有多种的解释。

洪荣基说“围城”包括婚姻和爱情、人生和社会的整个过程，并且通过“围城”的意义分析了作品的主题。金兑妍认为“围城”象征着普通人的心理和人生的规则，同时通过“围城”的意义对钱锺书的人生观做了这样的论述：

> 人如果在围城的外边，就想进到城里面去，被包围在城里面就想跑到外边，始终不能安居现实，反复彷徨，这就成了人生的整个过程。所以，人生用一句话来说就是渴望与等待。在人生中成就的很

① 朴宰范：《钱锺书的〈围城〉，世态小说的真实和策略》，《中国现代文学》2002年，第334页。

② 洪荣基：《钱锺书的〈围城〉研究》，庆熙大学文学院硕士学位论文，1992年。

多，我们的生活大部分在渺茫的期待和反复的实施错误中度过。①

金兑妍将“围城”的意义分成两个侧面做了分析：其一是对婚姻的认识，她结合作品说婚姻就好像金漆鸟笼一样，没有结婚的人就想进到婚姻这个鸟笼里，但结了婚的人却想摆脱这个鸟笼；其二是抗日战争爆发时期的中国的时代背景，小说的背景虽然是急速变化的世界政治中的中国，却描写了非常普通的人的属性和生活场景。吴允淑的观点与已往的研究有些不同，她将城的意义设定成了时间的城、空间的城、个体的城的三角构图，试图做具体而又有深度的分析。她将旧一代与新一代的冲突分类成时间的城，这种现象终究由于时间的流逝、因新一代的出现而崩溃，从而出现了昔日的城倒塌后筑起新城的普遍现象，将东西洋的文化冲突分类为空间的城，将个人欲望和社会各阶级间的矛盾、冲突分类成个体的城，做了如下讲述：

时间、空间、个体的构成因素保持着有机的关系，形成了交接点，将过去与现在、东洋和西洋，我和你的相对要素通过冲突和矛盾进行调协，这就是城，也可以说是单位社会的原则。在这里有时先后的理论会发生作用，强者的理论也会发生作用，结果是两种文化，或者多种文化汇集成一个新的文化。《围城》的城也是时间的城、空间的城、个体的城的三元体来形成的多种生活现场，为了主人公人们一起形成的社会共同体。②

金贤美与吴允淑用同样的视角对城的意义做了分析。她首先将新一代与旧一代间的矛盾用“时间的城”做了分析，她说：“表面出现的是新一代和旧一代间的文化差异，但广阔地看，这是从中西文化的冲突中由来的现实。”③ 新和旧的价值观的对立与中西文化的对立的出现是相同的。将东西洋的文化冲突用“空间的城”做了分析，在这里，她指出了钱锺书

---

① 金兑妍：《钱锺书小说研究》，首尔大学文学院硕士学位论文，1998 年，第 33 页。

② 吴允淑：《钱锺书小说〈围城〉和城的三角构图：城，其时间、空间、个体间的冲突和融合的故事》，《中国文学研究》（韩国中文学会）2000 年，第 277 页。

③ 金贤美：《钱锺书〈围城〉的讽刺性研究》，圆光大学教育文学院硕士学位论文，2007 年，第 20 页。

不是无条件地否定外国文化，而是想要指出中国在接受西洋文化态度上的问题，对于西洋文化的无批判的接受态度也要反省。最后在知识人社会里，因每一个人的欲望而发生的个人与个人间、个人与他们所属的社会组织间的矛盾和冲突，以及他们的双重性分析成了“个体的城”。“《围城》主要将这种知识人阶层的二元式的社会构造进行了重点暴露，在此构造中，知识人激烈的生存竞争式地生活，以及掩盖在双重生活后面的人们的动物的、本能的生活状况都复杂地交织在一起”。[①]

闵英淳将《围城》内的哲学的思维根源分析之后来揭示主题。通过城与性的联系，明确了人本性的性，即人的动物本性“欲望”被性包围着。就是说“围性”如果是“根据本性的内面的被包围”，那么“围城”就是“外面出现的现象的被包围”，将人本身看作一个城，构筑这座城的根源就是性。并且她将城的“里”和“外”区分开来，将其形象地做了分类。如果说“里”是女性的、消极的、安定的形象的话，“外”就是男性的、积极的、不安定的形象，但这种“里”“外”之分有可能是相对的，随着西欧文化的涌入、女性的社会活动等外在因素，属于“里”“外”的各个形象会出现相互转移的现象。更进一步说，如果克服不了人的本性，那么在城的“里”“外”任何一个地方都无法提供安全的环境，会成为一个不安全的空间，可以说在根本上归纳于一个本质。[②] 姜允炯说如果只在主人公方鸿渐身上寻找“城”的意义是不妥当的。“城”的概念是布满整个小说的象征意义，所以不能只在方鸿渐一个人的立场上看待“城”。他对“城”的象征意义是这样论述的：

> “城”随人而变。“城”是实像，也就是人所想的具体的样子，但其形象却是虚像。城的移动在现实中成为了条件而出现。随着“城”的变化围着城的对象也随之而变。当然，对他的价值与意义也因人而异。作家发表作品时是西欧思想和新旧矛盾及战争等汇入到当时的社会、引起了一个畸形社会现象的时代。这所有的一切使人们的

① 金贤美：《钱锺书〈围城〉的讽刺性研究》，圆光大学教育文学院硕士学位论文，2007年，第27—28页。

② 闵英淳：《钱锺书〈围城〉的二重构图研究》，东国大学教育文学院硕士学位论文，2004年，第117—118页。

> “城”形象各异。人们虽然生活在城所创制的条件中，但又不是维持永久的。这就是所谓“城”的变化，人们想来回于城的里外的原因也在于此。但与之相反，“城”的虚像确实是固定存在的。[①]

姜秀真将“围城”的多重意义分为现实躲避处的城、城的双重性、矛盾场所的城。她说：“城最终随着每一个人的心理状态可以成为世外桃源、目的地、躲避场所、藏身处。这些地方再次成为现实，可以梦想另一个城或者按照自己的意愿布置成一个安乐的空间。城的这个界线是新一代与旧一代的矛盾、东西洋文化的冲突、个人欲望对立的场所，有着象征意义。”[②] 李容熙说，钱锺书通过“围城”这个词所包含的意义，从不同角度上的批判意识有效地表现着当时的社会现实，并且“围城”从直译上看，它意味着“被一种存在所包围着的都市，是一个与外部、别样的世界所隔离着的相异的场所”。[③] 李容熙认为，“那不是我们所想的一般日常生活场所，那会是一个充满了理想、浪漫、希望的世外桃源，也会是一个布满了痛苦和幻灭的地狱。所以这是一个在外无法知晓，进到里面才知道的地方。”[④] 她把“城”的意义分为婚姻的城、人生的城、租界的城，并且是这样论述的：

> 人在婚姻、社会或是选择职业、选择人生的过程中，一向矛盾于城的里和外，并且选择了自以为不错的方向，却一向吐露着不满。特别是在《围城》中描写了进入了婚姻、个人、租界的城之后，得不到满足、想走出城的人的欲望。可以说这城的里外表现出了同时代的中国现实，可以看出在里外这个相异空间里，对正在彷徨而不知所措的中国社会的批判意识。进一步说，作家不仅是对中国社会，也许对

---

① 姜允炯：《钱锺书小说〈围城〉研究：以讽刺为中心》，全北大学文学院硕士学位论文，2007年，第71页。

② 姜秀真：《钱锺书〈围城〉的讽刺性研究》，蔚山大学教育文学院硕士学位论文，2010年，第80页。

③ 李容熙：《钱锺书〈围城〉的批判意识研究》，庆熙大学教育文学院硕士学位论文，2011年，第19页。

④ 同上。

全人类也在进行着批判。[①]

从分析“城”的意义结果来看，“围城”的意义和主题大致以对当时的时代背景和婚姻的矛盾认识作为共同见解。李容熙简略地谈到了2000年之前的研究，而对2000年以后的研究做了细致的探讨。从对《围城》持续的研究中可以看出，在理解整个作品时，分析城的意义是无法忽视的一个重要环节。

（二）讽刺性

日本侵略时期，钱锺书在上海那个封闭的空间里创作了这部小说，当时混乱的社会氛围激发了他的讽刺意识。他对政治、社会、文化各方面出现的弊病、矛盾等都加以讽刺，并且他将一个人所能扮演的所有角色，如社会成员、文化人、知识人等中国内部所有存在的人物都作为了表现的主体。[②] 姜允炯说：“在《围城》中讽刺技法无处不在的情况下，与其寻找使用讽刺技法的段落，不如找出没有使用讽刺技法的段落，这样更快一些。但在这部小说的深层意义中，比起单纯的讽刺更多的则含有哲学意义。在这个哲学思考的框架上，讽刺就像空气一样，无影无形的存在着。”[③] 姜允炯将《围城》的讽刺内容分为中国社会排斥西洋文物的现象和无条件地崇拜的现象两个部分进行了讨论。姜秀真说：“钱锺书通过讽刺间接指出了知识人要有时代意识，要克服对西洋盲目的袭取，并且盼望读者能自力更生，能够具备积极的生活态度。”[④] 黄正姬将《围城》主题中出现的讽刺性分为混乱期东西方文化的冲突和融合过程中出现的价值观、知识人社会中出现的激烈的生存竞争和矛盾问题、一个人在爱情与家庭生活中的矛盾问题等三个部分：

---

① 李容熙：《钱锺书〈围城〉的批判意识研究》，庆熙大学教育文学院硕士学位论文，2011年，第83—84页。

② 黄正姬：《钱锺书〈围城〉的讽刺性研究》，成均馆大学文学院硕士学位论文，1998年，第25页。

③ 姜允炯：《钱锺书小说〈围城〉研究：以讽刺为中心》，全北大学文学院硕士学位论文，2007年，第96—97页。

④ 姜秀真：《钱锺书〈围城〉的讽刺性研究》，蔚山大学教育文学院硕士学位论文，2010年，第81页。

> 《围城》超越了所有的时间和空间，引起了普遍的共鸣。正如钱锺书所意图的，他的讽刺面向人类的普遍性。换句话说，他虽然描写了知识人社会和知识人的矛盾问题，但他不限于知识界的问题，在宏观的意义上，面向人类进行了讽刺。①

钱锺书在《围城》中重点描写了对现代中国社会中各种知识人的讽刺。黄正姬和金贤美将讽刺知识人的类型分为"伪善知识人"、"优柔寡断知识人"、"有主导精神的现代女性"等，黄正姬是这样论述的：

> 表里不同的伪君子、优柔寡断的局外人、在混乱时期趁机行事的官僚主义者等，都是残留于现实中的反面人物的典型。作家暴露了作品中人物的伦理和道德的缺乏，并且将主人公方鸿渐作为观察者的视点做了描写。在作品中大部分是反面人物，对正面人物也没能具体的表现，这可能是因为他认为"人是无毛的两足动物"，并且要探索人本性的原由。②

在研究《围城》的时候，虽然要分析作家讽刺的是什么、讽刺的对象是什么，但也不能疏忽讽刺技巧。姜秀真是这样讲的："在讽刺文学上，技法是决定作品成功与否的关键，作品中反复的比喻、夸张，还有幽默机智的语调使《围城》成为至今还受许多人的欢迎，作为讽刺小说可以传之久远的动力。"③ 姜秀真将《围城》的讽刺技法分析为比喻的过多使用、反讽语言的强调、幽默和机智的语调、反复的夸张。

姜允炯将《围城》的讽刺表现技法从语言层面、叙事层面、形象层面做了分析。在语言层面上，通过语言游戏的讽刺表现于"价值的反价值化，或者价值的极大化"，④ 考察了将俗语、格言、外语等习惯化的语言

---

① 黄正姬：《钱锺书〈围城〉的讽刺性研究》，成均馆大学文学院硕士学位论文，1998年，第140页。

② 同上。

③ 姜秀真：《钱锺书〈围城〉的讽刺性研究》，蔚山大学教育文学院硕士学位论文，2010年，第81页。

④ 姜允炯：《钱锺书小说〈围城〉研究：以讽刺为中心》，全北大学文学院硕士学位论文，2007年，第36页。

进行意义分解后，适用于相反的意思，或是扩大意义使用。在叙事层面上对立体人物形象做了论述，既有像方鸿渐和苏文纨一样随着状况而变化的立体人物，也有以固定形象登场的人物，而且也揭示了和内容不太相干的人物，他指出这些陌生人只存在于陌生人的旁边，就可以刻画出伪君子们的不正当的行为。在形象层面上，指出了“包含在性、学位、化妆中的不变的虚像其实是有变化的实际形象，并且查看了在社会上有一定影响力的特定人物行使权利的过程和盲目崇拜的人们”。[①]

在《围城》的讽刺技法上，黄正姬和金贤美共同关注到了运用外语的讽刺、比喻、漫画式的人物描写等方法。在运用外语的讽刺技法上，《围城》中出现的外语、格言、俗语、寓言等是为了掩饰作品中人物的缺点而使用的，作家在中西文化的冲击中为了表现虚荣的知识人性格，使用了这种技法。他们将《围城》中出现的比喻特征分成三个部分进行了研究。其一，原观念和辅助观念的异质性。心理描写上，在抽象的原观念的基础上使用了具体事物作为辅助观念。相反，原观念是无生物的情况下，以辅助观念将生物拟人化，扩大了原观念和辅助观念的间隔，产生了滑稽效果。其二，使用了很多像俗语、警语、名言等使语义起到了更强作用的直喻。其三，《围城》中出现的比喻呈现出扩大直喻的形态，这种比喻具有一个比喻中伴有其他比喻的形式，这就是钱锺书所说的比喻的多变性。[②]“在漫画式的人物描写里，将《围城》中登场的每一个人物用漫画形式做了戏拟化，表现了个性人物的形象，适当地使用了夸张、缩小、比喻、对比手法刻画了各人物形象的性格特征。”[③] 黄正姬谈到了作家以第三人称描写了作品中的人物和插图式的评论技法。她说这种技法“阻断了读者投入作品、与作品中人物的合为一体，在客观的立场上能够帮助读者具有和作者一起进行批评的视角”。[④] 她对钱锺书的讽刺性是这样评价的：

钱锺书的讽刺可以说是具有反讽精神和悲剧性的讽刺的，他试图

① 姜允炯：《钱锺书小说〈围城〉研究：以讽刺为中心》，全北大学文学院硕士学位论文，2007年，第94—96页。

② 黄正姬：《钱锺书〈围城〉的讽刺性研究》，成均馆大学文学院硕士学位论文，1998年，第116—123页。

③ 同上书，第124页。

④ 同上书，第133页。

> 探讨、观察人的普遍恶性。《围城》在表面上虽然表露出了许多不公平的社会现实和对有缺陷人物的嘲笑，但在内面却暴露了封闭在“围城”这个现实中的人间悲剧，这个悲剧不是社会悲剧，而是伸向了具有自我矛盾的人间悲剧。钱锺书以方鸿渐这个人物为中心锐利地洞察了他在爱情生活、社会生活、家庭生活中的矛盾，作者不但指出了这个矛盾，而且通过彷徨于这种矛盾中的方鸿渐的人生，提示了“围城”中人与人之间的相互断绝、悲剧等哲学命题。[①]

综合以上的研究结果，在研究《围城》这部作品的过程中，讽刺性是无法忽略的一部分，就算讽刺不是重点研究内容，但也必须提到，这是因为贯穿于《围城》整个作品中的讽刺技巧就像顶梁柱一样支撑这部小说，最终回归于作品的主题。

（三）艺术性

《围城》一直受到读者们的喜爱，得到了许多评论家的赞赏与好评，这不仅源于它描写了人生、社会问题等哲学主题的作品内容，也在于它的艺术层面。[②]

洪荣基认为《围城》的艺术价值在于生动地描写了符合人物形象的身份和性格，在剖析人物心理的过程中，表现出过人的机智和幽默。对于周围人物也赋予了一个身体上的特征，进而刻画出一个完整的人物形象，并且运用近代西欧的小说创作技法也是艺术层面上的突出成果。[③] 李容熙和洪荣基一样，都认为围城的艺术性在于对人物形象有生动感的描写和适当的比喻，小说中引用了大量的外国历史文学的书籍和历史史实，符合登场人物身份和性格的描写以及外语运用能力都提高了作品的品格，增强了艺术性。[④] 她对《围城》中使用的语言是这样论价的：

---

① 黄正姬：《钱锺书〈围城〉的讽刺性研究》，成均馆大学文学院硕士学位论文，1998 年，第 141 页。

② 洪荣基：《钱锺书的〈围城〉研究》，庆熙大学文学院硕士学位论文，1992 年，第 103—106 页。

③ 同上。

④ 李容熙：《钱锺书〈围城〉的批判意识研究》，庆熙大学教育文学院硕士学位论文，2011 年，第 15 页。

> 通过方鸿渐的生活和命运，作家流露出了对人生的无奈，并且没有使用大众倾向的一般文学语言，而运用了变化无穷的文学语言，表现出幽默与讽刺，对作者这种独特而又丰富的语言使用，应当给予很高的评价。①

金知善对《围城》中的多样性和含蓄性在艺术层面做了分析。她认为，通过《围城》中含蓄的艺术意向、理智性的艺术情感可以窥视出钱锺书独特的创作手法，并且在画面的选择与构成上，井然不紊、有生动感，具备了完整性和统一性。对钱锺书的深奥、锐利、含蓄的个人特征，她是这样讲述的：

> 他对人世间的洞察非常明确。他所看到的那些丑恶而可笑的现象也包括人物狡猾的心理和藏得很隐蔽的那些事情，他悟到之后敏锐地提示出来。
>
> 在《围城》的典雅而优柔的小说氛围中，出现丑恶的现象、丑恶的人生、丑恶的灵魂之处，都流露出了作者的气质和感情。这也培养出了作者有力的笔触、勇往直前的姿态，这种姿态在同一部作品中与端雅而优柔的小说氛围成了对比，也更为协调。
>
> 作家的敏锐出现于对人灵魂的认识和剖析，作家的心理描写非常好，可以说到了对内面的深入了解后做了研究的程度。②

她认为："'围城'是独特的生活领域、独特的艺术画面、独特的性格典型、独特的个性创造，还是现实的、奥妙的艺术王国。"③

（四）多视角分析

关于《围城》的分析大部分是对作品的整体分析或是有关讽刺性的研究，但也有一些在不同角度上的研究。

---

① 李容熙：《钱锺书〈围城〉的批判意识研究》，庆熙大学教育文学院硕士学位论文，2011年，第17页。

② 金知善：《钱锺书的〈围城〉研究》，圆光大学文学院硕士学位论文，2002年，第51—52页。

③ 同上书，第61—62页。

金彦钟在《钱锺书〈围城〉里接受的西洋思想》中，将《围城》中出现的西洋思想进行了研究，关于西洋各国的风俗、习惯、文学、艺术等方面，钱锺书认为中国人持有着谁也无法比拟的素养，金彦钟对这一点做了说明，并且说这一点在钱锺书的小说中多方面地出现过。

朴宰范在《钱锺书的〈围城〉，世态小说的真相和策略》中，从当代的社会现实中得到了主题和故事的偶然性。他对《围城》的文学意义是这样讲述的："描绘了很自私、很个人的男女间的爱情和婚姻，以学校这个空间为对象反映了社会现实，同时结合了社会上的一些事件体现了作品的真实性。"[①] 在结构上，对《围城》的文学特征是这样论述的：

> 《围城》虽然没有谈及社会的方方面面，却能反映当时的中国社会现实和生活总体性的原由就在于，即使是现实的一小部分也能在社会的角度上赋予意义。在文中所提示的几个空间虽不是中国社会现实的总体面貌，但那是有机地交织在一起的各阶层知识人的生活面貌，这一点就是作品结构上的优点。《围城》通过这种结构上的优点展现出作品中的事件从个人问题、个人事件出发，扩大到社会问题这一点，并且指出了处在一个社会、一个时代的人要面对的是什么。[②]

金银珍在《韩中现代小说的多声性诗学研究》中，将廉想涉的"多声性性格的小说"《三代》与钱锺书的《围城》做了多声性的特性比较。她说两部作品在时空间、作品人物、作品构造等方面表现出了同质性，但也存在着异质性。首先在时空间方面，《围城》中的"家"和旅馆、轮船、汽车、学校等空间与《三代》中的"家"和酒神、山海珍、警察局等空间都超越了单纯的物理空间，有着开放空间的共同因素。但在《围城》中，在上位时空体下形成了多样的下位时空体，同时物体化、具体化了上位时空体，这一点是《三代》所没有的特色部分。在作品人物方面，两部小说中的人物在作品中都有着多元性的共同点，但《围城》刻画了方鸿渐奇特的反面，《三代》刻画了赵德基的温顺，这表现出了两部作品

① 朴宰范：《钱锺书的〈围城〉，世态小说的真实与策略》，《中国现代文学》2002年，第358页。

② 同上书，第359页。

的相异之处。在作品的构造方面，《围城》的纵向构造是单调、简单、平面的，而《三代》的纵向构造则是复杂、多层面、立体的。在讽刺的视角上，"《三代》将作品中的人物划分为正面、反面人物，并对反面人物进行了讽刺，而《围城》的讽刺却是自嘲的色彩多一些"。[①] 如上所述，金银珍不同于以往的《围城》研究，以独特的视角进行了研究，她的研究成果最大的意义在于初次将《围城》与韩国的作品进行了比较。《围城》中的比喻，生动地表现了作品的讽刺性和戏剧性，所以其他研究者们在研究《围城》的讽刺性的时候，对讽刺技法中的比喻做了研究。李英在《钱锺书〈围城〉的比喻研究》中，将比喻独自切割出来，作为主题进行了研究。按照她的研究，《围城》中有 700 多个比喻，每一页里都有一到两个比喻，并且说分析比喻的运用特征是理解整个作品的一个通路。[②] 她将《围城》的比喻特点分为形式层面和内容层面两个部分。在形式层面的分析中又划分为表层构造和深层构造，由于钱锺书使用了多样的、新颖的比喻，所以可以使用以上两种构造做分析。她认为，"在内容特征分析上有各式各样的辅助观念与作家的履历有关连。且与作品的创作背景及作品的性格有关连。"[③] 她对钱锺书在《围城》中使用比喻而得到的效果，做了如下的论述：

> 他的比喻增加了语言表现力，有力地使用于反映地区、社会的文化特点上，并且比喻的有效使用深化了主题意识，给读者留下了很深的印象，对他来讲，比喻不只是单纯的修辞方式的一种，是作品的主题、艺术性、成为与读者互相沟通的信息。这部小说所描述的事件发生在四十年代的上海这个特殊地区，有着战争的特殊背景，它能够引起广大读者的共鸣，使他们赞不绝口，说它成功地运用了恰到好处的比喻也不为过。钱锺书通过比喻更有效地引起了读者的关心、理解，

---

① 金银珍：《韩中现代小说的多声性诗学研究：〈三代〉和〈围城〉的比较研究》，圆光大学文学院博士学位论文，2003 年，第 220—224 页。

② 李英：《钱锺书〈围城〉的比喻研究》，淑明女子大学文学院硕士学位论文，2010 年，第 18 页。

③ 同上书，第 91—92 页。

可以使读者反复咀嚼有深度的内容。①

李容熙说，钱锺书通过《围城》，用批判的眼光直视着中国的面貌。在《钱锺书〈围城〉的批判意识研究》一文中，她对中国社会无条件地接受西洋的一切做法的行为进行了批判。她说："读者在《围城》中处处都可以看到作家的批判意识，作家对登场人物的恶行虽没有直接的惩罚，但读者可以分享作者的意识。"② 她对于沉浸于西洋四大主义中的中国的批判意识是这样讲的：

> 对西洋的崇拜现象最终出现在留学和学位上，在"得到了这两种就可以保障成功"的认识下，他们只得前往西洋，没有目的的留学换回来的学位，在中国反复着没有内容的教学。并且在中国人民还没有做好准备的时候，西洋的器物与思想就冲击而来，虽然都使用着外语，穿着西服，但却没能改造他们的思想，他们还没来得及对西洋文化作出一个准确的价值判断，就已经吸收了，在内面当然缺少一个整顿的时间，这种现象起因于人们错误的观念体系。由此可以看出，对西欧的幻想给落后陈旧的中国带来了莫大的创伤。
>
> 对中国来说，在还没有充实内面的情况下，西洋的文化、政治、语言、价值等都是虚假的，仍然缺少政治、思想、意识方面的改善。作家对好象将一切都消化了一样、虚假行事的中国，毫不留情地进行了批判，使无条件接受西洋一切的中国自认低头。③

李容熙通过行动和对话将登场人物分成伪善人物、优柔寡断的人物、有主导精神的人物，分析了他们的批判意识。通过这些人物，作家让我们回顾了生活在围城中的自己，也提示了我们将来要怎样生活。

---

① 李英：《钱锺书〈围城〉的比喻研究》，淑明女子大学文学院硕士学位论文，2010年，第92页。

② 李容熙：《钱锺书〈围城〉的批判意识研究》，庆熙大学教育文学院硕士学位论文，2011年，第32页。

③ 同上书，第84页。

二 《写在人生边上》研究

全炯俊和金兑妍在《钱锺书的写作与解体思维》中，通过钱锺书的第一个散文集《写在人生边上》，分析了他的人生观和写作观。他们认为，“《写在人生边上》表现的不是作家钱锺书和学者钱锺书的合为一体，而是两个钱锺书还没有分化前的状态。”[①] 钱锺书认为掌握整个人生是不可能的，我们一生中所面对的人生只不过是一小部分。“因为人只能看到一小部分，所以认为这是全部，并且想得到它，得到了这一部分后才觉察到这不是全部，于是又开始寻求另一部分，就这样反复着。”[②] 全炯俊与金兑妍认为这种人生观是钱锺书独特思维的基础，钱锺书的作品都是以此为基础而展开的。

钱锺书在《写在人生边上》的序文中，谈到了对人生这本书持有两种态度的人，一种是评价或介绍这本书的人，另一种是把这本书作为闲暇时消遣的东西的自由阅读的人们。对此，全炯俊与金兑妍认为前者是为了人生这本书的人，后者是为了鉴赏的人。如果说对于前者来说，人生这本书是追求与欲望的对象，那么对于后者来说，它则是思乡的对象。[③] 这两种人生观在《窗》中，是通过窗与门的对照而表现出来的：

> 将里和外分析为主体和客体的话，门和窗可以解释为对待客体的主体相异的态度，即通过门就意味着将客体当作了客观现实，这时候的主体是它自己分离出的主体与客体的再次融合，确保对客体有一个新的认识。相反，所谓通过窗，并不是主体认知客体上的一对一，而是通过第三者出现的，这时候的主体通过表现为“窗”的第三者，使客体变换为其他方式，所以，客体的客观性、绝对性是令人质疑的。以这样的思考为基础，门和窗所代表的人生观可以分为追求与乡愁。就是说，门所代表的人生观是走出门外面对外部世界的同时，可

---

① 全炯俊、金兑妍：《钱锺书的写作和解体思维》，《中国语文学志》2002年，第348—349页。

② 同上书，第353页。

③ 同上书，第354页。

以直视外部世界的观点；窗所代表的人生观是通过第三者传播的外部世界的面貌折射出的情况，大致进行分析的观点。[①]

对钱锺书比喻中的构思方式特点，他们做了这样的论述：

比喻对象与比喻物体间的距离很宽，在与叙述的内容完全无关的脉络中引出了比喻物体，正在叙述的内容几乎也因此被扰乱。这时候的比喻对象与比喻物体丧失了原本的意义，而形成了一个新的脉络，这新的脉络给了读者一个深刻的印象。在词汇与成语的使用上也用了同一种方法，在一个新的脉络中赋予了一个新的意义……之所以能够使用这种写作方法，是因为我们只能观察到所有对象的一部分，并且不同的角度会出现不同的局面。换句话说，某一个对象和赋予他的属性并不是固定而且绝对的，对象与属性间的关系形成的脉络和运用后的脉络也许是不一样的，因不同的脉络其意义也会更改。[②]

他们认为“钱锺书的写作是标注解的一种，即对叙述的内容既起着注释的功能，又能说明文本，展开另一个视角”。[③] 通过钱锺书的人生观和写作观、语言的使用方式，可以将他的思维看成“解体思维”。

孔翔哲对钱锺书的解体观点是这样论述的：“‘解体’这个用语在一般的观点上理解时，是人的思维返回到过去，将生成的历史作为总体上的反省过程，钱锺书的这种谈论走出了‘解体’这个神话，可以理解成人的思维必然要面对的困惑和难题。”[④]

三　《宋诗选注》研究

在《宋诗选注》中，钱锺书选择了宋代的 80 名诗人的 376 首诗，包括简单介绍和解说作者的生平、批评诗风、标的注解等内容。钱锺书选择了反

---

① 全炯俊、金兑妍：《钱锺书的写作和解体思维》，《中国语文学志》2002 年，第 354—355 页。

② 同上书，第 361—363 页。

③ 同上书，第 364—365 页。

④ 孔翔哲：《讽刺和解释：钱锺书论》，《中国现代文学的世界》1997 年，第 317 页。

映百姓生活和社会的、独创的、载有作家真实感情和意志的作品，比起人人皆知的宋代大家的作品，在《宋诗选注》中，内容新颖的作品比较多一些。

李东乡说《宋诗选注》在宋诗介绍这一点上有很大的意义。钱锺书选择了人们不太熟悉的诗人，为宋诗开辟了一个新的层面，在这一点上，我们应当给予很高的评价。[①] 徐榕浚说《宋诗选注》在当时持有新的理论主张，并且以具体的论据为基础使用了逻辑性的方法。但是，在《宋诗选注》中，有关范成大的田园诗部分出现了比其他部分更强的思想性，也出现了偏向性的理论，以至于书中的其他部分与之相比显得极为平淡。[②] 他对钱锺书在《宋诗选注》中给范成大的田园诗下的结论做了如下的论述：

> 田园诗获得了生命，扩大了境地，范成大可以跟陶潜相提并称，甚至让他后来者居上。例如宋代遗老的《月泉吟社诗》动不动就把“栗里”、“彭泽”来对“石湖”，而贾政的清客就只知道，“非范石湖田家之咏不足以尽其妙”。[③] 在此引用文里，钱锺书认为范成大比陶潜更加优秀，其根据就是《月泉吟社诗》和《红楼梦》中清客的说辞。但徐榕浚认为利用《月泉吟社诗》和《红楼梦》中的清客，将钱锺书的主张作为客观事实来证明的言辞，是不可信的。《月泉吟社诗》收纳了吴渭组织的月泉吟社以《春日田园杂兴》为题做的诗，而《春日田园杂兴》受到了范成大的《四时田园杂兴》中的诗句“春日田园杂兴”的影响，[④] 所以，虽然月泉吟社的诗中给了范成大很高的评价，但他们原来并不是中立的。并且根据《红楼梦》中的一句话，就判断为客观事实，是难以让人信服的，“小说到什么时候总是小说”。

徐榕浚以这样的分析为基础，认为《宋诗选注》在内容和方法上运

① 李东乡：《宋诗选注》，《中国语文学》1990 年，第 360—362 页。

② 徐榕浚：《考察〈宋诗选注〉所论的范成大田园诗的意义 》，《中国文学理论》2003 年，第 121 页。

③ 同上书，第 100 页。

④ 同上书，第 104 页。

用了新的理论，但在结论上却采取了中国文化的传统形式。[①]

结　　语

本章将韩国有关钱锺书的研究分成了对《围城》《写在人生边上》《宋诗选注》等作品的研究，考察了其研究动向。

有关《围城》的研究，从以下几个方面进行了分析：一是对“城”的意义的理解，本章总结了学者对作品题目“围城”所表示的意义的不同见解，其中共同的理解是时代背景和婚姻存在着矛盾，这直接关系到作品的主题。在“围城”意义的研究中，2000 年以前的研究比较简略，2000 年以后的研究，将“围城”的意义做了细分后进行了具体的探索。二是针对文本中的讽刺性的研究，分成了对《围城》的讽刺内容、讽刺的人物类型和讽刺技法的研究。《围城》中的讽刺性研究与《围城》的整体研究是分不开的，如果说关于钱锺书的研究主要集中在《围城》上，那么关于《围城》的研究则主要偏向于讽刺性的研究。三是分析研究《围城》的艺术意义，总体上的观点是，在生动的人物形象描写和适当的比喻中，艺术性可见一斑。四是多样化的视角分析，考察《围城》所表现的西洋思想、以世态小说的观点审视《围城》、将《围城》与廉想涉的《三代》相比较、研究《围城》的批判意识……试图用新的视角解读《围城》。

第二节通过《写在人生边上》，考察了钱锺书的人生观和写作观。

第三节分析研究了钱锺书的《宋诗选注》。

因为韩国有关钱锺书的研究偏向于《围城》一部，对于其他作品，如《写在人生边上》和《人・兽・鬼》等的研究却很少，所以全面理解钱锺书的文学观念还有些困难。对于钱锺书其他作品的研究，将成为学界今后最大的研究课题。

---

① 徐榕浚：《考察〈宋诗选注〉所论的范成大田园诗的意义》，《中国文学理论》2003 年，第 100 页。

第八章

张爱玲

引　言

1949 年张爱玲的《天才梦》被催章学翻译成韩文介绍给韩国读者，[①] 这是韩国第一篇关于张爱玲作品的译文。到了 20 世纪 50 年代，《秧歌》也被徐广淳翻译成韩文在韩国出版。[②] 之后 30 多年的时间里张爱玲好像被韩国读者所遗忘。但是到了 80 年代，随着中国大陆“张爱玲热”的兴起，韩国也开始了对张爱玲的研究。韩国对张爱玲（1920—1995）研究始于 20 世纪 80 年代。1985 年宣钉奎发表了一篇小论文《张爱玲小说中男性与女性的本位》，[③] 可以说是在韩国发表的最早的关于张爱玲的论文。截至 2012 年 2 月，关于张爱玲的论文已将近 80 篇。[④] 这些论文大致可以分为五种类型。一是关于小说的论文；二是作品比较的论文；三是关于电影、剧本的论文；四是关于张爱玲散文的论文；五是其他论文。作品翻译论文以及译文单行本等不列在研究范围内，只在论文列表里简单介绍一下。

20 世纪八九十年代的论文除了两三篇外大多是研究《传奇》等短篇小说或初期小说的论文，其研究对象大部分是人物或女性意识等。到了 21 世纪，学界对张爱玲作品的研究逐渐倾向于对单篇小说作品的研究。虽然也有论文研究《传奇》，但是研究《十八春》《半生缘》《金锁记》

---

① 张爱玲：《天才梦》，崔章学译，Moon Jin 文化社 1949 年版。

② 张爱玲：《秧歌》，徐广淳译，青丘文化社 1956 年版。

③ 宣钉奎：《张爱玲小说中男性与女性的本位》，《国际文化研究》1985 年。

④ 张爱玲论文检索网站的数量分别为：DBPIA 35 篇、KERIS 43 篇，KISS 8 篇、RISS 43 篇、国会图书馆 26 篇。其中很多论文彼此重复。

《怨女》等单篇小说作品的论文在不断增加。研究也由浅入深，由片面到全面，也就是说，对张爱玲作品的研究更加细致、深刻了，而且研究的视角也更宽广了。比起小说，在韩国，研究电影剧本的论文有 10 篇左右，研究散文的论文只有 1 篇。究其原因可能是因为张爱玲的小说比其他体裁的作品更能获得韩国读者的喜爱。因为小说作品充分表现出张爱玲特有的、细致的观察力和惊人的创作才华。李志娟在她的论文《张爱玲小说〈倾城之恋〉研究——以女性主义为中心》里对这一研究趋势做了分析，她写道：

> 虽然有论文研究张爱玲的散文，但是比起散文集《流言》，小说作品则是张爱玲创作的中心，而且对其成就的评价也很高，所以小说的研究进行得非常活跃。至今的研究由大部分都是对作品集《传奇》作家作品倾向的研究逐渐扩大为作品集内的短篇和长篇小说的单篇研究。①

也就是说在韩国研究张爱玲小说的论文占多数，从 1985 年到 2012 年 2 月关于张爱玲作品的论文中就可以看出这一事实。

一 小说研究

在韩国，研究张爱玲小说的论文占绝大多数。研究的对象大部分都是小说集《传奇》以及其他长篇小说，下面笔者把关于小说的这些论文分人物分析、表现手法、主题意识、女性主义等方面来加以介绍。

（一）人物分析

张爱玲以她特有的表现手法塑造出一个个典型的人物形象。这些人物或彷徨，或反抗，或甘愿做家长制的奴隶，扭曲的人物性格和心理的矛盾性都描写得栩栩如生。那么这些人物在韩国的论文里是怎么进行分析的呢？我们从两个方面来加以介绍。

① 李志娟：《张爱玲小说〈倾城之恋〉研究——以女性主义为中心》，庆熙大学校，2011 年，第 9—10 页。

首先是对人物欲望的分析。张爱玲笔下的人物因为自己的欲望被破坏，同时也破坏了自己的家庭和自己的骨肉。韩国学者的论文在分析人物的欲望时引用弗洛伊德、拉康、荣格、诺依曼、奥尼尔、霍妮等人的精神分析法和心理分析法。研究人物欲望的主要论文有焦育文的《张爱玲〈传奇〉研究》、洪银希的《张爱玲初期小说研究——以作品中人物的心理分析为中心》、表兰姬的《张爱玲〈传奇〉研究》、全南玧的《张爱玲〈传奇〉中人物的欲望研究》、慎珉宣的《张爱玲〈传奇〉研究——以人物分析和表现手法为中心》等。

洪银希的《张爱玲初期小说研究——以作品中人物的心理分析为中心》[①] 选用初期小说中的 6 篇中、短篇小说[②]来考察作品中人物的心理。论文首先分析了人物的不安心理，这些不安心理是因为性的压抑和不协调的人际关系所引起的，它表现为神经症爱情欲求和执着、自我陶醉及冷漠意识。这些心理主要靠内心独白、自由联想、电影手法等体现出来。作家认为不安心理以神经症的形式表现出来，因为不安心理是神经症的最重要的特点。作品中人物的神经症爱情欲求主要以变态行为、外遇和近亲结合等不正常的方式表现出来。

表兰姬的《张爱玲〈传奇〉研究》[③] 以弗洛伊德的精神分析法分析生活在过渡期时代被扭曲的人性的问题和欲望。她把人物形象分为三种，首先是施虐性快乐，其代表人物是《金锁记》的曹七巧；其次是恋母情结，其代表人物是《茉莉香片》的聂传庆；最后是灰姑娘情结，其代表人物是《花凋》的郑川嫦、《心经》的段绫卿、《沈香屑·第一炉香》的葛薇龙、《倾城之恋》的白流苏等。

慎珉宣在她的论文《张爱玲〈传奇〉研究——以人物分析和表现手法为中心》[④] 里也引用了诺依曼和奥尼尔的大地母性形象和与此相反的被阉割的父性形象，此外，论文又引用弗洛伊德的精神分析法对作品中男、

---

① 洪银希：《张爱玲初期小说研究——以作品中人物的心理分析为中心》，全北大学校大学院硕士论文，1996 年。

② 这 6 篇中、短篇小说分别是《金锁记》《红玫瑰与白玫瑰》《沉香屑·第一炉香》《沉香屑·第二炉香》《心经》《茉莉香片》。

③ 表兰姬：《张爱玲〈传奇〉研究》，东国大学校教育大学院硕士论文，2002 年。

④ 慎珉宣：《张爱玲〈传奇〉研究——以人物分析和表现手法为中心》，檀国大学校大学院硕士论文，2006 年。

女人物进行分析。女性人物可分为四个类型。首先是“恋父情结”，《心经》的小寒对父亲的感情，从弗洛伊德的精神分析法分析，就是“恋父情结”；其次是施虐性快乐，其代表人物是《金锁记》的曹七巧；再次是大地的母性形象，其代表人物是《桂花蒸·阿小悲秋》的阿小；最后是灰姑娘情结，《沈香屑·第一炉香》的葛薇龙、《倾城之恋》的白流苏、《心经》的段绫卿、《留情》的郭凤就是这样的人物。男性人物依据精神分析法可以分为三个类型。首先是恋母情结，其代表人物是《茉莉香片》的聂传庆；其次是自爱欲形象，其代表人物是《红玫瑰与白玫瑰》的佟振保；最后是被阉割的父性，其代表人物是《金锁记》中的姜季泽、《花凋》中的郑先生等。

焦育文、全南玧、金顺珍的论文引用拉康的欲望理论来研究作品中人物的欲望，即物欲、情欲等。在韩国最初引用拉康的欲望理论来进行人物分析的是焦育文的硕士论文《张爱玲〈传奇〉研究》，[①] 这篇论文为以后的拉康欲望心理分析研究奠定了基础。全南玧在他的论文里写道：

> 从1980年代起韩国开始发表有关张爱玲的论文，但大多数是关于主题、形式、人物分析、创作技巧的研究。偶尔有论文试图采用拉康的欲望理论以及精神分析学、心理学等来分析人物的心理。最初的尝试是焦育文的硕士论文《张爱玲〈传奇〉研究》。
>
> 以后，更加积极地采用拉康欲望理论进行研究的是金顺珍，他的博士论文《张爱玲小说研究——以透过女性主义视角所看到的身体·权利·叙事为中心》[②]

全南玧在他的《张爱玲〈传奇〉中人物的欲望研究》一文里引用拉康的欲望理论来研究小说的人物和人物自身的矛盾，即人物的欲望受到压迫而被扭曲的时候会产生什么样的病理现象等。全南玧认为分析人物心理时引用拉康的欲望理论很有效果，所以他积极引用拉康的欲望理论。金顺珍的《张爱玲小说研究——以透过女性主义视角所看到的身体·权利·叙

---

① 焦育文：《张爱玲〈传奇〉研究》，高丽大学校大学院硕士论文，1995年。

② 全南玧：《张爱玲〈传奇〉作品中人物的欲望研究》，釜山大学校大学院硕士论文，2005年。

事为中心》[①] 引用拉康的欲望理论来分析女性和权利，这些欲望主要通过对女性的叙事和言语以及权利来进行分析。

除了上述论文之外，还有闵新惠的《张爱玲小说〈红玫瑰与白玫瑰〉研究》[②] 以荣格的分析心理学研究振保、烟鹂、娇蕊等中心人物的性格。

此外，李康姬的《张爱玲短篇小说研究——以作品中的人物为中心》、文丁彬的《张爱玲〈金锁记〉研究》等论文并没有引用精神分析法和心理分析法，而把重点放在作品中人物的社会心理分析上。

李康姬的形象《张爱玲短篇小说研究——以作品中的人物为中心》[③] 以女性形象和男性形象分析人物。男性形象可分为：①旧时代墨守型，比如《花凋》中的郑先生、《茉莉香片》中的聂介臣等；②伪君子型，比如《红玫瑰与白玫瑰》中的佟振保；③懦弱的新青年型，比如《茉莉香片》中的聂传庆等。女性形象可分为：①顺从命运型，比如《金锁记》中的曹七巧、《花凋》中的郑夫人等；②现实克服型，比如《倾城之恋》中的白流苏等。

文丁彬的《张爱玲〈金锁记〉研究》[④] 把作品的主要人物分为祖父母、父母、子女三个世代，并对这三个世代的人物进行性格分析，同时考察这些人物的腐败之象。

综上所述，分析人物的论文有的借助精神分析法和心理分析法，还有的只分析男女人物的社会性格。

（二）表现手法研究

张爱玲的作品引人入胜，很多学者都盛赞张爱玲独具特色的表现手法和艺术技巧。张爱玲以她独特的视野、细腻的观察力，充分展现出她的艺术才华。张爱玲的创作才华体现在作品的表现手法上。在韩国着重研究张爱玲表现手法的论文有沈志娟的《张爱玲短篇小说集〈传奇〉——表现

① 金顺珍：《张爱玲小说研究——以透过女性主义视角所看到的身体·权利·叙事为中心》，韩国外国语大学校大学院博士论文，2001 年。

② 闵新惠：《张爱玲小说〈红玫瑰与白玫瑰〉研究》，朝鲜大学校大学院硕士论文，2006 年。

③ 李康姬：《张爱玲短篇小说研究——以作品中的人物为中心》，淑明女子大学校大学院硕士论文，1989 年，

④ 文丁彬：《张爱玲〈金锁记〉研究》，庆星大学校大学院硕士论文，2003 年。

技法研究》、金相玉的《张爱玲〈传奇〉表现手法研究》，此外还有文丁彬的《张爱玲〈金锁记〉研究》、表兰姬的《张爱玲〈传奇〉研究》、慎珉宣的《张爱玲〈传奇〉研究》、张智惠的《张爱玲长篇小说〈半生缘〉研究》、金银珠的《张爱玲〈十八春〉的女性形象研究》、李淑娟的《张爱玲的叙述策略——多重时空》等。

下面简单介绍这些论文所提到的张爱玲作品的表现手法。

沈志娟在《张爱玲短篇小说集〈传奇〉——表现技法研究》[①] 里把《传奇》的表现手法分为叙述手法和描写手法。叙述手法从叙述者的角度分为：（1）全知的叙述者。作品有《茉莉香片》《沉香屑・第二炉香》《年青的时候》《花凋》《封锁》《留情》《红玫瑰与白玫瑰》等小说。（2）作为一个观察者的叙述者，作品包括《倾城之恋》《金锁记》《心经》《沉香屑・第一炉香》等。论文还提出张爱玲作品首尾呼应的表现手法和色彩的对比。

金相玉的《张爱玲〈传奇〉表现手法研究》[②] 把作品的表现手法分为以下两个类型：首先是全知视角的应用，这是一种传统的叙事方法，除此以外论文还谈及说书和首尾呼应的方式。其次分析张爱玲小说所具有的独特性，即张爱玲小说的结尾几乎都是悲凉的。

此外提及张爱玲表现手法的论文还有张智惠的《张爱玲长篇小说〈半生缘〉研究》，[③] 论文把《半生缘》的表现手法分为悲情的文体特征和象征手法。作品的象征性主要通过雨和月亮来体现出来。

金银珠的《张爱玲〈十八春〉的女性形象研究》[④] 也把作品的表现手法分为象征和色彩。论文认为月亮、雨、镜子、玻璃等是具有象征性的景物，华丽的色彩对照等表现手法是张爱玲作品的特点之一，特别是镜子和月亮在小说集《传奇》里象征着人物的心理变化。

文丁彬的《张爱玲〈金锁记〉研究》把作品的表现手法分为电影、色彩、象征等手法，然后再考察这些手法的使用有何特点。

表兰姬的《张爱玲〈传奇〉研究》把作品的表现形式分为四个部分。

---

① 沈志娟：《张爱玲短篇小说集〈传奇〉——表现技法研究》，汉阳大学校大学院硕士论文，2007 年。

② 金相玉：《张爱玲〈传奇〉表现手法研究》，庆北大学校大学院硕士论文，2011 年。

③ 张智惠：《张爱玲长篇小说〈半生缘〉研究》，成均馆大学校大学院硕士论文，2001 年。

④ 金银珠：《张爱玲〈十八春〉的女性形象研究》，《中国语文论丛》2002 年。

首先是传统叙事手法；其次是新派小说的影响；再次是小说中的虚无和恐怖；最后是小说中的荒野意象。

慎珉宣在《张爱玲〈传奇〉研究》里把作品的表现手法分为象征和色彩，此外还有叙事、描写、比喻等手法，慎珉宣认为小说的描写手法可以说是张爱玲最擅长的表现手法。

李淑娟的《张爱玲的叙述策略——多重时空》从三个方面考察张爱玲的叙事方法。首先是文学文本中“时空”的意义；其次是时间流的截取；最后是空间的重叠。对于张爱玲作品中时空的安排和张爱玲的作品畅销并且长销的原因，论文认为：

> 在本文中，笔者尝试将焦点集中在其文本中时空安排的形式上，基本上也就属于技巧的探讨。我们发现，她文本的时空形式其实与其内容是相互呼应、浑然天成而无法分割的，这恐怕是其文本不但能穿透时空，受到不同时代读者喜爱，并且让学者们能依各自的着眼点，不断地发掘出新含义的重要关键。①

作者又说张爱玲的作品表达的是人性的“常”，不同时代的读者都可以在某一个层面“感同身受”。

（三）女性主义研究

女性主义（feminism）也叫女权运动、女权主义。女性主义根源于西方的进步主义，尤其是19世纪的改革运动。组织性运动的时间始于1848年在纽约州色内加瀑布市（Seneca Falls，New York）召开的第一次女权大会。女性主义指的是一个主要以女性经验为来源与动机的社会理论与政治运动。在对社会关系进行批判之外，许多女性主义的支持者也着重于性别不平等的分析以及推动妇女的权利、利益与议题。②

论起张爱玲的作品，必须要谈的就是关于女性的问题。韩国的张爱玲研究也不例外。宣钉奎在他的论文里写道：

---

① 李淑娟：《张爱玲的叙述策略——多重时空》，《中国小说论丛》第15辑，第225页。

② http：//baike. baidu. com/view/264746. htm.

> 作者描述男性人物和女性人物的时候，以我个人的想法，对于女性的描写比起男性的描成就突出。所以探求小说里的女性之前，先查看作者自身对女性的基本观念。
>
> 以作者的意见，张爱玲纯粹地从女性本位的立场描写女性，所以有些日常琐事描写得过分仔细。[①]

也就是说，谈起张爱玲的作品时，研究她笔下的女性人物是必需的，因为作品中的女性人物是张爱玲描写的重点，也是当时女性所面临的社会问题和家庭问题的关键所在。

在韩国研究女性主义的论文有李志娟的《张爱玲小说〈倾城之恋〉研究——以女性主义为中心》、金顺珍的《张爱玲小说研究：以透过女性主义视觉所看到的身体・权利・叙事为中心》、金顺珍的《从张爱玲小说看到的女性意识》、金顺珍的《女性的身体和身体的空间——以张爱玲小说为中心》、金银珠的论文《张爱玲〈十八春〉的女性形象研究》、崔银晶的《论中国现代女作家作品中的女性性爱意识》、崔信爱的《张爱玲小说所表现的女性意识研究》等，下面简单介绍一下这些论文的大致内容。

金顺珍的《从张爱玲小说看到的女性意识》[②] 从三个方面谈张爱玲小说里的女性意识。首先是否定母性；其次是模仿家长的权力；最后是否定观念。金顺珍认为：

> 张爱玲作品中的女性在失落的现实生活当中不去寻找女性的真实面目，反而想进入男性的权力机构，所以虽然作品不断地说女性，可是张爱玲的视角不能说是一个完全的女性为中心的视角。这是张爱玲女性意识的制约。[③]

金顺珍的《张爱玲小说研究——以透过女性主义视觉所看到的身体・

---

① 宣钉奎：《张爱玲小说中男性与女性的本位》，《国际文化研究》1985 年第 2 辑，148—149 页。

② 金顺珍：《从张爱玲小说看到的女性意识》，《中国语文论译丛刊》1999 年第 4 集。

③ 金顺珍：《从张爱玲小说看到的女性意识》，《中国现代文学》第 15 号，第 106 页。

权利·叙事为中心》,[①] 从女性主义视角和小说的身体、权利、叙事的观点来考察以下问题：首先，张爱玲怎么抵抗男性中心的支配？其次，张爱玲怎么试图探索女性主义？最后，张爱玲的写作特点是什么？……论文首先探索道教和儒教，认为这两者决定中国传统男性中心的思维和视线。接着分析张爱玲小说中的女性主义叙事特点，从否定的叙事和女性的语言来分析，然后考察张爱玲小说的女性和权利。金顺珍的《女性的身体和身体的空间——以张爱玲小说为中心》认为张爱玲的小说肯定了女性的肉体，从美学角度试图探讨女性身体的美学价值。

金银珠的《张爱玲〈十八春〉的女性形象研究》通过曼璐和曼桢的形象，以女性主义视角考察当时社会“女性”的不合理性和问题。

上述论文大部分肯定张爱玲作品中所体现的女性主义，但是也有论文持否定态度。比如宣钉奎的《张爱玲小说中男性与女性的本位》，就写到张爱玲小说里所体现出来的关于男女问题的三个特色：

> (1) 张爱玲的故事里一贯提出的女性主义没有得出相关而决定性的人生结论。(2) 她在男女平等的环境里返回到女性本身的缺陷和矛盾当中，也缺乏对不平等的主动的反抗意识。(3) 虽然作品描写了男女间爱憎的极端和婚姻生活的不幸，但是几乎没有探索真正的爱情，也没有强调基于爱情的婚姻。[②]

也就是说，在宣钉奎看来张爱玲没有真正提出女性问题的解决方法。

崔信爱的《张爱玲小说所表现的女性意识研究》,[③] 首先分析张爱玲小说里的女性，这些女性可以分为三个类型：一是家长权力下的女性；二是商品化了的女性；三是双重人格的女性。论文把这些女性所追求的自我意识分为两种：一是作为一个独立人格的女性；二是女性主体意识的形成。论文认为张爱玲的小说把女性的问题从家族和文明的角度提出来，假如说之前的小说把女性描写得消极、被动，那么在张爱玲的小说里则把女

---

① 金顺珍：《张爱玲小说研究——以透过女性主义视觉所看到的身体·权利·叙事为中心》，韩国外国语大学大学院博士论文，2001 年。

② 宣钉奎：《张爱玲小说中男性与女性的本位》，《国际文化研究》第 2 辑，第 151 页。

③ 崔信爱：《张爱玲小说所表现的女性意识研究》，京机大学校教育大学院硕士论文，2004 年。

性描写得积极、能动。如果说女性小说表现了女性受压迫的问题和女性追求整体性的过程，那么张爱玲的小说则表现出女性心灵深处的奴性，小说以女性主义视角观察女性的带有悲剧性的命运，希望这些女性成为人生的主人公。这是论文对张爱玲小说女性主义的评价。

李志娟的《张爱玲小说〈倾城之恋〉研究——以女性主义为中心》借白流苏寻找女性真实面目的过程，分析张爱玲作品中的女性主义。李志娟认为，张爱玲作品中的女性是传统家长制和男性中心下的女性。这些女性大部分失去了社会观念上的“性”，只被认为生物学上的“性”，她们没有认清自我，丧失了自己的真实面目。可是作品里可以看到通过自我觉醒，不断地去寻找女性形象的张爱玲。论文的女性主义研究分为：第一，自我女性主义认识；第二，实践女性主义的形象。

崔银晶的《论中国现代女作家作品中的女性性爱意识》考察张爱玲作品中女性的性意识认为：

> 张爱玲笔下这些女性的悲剧命运是所谓性爱残缺引起的。她冷静客观地描写这些女性的畸形面貌，另一方面反思了这种畸形面貌的起因。从而有助于追求更加完善的女性人格面貌。而且中国现代女作家对女性性爱意识的肯定表现了她们自我意识的完善。她们不仅追求自己作为人的存在价值，也不忽视自己作为女性的存在价值，而在这两者的调和下，力图追求女性的自我完善，她们女性意识的现代性意义就在这里。①

研究张爱玲小说中女性主义的论文大部分把研究的焦点放在小说里女性意识的觉醒和性问题上，这些研究肯定了张爱玲小说中提出的女性问题和反抗精神。

（四）主题意识研究

张爱玲的小说主要描写殖民地半殖民地中国社会里生活的人的堕落、彷徨以及心理的不安。其中作家特别强调家长制和女性问题。在韩国，分

---

① 崔银晶：《论中国现代女作家作品中的女性性爱意识》，《中国语文学志》，第440—444页。

析张爱玲作品的论文也涉及这一主题。

李康姬的《张爱玲短篇小说研究——以作品中的人物为中心》分析张爱玲小说的女性虽然认识到自己的不平等，但是她们缺乏反抗精神。比如《沉香屑·第一炉香》的葛薇龙和《金锁记》的曹七巧。这些人物，“张爱玲说他们不是悲壮，而是苍凉。也就是说张爱玲通过这样的凡人表现出人生的苍凉和不可抗拒的人生命运。”①

表兰姬的《张爱玲〈传奇〉研究》把作品的主体意识分为三个部分：首先是女性的双重性，论文把女性分为两种，一是圣洁的母亲形象；二是娼妓形象。其次是商品化了的女性，《沉香屑·第一炉香》的葛薇龙、《倾城之恋》的白流苏、《金锁记》的曹七巧就是被商品化了的女性。最后是爱情欲求的神经症，最具代表性的就是《金锁记》的曹七巧。

闵新惠的《张爱玲小说〈红玫瑰与白玫瑰〉研究》把作品的主体意识分为两个部分：一是男性优越意识与女性；二是红玫瑰与白玫瑰的相互关系。封建社会的家长制让男性觉得自己的优越地位是理所当然的。显而易见，在这样的社会环境下，女性的地位只能是从属于男性的。

崔信爱的《张爱玲小说所表现的女性意识研究》认为，“张爱玲小说里的主人公大都是女性，作者想通过叙述这些女性没有出路的状态和内心的矛盾，表达女性的生活和女性的寻找自我的主体意识。”

上述在韩国关于张爱玲小说主题意识的研究大部分都是男尊女卑思想下男性的优越地位和女性的悲惨命运的。

二　比较研究

比较文学是对两个或两个以上民族、国家之间文学相互影响的过程，以及文学与其他艺术门类和其他意识形态的相互关系的比较研究的文艺学分支。它包括影响研究、平行研究和跨学科研究。作为一门学科，它兴起于 19 世纪末 20 世纪初。②

在韩国关于韩中现代文学的比较研究历史并不长。郑恩雅把他分为三

① 李康姬：《张爱玲短篇小说研究——以作品中的人物为中心》，淑明女子大学大学院，1989 年，第 45 页。

② http：//baike. baidu. com/view/44376. htm.

个时期：一是1960—1970年，这是开拓期；二是20世纪80—90年代，这一时期是逐渐成长的时期；三是90年代以后，这一时期的研究不但在数量方面有增加，而且其质量方面也在不断提高。①

关于张爱玲的比较文学论文大都写于20世纪90年代以后，研究的侧重点是比较作品和作家的多一些。下面我们从三个方面来进行分类介绍：

（一）张爱玲与王安忆

刘素希的《张爱玲和王安忆作品都市空间比较——〈传奇〉和〈长恨歌〉》，② 把《传奇》和《长恨歌》两部作品与作者的生平联系起来，研究这些作品怎么叙述上海这一都市空间的。通过研究，刘素希认为，"在剧变而两极分化的都市空间里生活的个人和对他们整体性的描写引起了现代人的共鸣。"论文先介绍张爱玲《传奇》和王安忆《长恨歌》里的都市空间。张爱玲笔下的都市空间分为两种：一是新旧文化同在的空间；二是西洋文化流入的空间。而王安忆笔下的都市空间也分为两种：一是都市空间的两面性：摩登城市和上海小巷、消费空间和贫民阶层的空间；二是兴亡盛衰的空间，即旧上海的衰落、新上海的兴起。论文最后比较两部作品的叙事特点，从而分析两部作品的共同点和不同点。共同点有两方面：一是展开个人叙事，因为两部作品的故事主要发生在室内空间；二是张爱玲和王安忆都想通过"回忆"寻找自己的整体性。比如说《茉莉香片》的聂传庆、《长恨歌》里王琦瑶回忆旧上海等，作者借这些人物确定自己的整体性。不同点是：第一，张爱玲所描写的空间是时间停留的空间，而王安忆所描写的空间是超越时空的空间。第二，张爱玲描写了即将没落的名门望族，而王安忆则努力描写在剧变的上海这一城市里默默生活的平凡人物王琦瑶。刘素希概括说，因为生长环境的不同，张爱玲和王安忆所认识到的都市空间也不同。

（二）张爱玲与韩国女作家

在韩国，关于张爱玲和崔贞熙小说的第一篇比较论文是郑恩雅的《张

---

① 郑恩雅：《张爱玲和崔贞熙小说的比较研究——以1930—40年代小说中的女性形象为中心》，2005n2，第1页。

② 刘素希：《张爱玲和王安忆作品都市空间比较——〈传奇〉和〈长恨歌〉》，梨花女子大学校大学院硕士论文，2011年。

爱玲和崔贞熙小说的比较研究——以1930—40年代小说中的女性形象为中心》。论文研究20世纪30—40年代的韩中女性文学的现代性和女性意识，以及在家长制和男性中心社会里的女性的存在面貌。论文通过家族制度和女性的地位，作为他者的女性来分析近代女性所处的社会地位和心理的矛盾。

金锦兰的《张爱玲和崔贞熙小说的女性悲剧意识比较研究》，通过张爱玲《金锁记》中的曹七巧和崔贞熙《三脉》中的三个女主人公的悲剧意识相比较，考察女性悲剧意识的内在原因和外在原因。外在原因是不合理的婚姻制度和丈夫的不存在或无能；内在原因是母性引起的悲剧以及自我价值与伦理价值相冲突时的悲剧。虽然这两部作品的悲剧相似，但两位作者对悲剧的处理方式却不同，张爱玲是指望未来，崔贞熙却回归母性。金锦兰认为这样的结局跟他们两个人的生活经历是分不开的。她说：

> 她们的共同点是没有把这悲剧与社会广泛联系起来，没能够指出真正女性解放的道路。这与20世纪初，西方文明和儒教文化的不同，还有当时的社会制度、法规没有确保女性人权是有联系的。
>
> 描述现代女性和已觉醒的女性，她们的混乱和怎么适应现实是张爱玲和崔贞熙小说的重要课题，女性想找回自己的位置，需要视角的矫正。①

此外，比较韩中女作家的论文还有陈性希的《张爱玲和田惠麟的写作和“日常”》。论文主要研究张爱玲和田惠麟怎样把现实和写作结合起来。论文首先介绍这两位女作家的文学根底，即两位作家对“家”的认识。因为受家庭的影响这两位作家的写作方式也不同，张爱玲写的大部分都是普通人的普通生活，而田惠麟的写作想脱俗，从孤独中寻找“非凡”。

（三）其他比较研究

除上述比较研究外还有其他作品之间的比较研究，比如，韩美希的《张爱玲小说〈传奇〉和〈半生缘〉比较研究》、梁春姬的《〈红楼梦〉

---

① 金锦兰：《张爱玲和崔贞熙小说的女性悲剧意识比较研究》，延边大学首尔女大双学位，2011年，第41页。

和〈沉香屑·第一炉香〉的居住空间小考——以情景论为中心》、金润秀的《日本侵略时期女性作品里出现的现代性——以萧红的〈生死场〉和张爱玲的〈封锁〉为中心》等。

韩美希的《张爱玲小说〈传奇〉和〈半生缘〉比较研究》[①] 从主题、人物和表现手法比较这两部作品。首先，这两部作品的主题都描写物质文明破坏人性，其中重点放在人的欲望、封建婚姻制度的矛盾方面，除了这些问题以外，《半生缘》想表现出不可抗拒的命运。其次，这两部作品中的人物分为现实顺应型、现实彷徨型、现实克服型，《半生缘》的人物不仅表现出作为一个牺牲者的形象，也表现出怎样努力摆脱自身的枷锁，这一点值得读者深思。再次，表现手法分为传统的叙事手法和象征手法，传统叙事手法包括说书和首尾呼应的手法。月亮是这两部作品共同的象征手法。《传奇》里的月亮像一面镜子映照人物的命运或人物的面貌，而《半生缘》里的月亮则暗示世钧和曼桢的爱情以及人物的心理，同时月亮又具有表现环境和氛围的功能。总而言之，《传奇》真实地描写人的欲望所引起的人性残酷的一面以及社会的堕落，《半生缘》则认为每个人都有可能开拓自己的人生。

梁春姬的《〈红楼梦〉和〈沉香屑·第一炉香〉的居住空间小考——以情景论为中心》，从诗歌的情景论考察《红楼梦》和《沉香屑·第一炉香》的居住空间。这两部作品中的居住空间都非常华丽而且女性化。不同点是《红楼梦》的居住空间是封闭的，《沉香屑·第一炉香》的虽然是开放的，但还存留一些旧习。曹雪芹和张爱玲在作品中都善于借景抒情，而且通过这些居住空间来描写刻画人物，并通过这些人物表达作者悲哀、失落、困惑、留恋的感情。

金润秀的《日本侵略时期女性作品里出现的现代性——以萧红的〈生死场〉和张爱玲的〈封锁〉为中心》，[②] 考察作品的女性性和“现代性”。作者认为，这两位女作家都在日本侵略时期写作，所以这两部作品反映出日本侵略时期的现代经验和女性小说的现代意识。

---

① 韩美希：《张爱玲小说〈传奇〉和〈半生缘〉比较研究》，水原大学校教育大学院硕士论文，2003 年。

② 金润秀：《日本侵略时期女性作品里出现的现代性——以萧红的〈生死场〉和张爱玲的〈封锁〉为中心》，《中国学论丛》2004 年。

安哉妍的《The Gendering of Eroticism：Modern Subject and Narrative of Yu Dafu and Zhang Ailing》，比较郁达夫和张爱玲的性爱和恋爱观。安哉妍首先比较西方的性爱 Eros 和东方的“情”，接着在第二章里探索现代“恋爱”观念及其变奏。作者认为，自由恋爱、男女平等在西欧近代启蒙主义思想、基督教及浪漫主义文学的浪潮下，作为 love 的译语，“恋爱”就成为解释男女间爱情的一种现代性代码、沟通方式。最后论文以郁达夫和张爱玲的性爱主义小说为对象，具体分析小说中的“他/她的欲望”透过什么样的叙事形式被构造出来，性爱主体欲望是什么，还有怎样描写凝视的主体和性感的身体（尤其是女性的身体）等问题。论文最后下结论说：

> 郁达夫在“五四”那股强力的反传统主义思潮的影响之下，趋于自我暴露、告白式的性爱主义。他的偷窥狂男性主体透过女性之口诉说丧失和缺乏，仍然不离父权主义的美学和价值观。相反的，张爱玲则模仿传统才子佳人罗曼史，再解构，实现了前现代的叙事和价值观的颠覆。然而以 1940 年代大城市上海为背景展开的贵族女性主体的恋爱和传统叙事，总不免使人引起时代错位之感。①

安哉妍在他的论文里通过郁达夫和张爱玲的作品比较，考察跨语际实践随着男女性别的不同而呈现不同的结果，产生不同的现代主体和恋爱叙事的原因。

金秀妍的《文化的记忆、历史以及时空——以施蛰存和张爱玲的文学分析为中心》，比较施蛰存和张爱玲的文学创作。论文认为施蛰存的历史小说回归压抑的过去，而张爱玲的《倾城之恋》《封锁》则采用现代叙述和讽喻。两位作家都在过去的记忆和现在的欲望之间的不安的“缝隙”里创作。所以施蛰存的男性中心思想和与此相对应的张爱玲的女性视角，虽然在读历史的具体方法有所差异，但是两位作家共同借助“跳跃界限”的叙述形式来重读中国历史。

---

① 安哉妍：《The Gendering of Eroticism：Modern Subject and Narrative of Yu Dafu and Zhang Ailing》，延世大学校大学院博士论文，2006 年，第 184 页。

三　影视改编研究

比起小说，在韩国，关于张爱玲电影和剧本的论文只有4篇，其中3篇是关于电影《色·戒》的。比如陈性希的《张爱玲小说与电影的互文性研究》、申芝言的《小说的电影化所体现的故事的变形考察——以〈色·戒〉为中心》、金良守的《具有民族特色的空间——“戏剧舞台”——〈色·戒〉论》等。

陈性希的《张爱玲小说与电影的互文性研究》，以张爱玲的小说以及根据小说改编的电影为基础，对小说与电影的互文性进行了考察。论文的焦点放在张爱玲的《倾城之恋》和《色·戒》以及分别由这两部小说改编的同名电影上。论文首先对小说和电影的互文性进行了的考察。陈性希写道：

> 中国电影的30%是以文学原著改编的，由此可知中国的文学与电影之间的互动关系一直广泛地持续进行着。张爱玲的小说又依靠超越了时空感的多位导演得以改编成电影。电影《倾城之恋》几乎完美地按照小说的叙事来再现，《色·戒》则扩大了叙事。张爱玲的小说全部由台湾和香港出身的导演来改编成电影，这说明小说原作和改编电影的互文过程受到政治、社会、历史情况和文化背景的影响。[①]

论文对张爱玲的小说和由小说改编的电影、“张爱玲文本”和多种媒体种类的关系形式进行了分析考察认为，这样的研究对张爱玲文学研究、文学与电影或其他艺术的互文性等的一系列研究提出了新的视角，而且论文提出了在多种媒体共存的文化艺术市场，文学的外延怎样能够得到扩展。

申芝言的《小说的电影化所体现的故事变形考察——以〈色·戒〉为中心》，[②] 比较小说《色·戒》和同名电影，考察它们的叙事方式的不

---

① 陈性希：《张爱玲小说与电影的互文性研究》，崇实大学校大学院博士论文。

② 申芝言：《小说的电影化所体现的故事的变形考察——以〈色·戒〉为中心》，《中国语文学论集》第60号。

同，以及小说的主体意识在电影里怎样形象化或变形。这两部作品在形式和内容方面的差异是：小说主要以心理描写为主，而电影以台词和动作以及事件为主，而且电影在时代背景和对事件的解释上反映出导演的视线。

金良守的《具有民族特色的空间——“戏剧舞台”——〈色·戒〉论》,[①] 从戏剧舞台的角度分析《色·戒》这一作品。论文分为五个部分。第一是“间者”的位置；第二是原文的形成和张爱玲的内心；第三是作品中空间的结构化——“麻将桌”和“演戏舞台”；第四是张爱玲“国民国家”的选择；第五是皱纹——她的痕迹。论文认为《色·戒》这一作品充满着男人和女人、肉体和精神、物质和理性、亲日和抗日等因素，这正反映张爱玲在30年的时间里，至少感觉自己位于两个世界的中间位置。

金顺珍的《张爱玲电影剧本〈不了情〉和〈太太万岁〉分析》，注意到张爱玲在上海时写的这两部剧本，是张爱玲赴香港之前写的，所以对这些作品的分析有利于理解张爱玲赴香港后写的电影之间的联系。同时可以考察与之前发表的小说有什么样的差异，作家的作品世界有什么样的变化等。

除上述的小说研究、作品比较研究、电影剧本研究之外，还有很多论文暂且放在“其他研究”里来介绍。这些论文有的是从文化角度，有的是从文学角度研究张爱玲以及她的作品的。

从文学角度研究张爱玲及其作品的论文有：任佑卿的《战争与日常：战争体验和张爱玲的文学世界》。从文化角度研究张爱玲及其作品的论文有：李宝暻的《张爱玲所描绘的1940年代中国的文化时间和空间——以〈倾城之恋〉为中心》《“用洋人的眼光看”中国文化——读张爱玲〈金锁记〉》。其他论文还有文丁彬的《张爱玲和上海以及上海人》、林相范的《我们在战场的时候她在哪里？张爱玲研究试论》、金顺珍的《华丽的革命和孤独的个人以及她的狂气》、任佑卿的《女性的时间、叙事以及民族》等。下面我们简单地介绍一下其中具有代表性的几篇论文。

任佑卿的《战争与日常：战争体验和张爱玲的文学世界》[②] 这一论文

---

① 金良守：《张爱玲电影剧本〈不了情〉和〈太太万岁〉分析》，《中国现代文学》2010年。

② 任佑卿：《战争与日常：战争体验和张爱玲的文学世界》，《中国现代文学》1999年第17号。

想证明张爱玲在香港的战争体验跟她的作品有什么样的联系。对于张爱玲来说，战争似乎是摆脱日常的好机会，但是张爱玲执着于日常的性格通过战争更加明显地表现起来。在香港的战争体验之后直到上海的殖民地经验，张爱玲的这一倾向更加突出。这样的执着产生了对社会环境的讽刺效果，又把生活在里面的上海市民结合在“小市民性”的情绪当中，让他们从政治的无力感保持自己的主体性。

李宝暻的《“用洋人的眼光看”中国文化——读张爱玲〈金锁记〉》,[①]正像论文的题目，从“洋人看中国文化”的观点来分析《金锁记》，也许这样做才能够真正理解中国文化。论文首先通过回忆，考察人生的停滞、循环和宿命，接着考察向窥视的人展示自己丑恶的人物。

全惠镇的《张爱玲小说集〈传奇〉研究——以对1940年代都市空间“上海”的认识为中心》[②]，通过张爱玲的小说查看作家对现代都市的初步认识以及现代都市的面貌和人们的心理。全惠镇把上海看成是矛盾的焦点，东西洋文化冲突、传统和现代、新旧时代对立的城市，并且把人的面貌分为三种——过渡期的不安和无力，人际关系的虚浮和虚伪，黄金万能的思想和价值的丧失。

权惠珍的《张爱玲文学的创伤现象研究——以自我治愈为中心》[③]把张爱玲的创作分为三个时期。通过精神和内心的创伤为中心，把张爱玲的作品看成是一个“自愈的过程”来分析每一个时期的小说和散文以及作品。论文引用弗洛伊德和拉康的精神分析法，分析张爱玲每一个时期的作品及其特点，并把这些特点跟张爱玲每一个时期的创伤体验联系起来。

金顺珍的《华丽的革命和孤独的个人以及她的狂气》,[④]论文分三个部分：首先是不安的华丽；其次是抵抗的个人；最后是靠狂气谋生。论文认为，家庭新旧文化的冲突，更使张爱玲孤独。所以张爱玲小说中的家充满伪善、谋略、绝望和狂气，可以听到喊着不安和孤独的个人的呼叫声，

---

① 李宝暻：《“用洋人的眼光看”中国文化——读张爱玲〈金锁记〉》，《中国语文学》2006年第47辑。

② 全惠镇：《张爱玲小说集〈传奇〉研究——以对1940年代都市空间“上海”的认识为中心》，仁荷大学校教育大学院硕士论文，2009年。

③ 权惠珍：《张爱玲文学的创伤现象研究——以自我治愈为中心》，高丽大学校大学院硕士论文，2009年。

④ 金顺珍：《华丽的革命和孤独的个人以及她的狂气》，《中国文学研究》2006年第32辑。

可以看到个人充满狂气的挣扎。为了摆脱不安，作者回头看过去，可这并不意味着张爱玲的思想是错误的。回归过去的文化倾向性、个人性、彻底的现实意识，这三个特点是张爱玲通过上海人赋予作品中人物的特性。

此外，关于散文的论文只有一篇。就是金顺心的《张爱玲散文的审美特点研究——以1940年代散文为中心》。[①] 论文以1940年代张爱玲写的41篇散文为文本，对张爱玲散文的审美特色进行分析，散文的特点可以分为“叙事风格”和“叙事技巧”“叙事风格”又分为“参差的对照”和“精警”两个部分；“叙事技巧”分为通感、色彩等，通感、色彩着重分析散文的语言，其余部分则着重分析散文的结构。

结　　语

张爱玲研究在韩国已经非常活跃，从20世纪80年代开始直到现在已发表的论文将近80篇。其中金顺珍就写了9篇，[②] 翻译了两部作品，[③] 她的9篇论文当中研究女性主义的论文占4篇，这意味着金顺珍对张爱玲作品中女性问题的关注程度很高。任佑卿写了6篇论文，[④] 其中3篇论文与民族国家联系起来，他们可以说是持续关注并研究张爱玲及其作品的韩国

---

① 金顺心：《张爱玲散文的审美特点研究——以1940年代散文为中心》，全北大学校教育大学院硕士论文，2006年。

② 金顺珍的论文有：1.《张爱玲小说所体现的女性意识的限制》（1998），2.《从张爱玲小说看到的女性意识》（1999），3.《女性的身体和身体的空间——以张爱玲小说为中心》（2000），4.《张爱玲小说研究——以透过女性主义视觉所看到的身体·权利·叙事为中心》（2001），5.《透过香港看1940年代上海的殖民主义和性——以〈沉香屑·第一炉香〉、〈沉香屑·第二炉香〉为中心》（2002），6.《幻想的国家，双重的压迫——张爱玲小说里显示的香港的他者意识》（2005），7.《张爱玲剧本电影〈不了情〉和〈太太万岁〉分析》（2009），8.《华丽的革命和孤独的个人以及她的狂气》（2006），9.《张爱玲后期作品的特征——以〈金锁记〉和〈怨女〉，〈十八春〉和〈半生缘〉的比较为中心》（2010）。

③ 分别是《沉香屑·第一炉香》和《倾城之恋》。

④ 任佑卿的论文有：1.《战争与日常：战争体验和张爱玲的文学世界》（1999），2.《关于张爱玲短篇小说〈封锁〉的幻想性》（2001），3.《〈倾城之恋〉凄凉的启示——启蒙话语里的“娜拉”虚像》（2002），4.《民族的境界和文学史——以台湾新闻学社与张爱玲为中心》（2005），5.《娜拉的自杀：现代民族叙事与张爱玲的〈霸王别姬〉》（2006），6.《女性的时间、叙事以及民族》（2010）。

专家。

在本章里把韩国的张爱玲研究分四个部分来介绍，即小说研究、作品比较研究、电影剧本研究、其他研究等。

其中关于小说研究的论文最多，笔者把这些论文分为人物分析、表现形式、女性主义和主体意识四个方面来加以介绍。其中人物分析和女性主义的论文比较多，而且这些研究也呈多样性。对于作品中的人物不仅分析人物的性格；还引用弗洛伊德、拉康、荣格、诺依曼的精神分析、心理分析法来分析人物内心的矛盾和环境所引起的扭曲的性格；女性主义则侧重研究张爱玲小说中的女主人公的女性意识，这些论文考察的女性主义也是多方面的，有的论文分析当时社会的“女性”的不合理性和问题，有的论文分析女性意识的觉醒，还有的论文从“性”的角度接近女性问题。

研究电影剧本的论文有 10 篇左右；比较研究是多方面的，有的比较张爱玲和韩国女作家以及她们的作品；有的比较张爱玲和中国作家以及他们的作品；还有的是张爱玲小说之间的比较。像张爱玲和韩国女作家的比较，由于当时韩、中两国都处于社会动荡时期，所以对女性的描写也大多是在这样的时代下所显示出来的女性意识。虽然她们的生活环境不同，但表现出来的女性主义却颇为相似。作品中人物对人生的态度因为作家经历的不同，显示为不同的结局。

关于电影的研究论文有 4 篇，研究的内容是小说与电影的互文性；小说与电影的比较、戏剧分析等，其中 3 篇论文涉及《色・戒》，这也许是因为《色・戒》电影的上映，韩国的论文也开始注意到电影与小说的联系，但研究的范围和角度还有待进一步深入。

关于散文的论文只有 1 篇。张爱玲的散文创作可以说贯穿她的一生，在她的散文里可以看到张爱玲对生活的热爱，这与她小说的苍凉、悲凉是不一样的。遗憾的是在韩国对张爱玲散文的研究还很不足，对韩国的研究者来说散文是张爱玲作品中还有待研究的一个新领域。

总而言之，进入 21 世纪以后，关于张爱玲的作品研究非常活跃，这意味着韩国学者对张爱玲小说的重视。由于篇幅有限，本章没有一一介绍上述将近 80 篇的论文，但总的研究倾向应该说还是以小说为主，其中研究最多的作品是《传奇》以及个别小说作品比如《金锁记》《红玫瑰与白玫瑰》《倾城之恋》《色・戒》等，还有些作品比如《沉香屑・第一炉香》《沉香屑・第二炉香》《封锁》《茉莉香片》《心经》，《桂花蒸・阿小悲秋》《花　凋》等，但研究并不深入。其他作品比如《琉璃瓦》《年轻的时候》《连环套》《等》《殷宝滟送花楼会》《留情》《小艾》《创世纪》《鸿莺喜》《多少恨》《浮花浪蕊》《相见欢》等还有待研究。此外，关于其他体裁的作品，比如电影剧本还需要进一步地研究。

参考文献

一　小说

（一）《传奇》

1. 学位论文：

（1）焦育文，《张爱玲〈传奇〉研究》。

（2）表兰姬，《张爱玲〈传奇〉研究》。

（3）全南玧，《张爱玲〈传奇〉中人物的欲望研究》。

（4）王智裕，《张爱玲〈传奇〉研究——以作品中人物的人性为中心》。

（5）慎珉宣，《张爱玲〈传奇〉研究——以人物分析和表现手法为中心》。

（6）沈志娟，《张爱玲短篇小说集〈传奇〉——表现技法研究》。

（7）全惠镇，《张爱玲小说集〈传奇〉研究——以对1940年代都市空间“上海”的认识为中心》。

（8）金相玉，《张爱玲〈传奇〉表现手法研究》。

2. 学术论文

（1）朴姿映，《传闻与叙事：重读张爱玲〈传奇〉》。

（2）洪昔杓，《张爱玲的“荒凉”意识与〈传奇〉的叙事策略》。

（3）朴宰范，《张爱玲的〈传奇〉——作为现代主义小说的叙事性质》。

（二）《十八春》、《半生缘》

1. 学位论文

（1）张智惠，《张爱玲长篇小说〈半生缘〉研究》。

（2）徐甫庚，《张爱玲〈半生缘〉研究》研究。

（3）李株英，《张爱玲〈十八春〉研究——以删除的结尾为中心》。

2. 学术论文

（1）陈性希，《张爱玲〈半生缘〉研究》。

（2）金银珠，《张爱玲〈十八春〉的女性形象研究》。

（3）张智惠，《张爱玲长篇小说〈半生缘〉里月亮的象征意义》。

（4）陈性希，《张爱玲〈半生缘〉“家族形象”研究》。

（5）陈性希，《从家庭主义观点看张爱玲的〈半生缘〉》。

（三）《金锁记》、《怨女》

1. 学位论文

（1）苏珍嬉，《张爱玲〈金锁记〉研究——新 feminism 的可能性》。

（2）文丁彬，《张爱玲〈金锁记〉研究》。

（3）李相宪，《张爱玲〈怨女〉研究——以主题体现为中心》。

（4）尹美淑，《张爱玲〈金锁记〉研究》。

2. 学术论文

（1）李宝暻，《“西洋人眼中”的中国文化——读张爱玲〈金锁记〉》。

（2）安哉妍，《庭院那边的言语——〈金锁记〉所表现的女性的狂气与传统翻译问题》。

（四）《倾城之恋》

1. 学位论文

李志娟，《张爱玲小说〈倾城之恋〉研究——以女性主义为中心》。

2. 学术论文

任佑卿，《〈倾城之恋〉凄凉的启示——启蒙话语里的“娜拉”虚像》。

（五）关于小说的其他论文

1. 学位论文

（1）李康姬，《张爱玲短篇小说研究——以作品中人物为中心》。

（2）洪银希，《张爱玲初期小说研究——以对作品中人物的心理分析为中心》。

（3）李光实，《张爱玲初期短篇小说研究》。

（4）李淑娟，《张爱玲小说试探——从女性主义批评观点》。

（5）李淑娟，《张爱玲小说研究》。

（6）金顺珍，《张爱玲小说研究——以透过女性主义视角所看到的身体·权利·叙事为中心》。

(7) 崔信爱,《张爱玲小说所表现的女性意识研究》。

(8) 闵新惠,《张爱玲小说〈红玫瑰与白玫瑰〉研究》。

(9) 李唯贞,《张爱玲创作风格研究——以〈沉香屑·第一炉香〉为中心》。

(10) 崔仙敬,《张爱玲〈赤地之恋〉研究》。

(11) 金顺珍,《张爱玲后期作品的特征——以〈金锁记〉和〈怨女〉,〈十八春〉和〈半生缘〉的比较为中心》。

(12) 崔银晶,《论中国现代女作家作品中的女性性爱意识》。

2. 学术论文

(1) 宣钉奎,《张爱玲小说中男性与女性的本位》。

(2) 崔仁爱,《张爱玲短篇小说研究(1)》。

(3) 崔仁爱,《张爱玲短篇小说研究(2)》。

(4) 白永吉,《张爱玲小说的情欲和虚无意识》。

(5) 金顺珍,《张爱玲小说所体现的女性意识的限制》。

(6) 金顺珍,《从张爱玲小说看到的女性意识》。

(7) 金顺珍,《女性的身体和身体的空间——以张爱玲小说为中心》。

(8) 任佑卿,《关于张爱玲短篇小说〈封锁〉的幻想性》。

(9) 金顺珍,《透过香港看1940年代上海的殖民主义和性——以〈沉香屑·第二炉香〉为中心》。

(10) 任佑卿,《娜拉的自杀:现代民族叙事与张爱玲的〈霸王别姬〉》。

(11) 朴明镇,《〈色·戒〉里出现的性与国家主义研究》。

(12) 高海燕,《张爱玲小说“死亡”意象研究》。

(13) 金顺珍,《幻想的国家,双重的压迫:张爱玲小说里显示的香港的他者意识》。

二 散文

金顺心,《张爱玲散文的审美特点研究——以1940年代散文为中心》。

三 比较研究

1. 学位论文

（1）刘素希，《张爱玲和王安忆作品都市空间比较——〈传奇〉和〈长恨歌〉》。

（2）金锦兰，《张爱玲和崔贞熙小说的女性悲剧意识比较研究》。

（3）郑恩雅，《张爱玲和崔贞熙小说的比较研究——以1930—40年代小说的女性形象为中心》。

（4）韩美希，《张爱玲小说〈传奇〉和〈半生缘〉比较研究》。

（5）金秀妍，《文化的记忆、历史以及时空——以施蛰存和张爱玲的文本分析为中心》。

2. 学术论文

（1）梁春姬，《〈红楼梦〉和〈沉香屑·第一炉香〉的居住空间小考——以情景论为中心》。

（2）金润秀，《日本侵略时期女性作品里出现的现代性——以萧红的〈生死场〉和张爱玲的〈封锁〉为中心》。

（3）陈性希，《张爱玲和田惠麟的写作和“日常”》。

（4）安哉妍，The Gendering of Eroticism：Modern Subject and Narrative of Yu Dafu and Zhang Ailing。

四　小说与电影

1. 学位论文

陈性希，《张爱玲小说与电影的互文性研究》。

2. 学术论文

（1）金顺珍，《张爱玲电影剧本〈不了情〉和〈太太万岁〉分析》。

（2）申芝言，《小说的电影化所体现的故事的变形考察——以〈色·戒〉为中心》。

（3）金良守，《具有民族特色的空间——“戏剧舞台”——〈色·戒〉论》。

五　关于张爱玲的其他论文

1. 学位论文

（1）权惠珍，《张爱玲文学的创伤现象研究——以自我治愈为中心》。

（2）安善敬，《张爱玲心理传记研究》。

2. 学术论文

（1）任佑卿，《战争与日常——战争体验和张爱玲的文学世界》。

（2）李淑娟，《张爱玲的叙述策略——多重时空》。

（3）文丁彬，《张爱玲和上海以及上海人》。

（4）林相范，《我们在战场的时候她在哪里？——张爱玲研究试论》。

（5）李宝暻，《张爱玲所描绘的1940年代中国的文化时间和空间——以〈倾城之恋〉为中心》。

（6）金顺珍，《华丽的革命和孤独的个人以及她的狂气》。

（7）金秀妍，《文化的记忆、历史以及时空——以施蛰存和张爱玲的文本分析为中心》。

（8）任佑卿，《女性的时间、叙事以及民族》。

（9）任佑卿，《民族的境界和文学史——以台湾新闻学社与张爱玲为中心》。

第九章

艾　青

引　言

曾生活于现代中国史上动荡年代的艾青可谓是现代文学的活见证，他在 1936 年发表了第一首诗——《大堰河——我的保姆》之后，开始受到关注。从此，他与这个时代和人民同甘共苦，献身于伟大的斗争。

在韩国作家所熟知的中国现代诗人要属艾青，那可能是因为艾青的代表作得到了许多人的共鸣，表现出了一种情绪上的亲密感的关系。[①] 自 1986 年以后，他的诗集被柳晟俊、成民烨、朴在渊、韩昌熙等翻译成韩文在韩国出版。并且从 1986 年李宇正的《关于艾青诗的风格研究》和河正玉的《艾青诗集〈归来的歌〉的美学》发表开始，对艾青的研究一直持续到今日。本章介绍在韩国进行的关于艾青的研究，并且考察其研究动向。

领域	作者	题目
学位论文	郑圣恩	艾青诗的思想性和艺术性研究
	安敬美	艾青诗的象征性研究
	朴钟淑	艾青诗研究
	吴京喜	艾青中期诗研究
	黄正美	30 年代艾青诗研究
	吴나비나	1949 年以前艾青诗的艺术美研究
	孙惠兰	艾青后期诗研究

① 朴南用：《艾青的现代体验和诗的印象研究》，韩国外国语大学校大学院博士学位论文，2006 年，第 11 页。

续表

领域	作者	题目
	朴南用	艾青的现代体验和诗的意象研究
	朴诚兰	艾青的初期诗研究
	林春花	韩国和中国的现代诗比较研究：以金素月和艾青为中心
学术期刊	李宇正	艾青诗中的风格研究
	河正玉	艾青诗集《归来的歌》的美学
	李炳汉	艾青的诗论
	柳晟俊	艾青诗的晚年作风
	柳晟俊	出现在“狱中诗”中的艾青的意识
	朴钟淑	艾青初期诗的二项对立分析
	朴钟淑	艾青思想的历史背景
	吴京嬉	40年代艾青诗的现实认识
	俞景朝	艾青的生涯研究
	郑守国	艾青诗的对立世界和和谐的美学
	郑守国	艾青诗的意味空间
	朴南用	艾青诗论研究
	朴南用	艾青《诗论》的现代性研究
	朴南用	艾青和朱光潜的意象诗论比较
	朴南用	出现在中国现代诗中的基督教文化研究
	金丁淑	对艾青诗中苦难的美学考察
	金丁淑	艾青诗的苦难意识研究：以30、40年代诗为中心
	郑雨光	艾青后期诗的政治抒情诗特点研究
	郑雨光	艾青前期诗的审美特色研究
	柳晟俊	中国现代诗人艾青诗的思潮和他的关于基督教的诗
	朴南用	出现在中国现代诗中的韩国意象研究：以郭沫若、殷夫、艾青等为中心

从上表①可以看出，关于艾青研究的学位论文有10篇，学术论文有21篇，查看研究目录可以发现其研究主题并不单一，或是划分时期后研

① 此资料目录是将收录于RISS（韩国学术研究情报服务）和国会图书馆的关于艾青的学位论文和学术期刊论文及单行本综合整理出来的。其中谈论艾青的内容甚少的部分，或是只翻译收录的作品排除在目录之外。

究某一时期或是考察特定时期的艺术美，或是进行专门的、细分化的主题研究。

本章首先要对艾青诗创作的各时期研究进行说明。各时期研究领域根据艾青的创作生涯，有的学者分为初期、中期、后期进行研究；有的学者以 1949 年为基准分为前期和后期进行研究。所以，本章把各时期研究分为前期、中期、后期、1949 年前后进行说明，并且还要仔细查看一下有关基督教诗的研究，艾青和其他作家的比较研究。综上所述，由于关于艾青的研究主题比较多样，在前一个范畴内没能说明的研究会在其他研究中进行介绍。

本章试图做的这一努力，目的在于掌握在韩国的关于艾青的研究动向，通过这一结果，要提示出今后关于艾青的研究方向。

一　创作分期研究

通常把艾青的诗，根据其创作生涯区分为 1932—1940 年初期，1942—1958 年中期，1978—1996 年后期。

其中艾青的初期诗被评价为艺术形象性非常突出的作品，法国留学之后他直视祖国的黑暗现实，选择了诗创作，表现出诗人内在的奋斗精神，在这一点上具有很重要的意义。①

朴钟淑在《艾青初期诗的二项对立分析》中，试图分析出现在 1930 年到 1937 年间的艾青抒情短诗中的空间、时间、颜色、声音等的二项对立。她之所以把艾青初期诗尤其是属于前期的诗作为研究对象，是因为比其他时期的诗更具有文学之纯粹性。

都说艾青的诗是把形象化成光和音的一幅画，特别是艾青的初期短诗中有很多视觉、听觉等感觉性诗句，并且查看这些诗可以看出代表光明和黑暗处在直接、间接的对立关系，声音也以积极的声音和消极的声音二项对立着。除了光和声音以外，还有昼和夜、上和下、这里和那里的空间的二项等都处在对立关系之中。朴钟淑着眼于这一点将艾青初期短诗 12 篇中出现的二项对立，分为对立可以克服的、有希望的二项对立和绝望的二

① 朴诚兰：《艾青的初期诗研究》，全北大学校大学院硕士学位论文，2008 年，第 11 页。

项对立及消除二项对立进行了分析。①

艾青诗中存在着时间、空间以及色彩、感情等的肯定价值和否定价值的对立。有时更加突出了漆黑夜晚这个否定价值（《那边》《泡影》），有时由光亮的白昼这个肯定价值来支配（《窗》《晨歌》），但否定价值和肯定价值混在一起的时候也比较多（《当黎明穿上了白衣》《阳光在远处》《聆听》《灯》《太阳》）。

艾青初期短诗克服了消极的部分，做出了偏向肯定部分的努力，这时登场的就是媒介项，即媒介物（或媒介体）。

在艾青的初期短诗中，媒介有说话者要克服二项的意志。例如，里和外，连接我和你的“窗”（《orange》《窗》《晨歌》）、脱离现实的烦恼和恐惧，要自由自在上升或下降的“梦”（《晨歌》），还有穿过黑暗向阳光奔驰的“船”（《阳光在远处》《聆听》）等。并且还有像“鹏鸟”（《晨歌》）一样的传说媒介，也有像幻想（《窗》）一样的幻想媒介。还有“注视（黎明光景）”（《当黎明穿上了白衣》），“听（夜晚到早晨的声音）”（《聆听》），“到（有光的地方）”（《阳光在远处》《灯》）一样，具体行为上的媒介项。

从整体上来看，艾青初期短诗 12 首中，完全没有起到媒介作用的诗只有《那边》《泡影》。其余的 10 首，虽程度上有差异，但媒介起着要消除二项对立的作用。②

朴诚兰在《艾青的初期诗研究》中，以研究出现在艾青初期诗中的想象力来源为目的，以他的 25 篇“狱中诗”以及到 1940 年发表的初期诗为中心，重点考察了为协调思想性和艺术性而作出的诗人的努力。

她特别对艾青的代表作《大堰河——我的褓母》进行了多角度的分析。《大堰河——我的褓母》是载着艾青童年记忆的诗，将 12 联 108 行的叙事故事以抒情诗的样式表现出来。朴诚兰将其叙事构造与 20 世纪 30 年

① 朴钟淑：《艾青初期诗中的二项对立分析》，《中语中文学》（韩国中语中文学会）第 12 辑，1990 年，第 88—89 页。

② 同上书，第 111—112 页。

代韩国的 KAPF① 系列的林和、李庸岳等创作的短篇叙事诗相联系，试图做比较考察。

关于 30 年代韩国无产阶级诗人创作的“短篇叙事诗”，尹汝卓认为，因为是在无产阶级生活中汲取材料，可以在现实气氛中具体实现出诗情绪的研究，艾青的《大堰河——我的保姆》的诗的构造也以时间流动和因果构成基础，共有 12 联的这首诗将过去与现存的视点适当地调和在一起，引出了追踪一个女人生涯的兴趣和紧张。②

朴诚兰认为，通过相似形态的诗行和形象的并列和合并，使用创造新意义的并置的构造来展开诗也是一种特点。她对艾青的诗中的技法是这样评价的：“在诗中他适当地构思着反复和并置，最终尝试到了到达顶点的喜悦，这可以说他没有抗拒历史潮流，而是非常热情同甘共苦的诗人自我意识所酿出的成果。”③

吴京嬉在《艾青中期诗研究》中以艾青的中期诗为中心，对作品里内在的诗人的创作意图和主题等进行了分析。她将艾青中期诗中的内容特点分为四类并考察了其意义。

第一，艾青的中期诗是随着中国重要历史事件的时代背景写成的，充满政治热情的颂歌和对旧时代的批判同时出现的。第二，受到延安时期整风运动和毛泽东的《在延安文艺座谈会上的讲话》的影响，艾青与工农兵等普通群众直接沟通，着力于体验他们的用语和习惯，艾青随着对这种

---

① 活动于日据时期的文学艺术家组织“卡普（KAPF）”为“朝鲜社会主义艺术同盟”的意思，世界语 Korea Artista Proleta Federatio（英文 Korea Proletarian Artist Federation）的第一个字的简称。〈PASKYULA〉和焰群社一起成立的这个组织的发起人有朴英熙、金基镇、李活、金永八、李益相、朴容大、李赤晓、李相和、金稳、金复镇、安硕柱、宋影等人，成立之后赵明熙、崔鹤松、朴八阳、李萁永、李亮、崔承一、赵重滚、尹基鼎、韩雪野、柳完熙、金昌述、洪阳明、林和、安漠、金南天等人加入。卡普于 1926 年 1 月发刊《文艺活动》，告知了其性质和活动内容后，1927 年在日本东京发刊《艺术运动》，同年 9 月召开了一百多人参加的全国盟员大会，以“与一切专制势力做斗争，以艺术为武器将朝鲜民族的阶级解放做为目的”为纲领，推举朴英熙为会长展开了大规模的文学运动。社会主义文学初期，卡普与民族主义文学即资本家文学进行了激烈的论争，展现出了两大意识形态对立的局面。这个集团的活动起步于无产阶级及社会运动开始的时候，占了时代的优势，但从结果上看，没能留下一个显眼的业绩和作品，只是坚持着理论和论争，最终屈服于日本帝国主义的镇压。

② 朴诚兰：《艾青的初期诗研究》，全北大学校大学院硕士学位论文，2008 年，第 41 页。

③ 同上书，第 54 页。

传统民歌体诗的探索，在他的创作中更加大众化和通俗化。第三，在艾青的初期诗中开始出现的对世界少数民族的爱，到了中期发展为友谊、鼓舞、激动的歌谣。第四，从政治热情、民歌体诗的探索出发，更进一步表现出了适合于细致而平静的语言和节奏，加上暗示性、象征性技巧的突出，增加了诗的哲理性。吴京嬉认为这种哲理性在该时期表现更为突出，在艾青诗中是无法缺少的要素。①

吴京嬉认为，有关艾青中期诗的技巧，不得不承认是因为实在的描写和现象罗列式的表现而失败，但绝不能忽视中期诗所反映出的时代的现实主题这一侧面，并且中期是艾青为了写诗而表现出斗志的时期，其结果，不但在中国，而且在世界上也占据了很重要位置。②

柳晟俊在《艾青诗的晚年作风》中，将属于后期诗的1978年后的作品作为对象，分析了其风格。他说艾青的诗“越往后期越突出了诗的色彩和美的意象”，③ 并且对艾青后期诗的特点是这样论述的：“看开人生，在海外旅行中表现出脱俗的意识和满足的心情，追求着抒情性。这不仅是那即将面对死亡的一位老诗人的真实心情，也是不得不回归自然的人的终末心理现象。”④

孙惠兰在《艾青后期诗研究》中，将艾青后期诗189首的主题分为希望和盼望的描写、自然和生命的赞美、哲理意识的投影、自由民主和世界和平的渴望、回想和超越意识的表现等五个范畴做了分析，考察了后期诗的主题意识。她认为艾青的后期诗有着“从希望出发经过了抗日战争，反帝到社会主义，赞扬共产主义，发展到和平、安定和自由、民主及咏物、哲理的特点。”⑤ 评价为“有情感的爱民意识和渴望自由和希望的热情使

---

① 吴京嬉：《艾青中期诗研究》，淑明女子大学校大学院硕士学位论文，1990年，第92—94页。

② 同上书，第94页。

③ 柳晸俊：《艾青诗的晚年作风》，《中语中文学》（韩国中语中文学会）1989年第11辑，第302页。

④ 同上书，第304页。

⑤ 孙惠兰：《艾青后期诗研究》，韩国外国语大学校教育大学院硕士学位论文，2005年，第97页。

他的诗更加生辉。”①

郑守国在《艾青诗的对立的世界和和谐的美学》中，以发表于1949年之前的诗为中心，对消除艾青所描述的诗世界中的矛盾构造和对立世界的和谐美学进行了考察。他说艾青的诗中都市和乡村、地和天、黑暗和光明等对立世界共存，这种对立现象是艾青对世界的认识。在其中艾青形成了从都市到乡村、地到天、黑暗到光明的价值体系，同时艾青探索着统一对立世界的和谐空间，即坡、山、窗户等媒介空间克服了否定价值，追求着肯定价值。郑守国还说“艾青的这种价值体系是一贯流淌在自己诗中的生命力，是将他的诗有机地统一起来的一种诗的精神。”②

吴나비나在《1949年之前艾青诗的艺术美研究》中，以1949年之前的诗为中心，在内容、形式方面考察了艾青是怎样通过象征美、绘画美、韵律美来表现出艺术性的。首先在内容方面考察了互相对立的素材，如忧郁、光明、都市、乡村、大地、蓝天是具有怎样的两面性的，她对艾青在诗中表现出的象征性是这样讲述的：

> 表现为太阳、黎明、火花的光明意识表现出了对新的生命和希望的渴求，这是为了克服艾青所处的个人忧郁和中国所处的时代的忧郁而做的挣扎。并且通过艾青的忧郁、感伤、悲愤及带有期待的农村诗和理想、憎恨、复杂的希望与失望交织在一起的都市诗表现出了在农村变为城市的中国现实中这两个空间只能共存于一个时代的和谐意义。艾青在诗中使用了许多自然景象。特别是将中国受的苦难描写成丧失生命力的大地，将克服这一切的对象指向了带有上升意识的上天。③

对艾青的韵律美吴나비나认为，在白话诗的形式上，充分地吸收了口语和欧洲语言特征，意味深长，诗情很浓，形成了清新的自然诗风格，并

① 孙惠兰：《艾青后期诗研究》，韩国外国语大学校教育大学院硕士学位论文，2005年，第97页。

② 郑守国：《艾青诗的对立世界和和谐美学》，《中国现代文学》（韩国中国现代文学学会）2001年第20号，第146页。

③ 吴나비나：《1949年以前艾青诗的艺术美研究》，韩国外国语大学校教育大学院硕士学位论文，2003年，第123页。

且学了绘画的艾青受了新诗的影响使用了对偶形式。通过散文的外在形式表现出了带有内在特征的散文化形式，主张了诗的形式多样化，追求着散文化，使用了接近口语的简单明了的诗语。①

郑雨光在《艾青前期诗的审美特色研究》中，考察了1949年以前艾青的代表情诗，分析了艾青诗的审美标准。他说，艾青前期诗在很多方面重视着时代精神和社会现实，只是这种时代精神和社会现实并未停留在“真的境界”，而是给他们穿上了所谓“社会功利性”的“善的灵魂”和所谓“人性”的“美的外衣”。并且他认为“真、善、美”融合的统一体是艾青所追求的审美诗观，这是“诗人从亲身经历和生活体验出发，进一步说是始于对民族和人生，生命的洞察和自觉，也是出于作为诗人的社会责任感和历史使命感。”② 所以，通过生活体验的具体印象，需要一个形象的明确性，强调了“朴素、单纯、集中、明快”这四种审美意识，并且强调在时代中寻求个人存在的思想和艺术的审美观通过民族精神和诗人个人情感的融合，以体现时代精神的特色而表现出来。③

郑雨光对艾青1949年以前的诗是这样评价的：

> 将1949年以后的诗看做后期时，后期的诗带有政治色彩的短处，但也存在一些表现出对生的赞美与超脱，作为人对宇宙哲理的思考，自由与和平的渴望等主题意识的力作。虽然如此，但对艾青诗的全盛时期在前期这个说法也没有不同意见。那是认为前期的作品比后期优秀作品更多的原因。因为这个时期的作品中融合了时代精神、民族传统、个体生命，在诗中体现出了他自身的思想和感情。并且他的这种前期诗影响于40年代后期的七月诗派，在诗的内容和技巧及语言运用等方面都给予了很大的影响。④

郑雨光在《艾青后期诗的政治抒情诗特色研究》中也说，“艾青的后

① 오나비나：《1949年以前艾青诗的艺术美研究》，韩国外国语大学校教育大学院硕士学位论文，2003年，第123页。

② 郑雨光：《艾青前期诗的审美特色研究》，《中国语文论丛》2010年第47辑，第442页。

③ 同上。

④ 同上书，第426页。

期创作比前期艺术成就度明显下降”。[①] 他说，以前的诗如果是时代精神、民族传统、个体生命融合为一体的忧郁和严肃的抒情，那么在后期渐渐介入了诗人过分的主观感情和对自由及解放的过度的热情。所以说在颂歌体的空虚、概念化的抒情以粗糙的节拍登场中，很难找出他冷静的忧郁灵魂。[②]

二　基督教题材作品研究

艾青虽然不是基督教徒，但他的诗中有不少基督教意识或是反映了《圣经》内容的。将这些作品罗列一下，带有基督教性格题材的作品有《一个拿撒勒人的死》《马槽》《人和上帝》《上帝在哪》等，带有基督教内容的作品有《病监》《他死在第二次》《没有弥撒》《火把》《播种者》等。

柳晟俊在《中国现代诗人艾青诗的思潮和他的关于基督教的诗》中，通过有关基督教的诗，考察了艾青的基督教意识。艾青在《一个拿撒勒人的死》中，借耶稣的生涯，以一个青年作家的心境，讽喻了自己不幸的牢狱生活。柳晟俊说，这是艾青表现出自己状况的一首诗，在教徒的立场上以歌颂基督的牺牲来自慰。就是说艾青想象着基督的痛苦，给自己的牢狱生活赋予了意义。[③]

在艾青的诗中虽然没有直接的圣经内容，但通过间接的引用方法表现出了诗的意境，这也可以算是诗的基督教潜在意识。[④]《病监》是艾青在牢中染上肺病被关在重病犯人牢房时所写的，在诗中就如诚实的基督徒忠实于自己的信仰一样，在死亡面前，他表现出了强烈的生命欲望和乐观心态，揭发了国民党政府镇压爱国青年的卑鄙恶行。[⑤] 他对艾青关于基督教的诗是这样论述的：“中国作家以圣经为基础，使用了在灰暗的现实中追

① 郑雨光：《艾青后期诗的政治抒情特点研究》，《中国文化研究》（中国文化研究学会）2010 年第 17 辑，第 460 页。

② 同上。

③ 柳晟俊：《中国现代诗人艾青诗的思潮和他的关于基督教的诗》，《基督教语言文化论集》（国际基督教语言文化研究院）2004 年，第 136 页。

④ 同上书，第 142 页。

⑤ 同上书，第 144 页。

求理想，有所期望的基督教题材是很少见的，可以说为今后中国作家的意识世界提供了一个新的境地。”①

金丁淑在《对艾青诗中苦难的美学考察》中，将艾青诗中出现的苦难以《圣经》中的故事和语汇及意义为中心分析了艾青诗的特点。《一个拿撒勒人的死》非常完美地引用了《圣经》中耶稣的苦难史，以耶稣的苦难描写了诗人的苦难，《病监》、《古宅造访》、《马槽》都表现出了耶稣的苦难，刻画了个人与民族的苦难。金丁淑认为，这些作品都是在《圣经》中耶稣的苦难史和现实世界的苦难中寻找诗的素材，表现出要在其中找出摆脱自身与民族苦难的对象。即艾青为了摆脱来自外部世界的苦难这个反面意象，通过耶稣的苦难投向了复活这个积极的愿望，这个愿望是艾青写作的动力，是在现实生活中寻找可以包容、解救自己的路，并且这就是在抗战和国共内战时期的危机前，为了摸索中国的出路，艾青所追求的真、善、美的世界，作为时代的代言人，真实地记录着那个时代的感情、风潮、趣味的美学欲望。②

金丁淑对艾青将自己的苦难与耶稣的苦难联系在一起，是这样论述的：

> 艾青的文学是包容、衬托他自己的外部纯真的视线和语言，将耶稣和自己的苦难连接在一起的空间，诉说确信有神论的场地，是寻找人与神共同焦点的场地。这就是艾青的苦难与耶稣的苦难连接在文学中的理由。所以艾青通过耶稣的苦难，认为深思熟虑中国忧患意识的意义是克服现实危机的救援之路。以救援人类为代价，在这个世上挣扎了三年的苦难之中，以这种耶稣的苦难，表现出为了祖国的救亡活动自己遭受的三年牢狱之灾，从而洞察了“历史中个人”的生活本质，同时为了摆脱苦难，寻求超凡力量。③

朴南用在《出现在中国现代诗中的基督教文化研究》中说：“在艾青

① 柳晟俊：《中国现代诗人艾青诗的思潮和他的关于基督教的诗》，《基督教语言文化论集》（国际基督教语言文化研究院）2004年，第145页。

② 金丁淑：《对艾青诗中苦难的美学考察》，《中国语文论译丛刊》（中国语文论译学会）2010年第27辑，第48页。

③ 同上。

的诗中，将《圣经》的故事和自己的故事、进一步将中国的时代状况相互连接在一起，表现出时代认识上的相互关连性。”① 并且通过艾青的这种西欧基督教文化的认识，可以看出作家对30年代对为了革命被摧残的知识分子的压迫与牺牲及知识青年的革命精神的高度评价。②

三　比较研究

朴南用在《艾青和朱光潜的〈意象诗论〉比较》中。将艾青的《诗论》与同时代诗论家朱光潜的做了比较研究。朴南用认为他们的《诗论》有着继承中国古代诗学的传统，接受了西欧现代诗论的共同点，特别是继承了严沧浪的“兴趣”、王渔洋的“神韵”、袁简齐的“性灵”、王静安的“境界”等的诗学传统，在现代意义上发展了意象理论。并且受到了以王国维的、西欧叔本华或歌德的美学影响，胡适的意象主义的影响，朱光潜的克罗齐的美学理论，艾青的法国象征主义或意象主义等的影响，进而发展了新的诗歌美学。随后，他们的这种诗歌美学主张被认为是传统与西欧的融合，又是相互交流的产物。③

艾青与朱光潜的诗论有着这些共同点，也有着许多创作诗歌是创作源泉问题上的、创作过程中的不同点。朴南用认为，艾青与朱光潜的诗论的差异，最主要的是看待诗本质的相互观点的不同。艾青的《诗论》根据各个主题进行了简短的叙述，将诗论的核心问题如诗的定义、诗的精神、美学生活、主题、形式、技术、形象、意象、联想、语言、道德等做了定义，对诗存在的最终问题做了分析；朱光潜的《诗论》通过比较长的叙述，对诗的起源、谐谑和隐语，诗的境界、情感和思想，诗的散文，诗和音乐，诗和画以及中国诗的节韵律和格律问题等做了具体分析。在展开这种多样的主张的同时，认为诗人的本意是真、善、美的相互统一，并且诗是诗人思想和感情的统一、想象力的产物，诗作为反映时代现实的社会产物应该执行工力技能。相反，朱光潜在艺术和游戏的观点上看待诗的本

① 朴南用：《出现在中国现代诗中的基督教文化研究》，《世界文学比较研究》（世界文学比较学会）2010年第33辑，第122页。

② 同上书，第127页。

③ 朴南用：《艾青和朱光潜的意象诗论比较》，《世界文学比较研究》（世界文学比较学会）2009年第29辑，第140页。

质，将诗的境界看作诗人的情绪和意象的结合。①

他对艾青和朱光潜的意象诗论的差异是这样讲的：

> 可以看出在艾青和朱光潜的诗论中非常重视意象。在他们的《诗论》或别的著作中可以找到许多对意象的叙述，可以看做是他们诗论的核心。因为他们继承发展了传统诗论，又独创性地接受了西欧文学或美学理论，通过这些，在中国新诗理论的开展、发展中，就如王国维在《人间词话》中论述的诗的境界，他非常重视意象和意境，讲述“有我之境”和“无我之境”、“隔”与“不隔”。胡适主张诗体的大解放，他主张在反封建启蒙思想中为解决现实中的社会问题而创出新的语言。这种迹象在后期的新月派和象征派、现代派都一直持续表现着，可以说根据他们的主要诗论倾向和西欧象征主义、现代主义诗论的一种诗语言的新发现，也可以说是通过诗形式的自由展开了新的内容。在这一过程中，通过诗人的个人情绪和意象的结合可以赋予读者美的经验。但在30年代的抗战现实中，只能重视反映时代现实的社会功能，强调个人美之情绪和经验的美学诗论的展开只能受到批判。在这一侧面上看，艾青的诗论载着前段内容，朱光潜的诗论载着后面的内容，所以两位诗论家的诗论主张中存在着看待文学与社会的差异。②

朴南用考察了艾青和朱光潜的诗论中的诗本质问题和创作论、美学论、批评论、感想论等，试图研究他们的诗论在中国现代诗论史的意义和影响，但就如他自己所说，由于只注重了诗歌本身的意象研究，所以在阐明诗创作和诗论的相关性上还有些不足。

林春花对20世纪20—30年代韩国优秀的民族诗人金素月和中国的艾青做了比较研究，对经历了时代痛苦的两位诗人的诗作中出现的共同点与差异性做了比较。林春花指出，金素月和艾青的诗中女性因素比较浓厚。两位诗人的作品中有很多描写与爱人的离别、想念、痛苦等的女性表现。

---

① 朴南用：《艾青和朱光潜的意象诗论比较》，《世界文学比较研究》（世界文学比较学会）2009年第29辑，第138—139页。

② 同上书，第139页。

金素月的诗中随着传统节奏出现了许多女性的形象，含有女性哀怨的美学。艾青的诗中虽没有金素月诗作中突出的女性，但将自己的内心世界通过女性形象表露出对当时时代状况的不满，细腻地表现了剥削和压抑带来的痛苦。[①] 并且两位诗人的作品中有很多对故乡山川的景物描写，通过美丽的自然景物描写出了在抗日时期这个同样的历史背景下，百姓们背井离乡的悲惨状况，引起了故乡丧失感和民族情绪。综上所述，林春花认为金素月和艾青的诗的共同点可以归纳为女性和乡土两种因素。并且她认为两位诗人的差异体现在语言使用和情绪两个侧面。金素月使用了许多韩国传统情绪如恨与悲伤等情绪的、民族的、乡土的、土俗的诗语。相反，艾青很少使用土俗诗语，用直言不讳的描写方式将自己的矛盾和冤屈有力而热情地表现出来。描写着从束缚中逃脱不出来的现实状况，表现出为了自由所尽的努力和度过了惨淡生活的时代情绪。[②] 在象征性语言上，金素月通过“鸟”这个诗语讴歌了从压抑和剥削的现实状况中摆脱出来并追求自由的心境；艾青用“大地、太阳”等诗语歌颂了母亲宽广的胸怀，即对归栖意识和美好未来的赞美。[③] 林春花还说“虽然是有着日本侵略这同一个历史背景，但通过作品分析可以看出金素月有着背叛式的性格的同时，在内心中有着坚韧不拔的一面；艾青有着大地的豪放，像火一样、太阳一样的热情，并且很现实、很直接。”[④] 综上所述，林春花分析了两位诗人情绪上的差异。

四　其他研究

由于有关艾青的研究比较多样，在前一节没能谈论的要在本节内加以介绍。

朴南用关于艾青诗的意象发表了《艾青的近代体验和诗的意象研究》和《出现在中国现代诗中的韩国意象研究》两篇论文。首先，在《艾青的近代体验和诗的意象研究》中，他考察了艾青诗的意象，认为诗的意象

---

① 林春花：《韩国和中国的现代诗比较研究：以金素月和艾青为中心》，汉阳大学校大学院博士学位论文，2005 年，第 20 页。

② 同上书，第 64 页。

③ 同上书，第 65 页。

④ 同上书，第 64 页。

在理解诗的本质上是非常重要的一部分，是诗人的诗创作和诗鉴赏问题的重要部分。并且说艾青诗的特点可以归纳为诗的意象，将艾青诗的意象分为时空间意象、象征意象、感觉意象做了分析。

在时空间意象中分为时间和空间意象做了分析。在时间意象中，通过一天或季节的循环、周期时间和过去—现在—未来等直线时间的个人时间体验，考察了对世界的认识。在空间意象中，将组成他生活的农村和都市做了分析，朴南用说“对这种农村和都市的空间意象分析事实上是面向人间与社会的作者意识的结果，他在提出农民的悲剧生活或都市人沉陷在都市文化中的冷漠问题。”①

在象征意义上立足于巴什拉（Gas ton Bachelard）的四元素论，分析了有关水、火、气、土的诗的活力意象。他运用了流水的活力意象，将有关水意象的诗表现出了生命与死亡世界。在火意象的诗中，通过太阳和火、光明和黎明，表现出了追求理想和未来的世界。在气的意象中，通过风与鸟等，体现了诗人自由想象力的活跃性。通过土意象的诗，表现出大地母亲一样的形象，主要投射出忧郁和苦难的时代感。朴南用说，现在的有关艾青诗研究在强调大地和太阳的象征性等方面很多，但关于水与气的诗也相当多，这说明艾青诗的语言范围很宽。②

感觉意象分为色彩和视觉意象、听觉意象、其他感觉意象。在表现资本主义社会和文化上，艾青通过色彩和视觉，并且通过运用各种听觉有效地传达了近代文明和自然、战争的声音。并且嗅觉、味觉、触觉等相融合表现出多种多样的感觉意象。朴南用说，艾青的诗运用了这些多种多样的感觉意象，表现出中国的时代现实和百姓的悲惨生活。这构成了作家文学世界的一大特点。③ 并且还说，这些意象在艾青的诗中并不单一地存在，而是各意象相互重叠、复合，构成了诗的特点和风格。朴南用评价说，艾青诗文学的想象力作为中国社会现实和时代认识的产物，在启蒙和救国方面起着文学上的、社会上的作用，通过各种意象表现出了各种各样的诗的世界，在诗文上取得了新的成就。④

---

① 朴南用：《艾青的近代体验和诗的意象研究》，韩国外国语大学校大学院博士学位论文，2006 年，第 252 页。

② 同上。

③ 同上书，第 252—253 页。

④ 同上书，第 256 页。

朴南用在《出现在中国现代诗中的韩国意象研究》中，对艾青诗中出现的韩国意象进行了考察。他说，在艾青的献给朝鲜烈士们的歌《悼词——献给反法西斯斗争中殉难的朝鲜烈士们》中，很好地表现出作家对韩国的认识。朴南用通过这首诗分析出，过去中国人把韩国视为中国的附属国，但如今认为是友邻。这种视角意味着朝鲜成为日本的殖民地，开始将走出中国的影响范围的朝鲜看作一个独立的国家。并且看到朝鲜成为了日本帝国主义的殖民地，表达出了失去自由、失去祖国的朝鲜现实，从而同情朝鲜，刻画了抗日斗争面貌，意图着中国人民的自觉和启蒙。① 并且朴南用通过《母亲和女儿》也考察了诗人对韩国的印象。他通过这首诗认为艾青发现了当时朝鲜的舞蹈家崔承喜和他的女儿安圣嬉的艺术价值，对朝鲜半岛的阿里郎表现出了关心，感受着朝鲜文化的巨大魅力，并且也可以了解中国诗人对朝鲜民族文化有多大的关心。②

郑守国在《艾青诗的意味空间》中，以抗日战争结束的1945年之前的诗为中心，通过艾青诗所具有的中心思想“忧郁”考察了艾青的现实认识以及是怎样收容于文学意义空间里的。他说，艾青诗的现实出发点是“大地”和“夜晚”，“如果说大地构成了荒废的、苦难生活的意义空间，那么夜晚形成了象征着忧郁时代的意义空间。”③ 这两个意义空间有着共同的情绪气氛“忧郁”，特别是“夜晚”为目睹了祖国惨象的艾青具体表现出了忧郁印象的诗语。④

如果说在艾青的诗中出现的现实意义空间以“大地”和“夜晚”的意象出现，那么他所渴望的向往未来的意义空间则以“黎明”和“太阳”的意象出现。关于“黎明”和“太阳”的意象，郑守国认为，对艾青来说，“黎明”是蕴含着向往生命的语言，经过黎明升起的“太阳”表现出了生命意识的扩散，“透过绝望的黑暗升起的太阳的火花赋予结冰的大地以温气，唤醒中华民族灵魂的同时，给予全人类重生的生命力。”⑤

---

① 朴南用：《出现在中国现代诗中的韩国意象研究》，《韩中言语文化研究》（韩国现代中国研究会）2006年第10辑，第267页。

② 同上。

③ 郑守国：《艾青诗的意味空间》，《中国学论丛》（韩国中国文化学会）2001年，第337页。

④ 同上书，第327页。

⑤ 同上书，第337—338页。

朴星柱在《艾青诗研究》中，考察了艾青在他的诗中怎样表现“光”。艾青说因为人类通过斗争可以变得成熟，所以苦难比幸福更加美丽。于是把苦难并没有看作屈服的对象，而是为了脱离它而看作了斗争对象。朴星柱认为艾青的这种态度是非常积极的，所以在他的诗中并没有回避苦难，甚至将苦难的状况具体而又直接表现出来，使读者能够认清苦难的真相。艾青的最终目的不在于告知苦难本身，而是有渴望追求的。他最终所盼望、追求的是完整的“光”—“太阳”。朴星柱对艾青所追求的“太阳”的“光”是这样分析的：

> 灯光虽不像太阳一样是一个完整的光，但被描写为在黑暗中起着肯定的作用。但这样的光不能完全解除黑暗，在黑暗中放出的光芒是有限的。与此相比，太阳光可以顿时驱逐黑暗，不容许与黑暗共存。并且太阳还是提供给万物温暖及维持生命的供应源……太阳的又一个特点就是每朝必升。无论是阴天还是下雨，到了一定的时间太阳就会升起，到了晚上像是消失，但是第二天必升无疑。艾青所描写的苦难到时必会消失的确信也是根据于此。①

朴星柱还说：“对在黑暗中向往光芒的艾青来说，太阳的形象是希望的表象。通过太阳的意象所要表现的理想世界和对他的期待给历经苦难的祖国和民族，尤其是给他自己很大的力量。”② 同时叙述了太阳的意象给予艾青的意义。

朴晟俊在《艾青“狱中诗”的现实表达和自由渴望》中，对艾青的“狱中诗”做了考察。艾青的25首“狱中诗”是1932—1935年因加入中国左翼美术家联盟而坐牢时所写的，是他的初期代表作，也是有着代言者作用的作品。他说，艾青的“狱中诗”既重视意识流又讲求会话技法，将抽象概念具体形象化这一点增加了诗的价值。艾请认为，他写诗的目的和理由是为了给人类的心灵种下自由的渴望，并且艾青的25首“狱中诗”通过一生确定了诗的美学价值和诗的思想根据，在这一点上可以给这

① 朴星柱：《艾青诗研究：从黑暗到光明》，《韩国放送通信大学校论文集》第40辑，2005年，第124—125页。

② 同上书，第125页。

部作品很高的评价。①

不仅是诗作，艾青还发表了关于诗的理论书《诗论》，《诗论》在20世纪30年代后期中国的状况下，以诗创作的综合而又有体系的观点总结了中国现代诗论。② 所以在研究艾青诗作上，《诗论》是基础，但研究《诗论》本身的论文只有李炳汉的《艾青的诗论》和朴南用的《艾青〈诗论〉的现代性研究》。其中，李炳汉的《艾青的诗论》虽以《诗论》作为研究主题，但与其说是研究不如说是在介绍《诗论》。他指出，艾青的诗论体系在认识态度或表现方法方面与中国古典诗论相继承的很多。朴南用在《艾青〈诗论〉的现代性研究》中，研究了诗的现代性问题。他认为，“艾青的《诗论》集中于当时的诗人是怎样把时代现实以诗表现出来这一问题，有体系地综合了诗作原理和方法。特别是对以前的诗论家没有提出过的真、善、美概念引到了诗学问题上作为《诗论》的出发点，这是要注目的一点，艾青对诗的主题认识和面向当代社会文学主体所起到的作用是很有意义的。”③

艾青在展开自己的诗论之前，作为《诗论》的出发点提出了“真、善、美”的概念。“真、善、美”是人类共同意志中统一的三种表现，可以成为连接它们的手段。他所提出的这些问题在其他现代诗论家是看不到的。认为“真”是对世界的认识，“善”是社会的公理性，“美”是同先进人类一起提升生活的表征……（艾青在“真”、“善、美”统一观点下，不但提出了诗的本质问题，并且还说明“真、善、美”三者在诗中维持着怎样的辩证关系。）艾青的这种“真、善、美”的见解，可以说是相当独特的。④

艾青主张，诗在形式方面为了内容形式要不断地变化，在认知诗语言重要性的同时，为了取得丰富多样的诗语言，应该以生活为源泉，为获取中国当代现实口语而努力。朴南用对艾青《诗论》的主张是这样评价的：他体现了响应当今时代现实的理论展开和世界认识，并且对中国现代诗论

① 朴晟俊：《艾青狱中诗的现实表达和自由渴望》，《中国现代诗和诗人》，新雅社2007年版，第94页。

② 朴南用：《艾青〈诗论〉的现代性研究》，《中国现代诗的世界》，学古房2012年版，第87页。

③ 同上。

④ 同上书，第88—89页。

的现代性问题加以主体的理解，特别是在继承传统诗话的传统中，接受了西欧象征主义和多样的艺术理论和美学理论，追求了中国诗论的现代性。①

结　　语

本章考察了至今在韩国进行的关于艾青的研究。

第一部分将艾青诗的各时期研究分为前期、中期、后期和 1949 年前后进行了考察。首先在初期诗研究方面，朴诚兰将艾青的所有初期诗作为其研究对象，而朴钟淑只将初期诗中的表现文学纯粹性比较多的前期诗作为其研究对象。但其研究方面并没有脱离初期，也不只是初期的一个断面，所以将朴钟淑的研究内容加入到初期研究范围内。在中期诗的研究方面考察了吴京嬉的研究。她将艾青中期诗的主题和内容上的特点及技巧做了细致的分析。后期诗研究方面考察了柳晟俊和孙惠兰的研究，考察了他们所论的艾青后期诗的特点。将艾青诗的范围区分为初期、中期、后期进行研究，也有的以 1949 年为基准分为前期与后期进行分析的研究。郑守国和郑雨光将前期为研究对象发表了研究论文。以后期诗为研究对象的只有郑雨光的一篇研究论文。与前期相比较，后期研究成果如此之少，大概是受了艾青后期创作比前期减少了艺术性的影响。

在关于基督教的诗中，笔者考察了出现在艾青诗中的基督教意识的研究。柳晟俊通过艾青关于基督教的诗，研究了他的基督教意识。金丁淑对艾青诗中出现的利用《圣经》中故事和词汇表现出的“苦难”进行了研究。朴南用在研究出现在中国现代诗中的基督教文化的同时，研究了出现在艾青诗中的基督教文化。因艾青不是基督教徒，所以在他的 400 多篇作品中反映基督教意识的作品只有 10 余篇。因成为研究对象的诗篇数量不是很多，所以，朴晟俊、金丁淑、朴南用的研究表现出了比较共同的意见。

在比较研究中，笔者介绍了艾青和其他作家的比较研究。朴南用对艾青的《诗论》和同时代诗论家朱光潜的《诗论》做了比较研究。据他分

① 朴南用:《艾青〈诗论〉的现代性研究》,《中国现代诗的世界》，学古房 2012 年版，第 101 页。

析，艾青和朱光潜的《诗论》继承了中国古典诗学的传统，具有接受西欧现代诗论的共同点，但也有对诗本质上的观点差异。林春花将艾青和韩国民族诗人金素月作为比较研究对象，分析了两位诗人作品中出现的同质性和差异性。他认为两位诗人作品中的女性因素和乡土因素很浓，在这一点上具有同质性。但金素月的诗中有浓烈的恨与悲伤情绪，使用了许多土俗诗语；相反，艾青使用了直接的描写方式悲愤地表现出自己的冤屈，林春花就此分析了他们之间的差异性。

有关艾青的研究主题比较多样，在前几节未曾出现的在“其他研究”中进行了介绍。朴南用关于艾青诗的意象发表了两篇研究论文：一是《艾青的现代体验和诗的意象研究》，考察了艾青诗中出现的意象；二是《出现在现代诗中的韩国意象研究》，研究了出现在艾青诗中的韩国的意象。首先在《艾青的现代体验和诗的意象研究》中，将艾青诗的意象分为时空的、象征的、感觉的意象，并做了细致的分析。并且这些意象并非单一的存在，而是各个意象重复地使用着。在《出现在中国现代诗中的韩国意象研究》中，朴南用试图分析诗人艾青对韩国意象持有怎样的认识，可以说在推测当时的诗人对韩国的认识上，这成为很好的历史资料。

郑守国通过艾青诗的“忧郁”主题，对他是怎样被文学意义空间所接受的作了分析，朴星柱对艾青诗中表现的“光”做了研究。柳晟俊论述艾青的“狱中诗”，他认为艾青的“狱中诗”既重视意识流，又讲求会话技法并将抽象概念具体形象化，这一点增加了诗的价值。有关艾青的《诗论》在研究艾青诗作上，成为基本材料，但研究《诗论》的论文却只有李炳汉的《艾青的诗论》和朴南用的《艾青〈诗论〉的现代性研究》两篇，其中李炳汉的研究不过是介绍了《诗论》。除此之外，还有一些在本文内未曾介绍的研究。如河正玉的《艾青诗集〈归来的歌〉的美学》、[①] 吴京嬉的《40 年代艾青诗的现实认识》、[②] 朴南用的《艾青诗语研究》、[③] 金丁淑的《对艾青诗中“苦难”的美学考察》[④] 等。

---

① 河正玉：《艾青诗集〈归来的歌〉的美学》，《国际中国学研究》（韩国中国学会）1986 年第 26 卷。

② 吴京嬉：《40 年代艾青诗的现实认识》，《中国学研究》1991 年。

③ 朴南用：《艾青诗语研究》，《里门论丛》（韩国外国语大学校）2001 年第 21 辑。

④ 金丁淑：《对艾青诗中“苦难”的美学考察》，《中国语文论译丛刊》（中国语文论译学会）2010 年第 27 辑。

艾青的作品就如他的声望一样，受到了很多学者的关注，并且进行了研究。特别是朴南用和柳晟俊试图以多样的研究主题进行研究。关于艾青的研究，论题多样且很专业。这是因为艾青的作品很多，很难都进行研究，但试图深入研究也是其原因之一。只因比较研究还没有多少人，笔者希望以韩、中两国间的文学普遍性为根据，能够出现更多的跨国别文学比较研究。

后　记

我勉强算是个学界中人，可说实话，在“学术工业”的机器轰鸣声中，快乐地阅读、思考、写作早已成为一种精神奢侈！但是，此次不同，伴随着键盘清脆的敲击声，在我的心底涌出的是一种少有的快慰。

这部书与我的一段异国经历有关，我敲击出的不单单是冰冷的符号，而是跨国别的“精神相遇”。2008 年 9 月，我到韩国国立庆尚大学中文系任教，教授本科生中国语言与文学，为研究生开设中国现代文学方面的学术讨论课，为期一年。那一年，我与韩国同事和学生结下了深厚的友谊，那些美好的记忆常常在我心间漾出，成为我人生中一段难得的经历。

庆尚大学座落在韩国南部的小城晋州，地处庆尚南道西部中心地带，曾是庆尚南道的首府所在地，也是著名的历史文化名城、韩民族文化和精神的发源地；晋州有着上千年的历史，最初它叫“居列城”，进入高丽时代，改名为“矗石城”，到李朝时代，易名为晋州城。我深深地爱上了那座秀丽、宁静、幽雅的古城，一条宽阔的南江静静淌过，环境十分优美。我常常沿江漫步，蓝天、白云，江上波光、飞翔的白鹭，均可暂时抵消思乡的孤寂。学校两面环山，那山不高，也不奇绝，可是，它静，它绿，下午下课后我一般都上山游荡，漫无边际，微风像玻璃透明，思绪得以无秩序地飘荡、浮游，有时猛然发现天已被暗夜笼罩，只身一人却也不感到惧怕。附近有一片竹林，每到傍晚，成群的白鹭就八方汇聚栖落于竹林之上，空中即刻像片片白云浮动，我常常一个人静静地注视这一切，仿佛融化在自然之中。

但是，我不是观光客，这里除了自然的风景，还有人的风景、人心的风景。我经常与朋友一起喝茶闲聊，纵论人生与学问。有君子风度的语言学家柳应九教授、为人豁达的历史学家姜吉仲教授、绅士气质的历史学家吴二焕教授、博学多才的汉文学者许捲珠教授……都给我留下了深刻的印象，我们之间至今仍保持着密切的联系。尤其值得一提的是韩国著名的中国现代文学翻译家和研究者韩相德教授，他为人质朴，学术精湛，热爱生活，喜爱书法与音乐，他的办公室就安放着一架琴。本书的由来，就产生于我们的一次闲聊，一致认为，中、韩两国是近邻，文化自古互通、互融、互渗，韩国学者对中国现代文学的译介、研究视角独特且具有很高的水平，而中国学术界对之却缺乏了解，实不应当。

长期以来，中国现代文学研究界与日本学界保持着较密切的联系，中国学者对日本学者的成果并不陌生。与之形成鲜明对照的是，我们对同处东亚的韩国同行的著述却不甚了解。这一现状，由 2005 年 7 月于沈阳师范大学召开的“现代东亚语境中的鲁迅研究——中韩鲁迅研究对话学术研讨会”而被打破，我参加了那次会议，对韩国学者在鲁迅研究方面所达到的深度，尤其是韩国老一辈学人的家国情怀深深令我感到惊讶与感动，这种深度和情怀源于我们共同的文化境遇与苦难经历。同年，河南文艺出版社出版了《韩国鲁迅研究论文集》[①]，该书出版后引起学术界的广泛关注。我也是自那以后开始关注韩国同行的研究，并一直想找个机会与韩国学者合作，向国内学术界全面介绍韩国的中国现代文学研究的现状。而此次赴韩讲学，为我这一个心结提供了一个打开的机缘，当我把这个想法与韩相德教授交流时，得到的是认同。

韩相德教授曾经在中国艺术研究院访学，师从著名学者田本相教授，那个时期，他还亲往曹禺先生府上拜望，得曹禺先生亲题墨宝，我在韩教授的办公室是见过的。后来他在武汉大学中文系攻读中国现当代文学的博士学位，师从著名学者陆耀东教授。他对曹禺译介、研究用力甚勤，成果颇丰，是韩国著名的曹禺翻译、研究专家。在韩国期间，他曾带我去釜山一个小剧场观看曹禺的名剧《雷雨》，我虽不通韩语，可仍然被现场的气氛所深深打动。那些记忆的碎片，已变成美好的画面，时时在眼前浮现。

本书大量的资料收集工作是韩相德教授与他的研究生们做的，其间大量烦琐的工作是中、韩文格式的转换、调整，需尽最大限度使之符合汉语的基本表达，但是有些地方还是会令中国学者感到一丝“陌生”，然而这种“陌生”，难道不正是我们所需要的吗？“他者”的眼光可以使我们突

① 鉴于国内对韩国鲁迅研究的历史和现状多有了解，本书不列专章介绍韩国鲁迅研究的情况。

破已见，韩国学者的成果，可以为我们寻求中国现代文学研究的新突破提供一种视角、一种“借镜”。

韩国同学收集资料时的分工如下：千大珍（田汉）、白英善（茅盾、萧红）、成艺利（巴金、艾青、钱锺书）、金桂花（张爱玲）、李步美（林语堂）和李仁珠（丁玲）。

特别感谢中国人民大学文学院院长孙郁教授欣然为本书作序，感谢孙郁教授长期以来对我学术研究的关注、关心与支持、帮助。感谢山东省人文社会科学重点研究基地“东亚文化与文学研究中心”和青岛大学“中国文化海外影响力研究协同创新中心”的宝贵资助。中心主任、文学院院长刘怀荣教授对本书的写作和出版多有费心，深表感谢；感谢中国社会科学出版社的宫京蕾编辑，没有她的辛勤劳动，本书不可能面世。还要感谢我在韩期间为我的生活提供帮助的中国留学生安明花和高旸凯同学；感谢我的研究生丛晓梅、赵晓妮、高云舒、刘致远、李慧玲、尹琤琤和李镕铄等同学，她们帮我做了大量的文字校对等方面的工作。

书出了，自由人评说，诚恳欢迎专家斧正！

魏韶华

2015年2月1日